Miguel Ángel Fuentes

COMENTARIO AL APOCALIPSIS

Una teología de la historia hecha por el mismo Dios

Miguel Ángel Fuentes

COMENTARIO AL APOCALIPSIS

Una teología de la historia hecha por el mismo Dios

EDIVE

San Rafael (Mendoza) Año 2016

"Deseo y pretendo en primer lugar, despertar por este medio, y aun obligar a los sacerdotes a sacudir el polvo de las Biblias, convidándolos a un nuevo estudio, a un examen nuevo, y a nueva y más atenta consideración de este libro divino, el cual siendo libro propio del sacerdocio, como lo son respecto de cualquier artífice los instrumentos de su facultad, en estos tiempos, respecto de no pocos, parece ya el más inútil de todos los libros. ¡Qué bienes no debiéramos esperar de este nuevo estudio, si fuese posible restablecerlo entre los sacerdotes hábiles, y constituidos en la Iglesia por maestros y doctores del pueblo Cristiano!"

Manuel Lacunza, *La venida del Mesías en gloria y majestad*
(año 1790)

"El *Apocalipsis* de Juan tiene tantos misterios como palabras"

San Jerónimo, *Epis.* LIII, 9

Un libro oscuro

El *Apocalipsis* es un libro difícil de la Biblia; para algunos el más oscuro. Pero su oscuridad es parte esencial de su valor y del designio providencial de Dios. Porque la misma dificultad de su interpretación le da una universalidad que no tiene ninguna profecía perfectamente determinada. Nadie se preocupa ya por las visiones de las setenta semanas de Daniel, puesto que se consideran cabalmente realizadas en el tiempo de Jesús. Tampoco nos desvelamos por identificar la *almah* de Isaías, que la Virgen de Nazaret encarna sobradamente. Pero las afirmaciones del *Apocalipsis*, ¿a qué época se refieren? ¿A los tiempos del vidente, a los nuestros o a los finales (o a los nuestros por ser los últimos)? Unas se refieren a unos y otras a otros, y para muchas son posibles diversos cumplimientos, parciales o definitivos. Pero siempre son susceptibles de ser aplicadas al momento presente de la historia que en todo instante puede ser el último, el penúltimo o simplemente una fase que guarda impactantes semejanzas con los tiempos postreros. Lo mismo se diga del significado de muchos de sus símbolos: las trombas, los sellos, las copas... ¿Qué son? ¿Épocas históricas, herejías, persecuciones, calamidades? Algunos intérpretes las toman en un sentido, otros en otro, a menudo sin llegar a satisfacer completamente las mismas exigencias del texto.

Considero acertada la respuesta de Dolindo Ruotolo a una pregunta que a menudo me ha tocado escuchar y que él expresa así: "si este libro es tan misterioso hasta el punto de resultar a veces indescifrable, ¿por qué nos lo ha dado Dios?" Responde el viejo estudioso napolitano: porque tratándose de las pruebas supremas que la Iglesia padecerá antes de unirse triunfalmente en el Cielo, precisamente la oscuridad y la dificultad que entrañan para ser descifradas, *empuja a todo cristiano a mantenerse firme en la fe y a ser fiel a Dios en las pruebas que le toca sufrir a la Iglesia de su propio tiempo.*

La oscuridad que envuelve la Revelación por antonomasia –que tal reza el mismo título del libro– es salutífera. Si Dios nos hubiese hablado de los últimos acontecimientos de la historia con palmaria exactitud, los que tuviesen certeza de la lejanía de su cumplimiento se habrían desinteresado completamente. Como Ezequías quien, al escuchar a Isaías profetizar que los judíos serían deportados a Babilonia durante el reinado de sus descendientes, exclamó: "Buena es la profecía que acabas de pronunciar"; porque entendía que esos males no le iban a tocar a él. Y, por el contrario, los que tuviesen la convicción de estar en los tiempos finales vivirían obsesionados, desentendiéndose de toda otra actividad; como los tesalonicenses que, convencidos de estar en los últimos días del mundo, no querían trabajar pensando ya no tenía sentido preocuparse por las cosas de esta vida. Precisamente, la turbiedad de muchas de las profecías del *Apocalipsis* nos permite –y exige– pensar que quizá no estamos lejos de su cumplimiento, y al mismo tiempo no estar seguros de ello, por lo que nos sentimos obligados a una prudente vigilancia, que es, indudablemente, la actitud que más exhortó Nuestro Señor después de la caridad y la misericordia, "porque no sabéis ni el día ni la hora".

Así es. Toda época puede ser la última o una sombra más o menos viva de la última. La oscuridad de las profecías de este libro permite que todo cristiano se las aplique a sí mismo y a su tiempo, se fortalezca con ellas, se afirme en su fe, se consuele y camine lúcido entre las tinieblas del tiempo presente, misteriosamente imbricado con el último por los poderes subterráneos que hacen actuar desde el comienzo del mundo –y aceleradamente desde la Encarnación– el *Misterio de la Iniquidad*. "Esta es vuestra hora y la del poder de las tinieblas", dijo Jesús entrando en su Pasión. Esta profecía está hecha con tal arte divina, decía Dolindo Ruotolo, que toda generación puede vislumbrarla en las vicisitudes de su propia vida, puede vivirla, puede aprovecharla… de la misma manera que las estrellas del cielo, a pesar de estar a millones de años luz de nuestro planeta, parecen brillar para nosotros, a nuestro servicio, guiando nuestra espinosa navegación por estos mares confusos.

I. Prólogo.

[Capítulo 1]

> *¹ Revelación de Jesucristo;*
> *se la concedió Dios para manifestar a sus siervos*
> *lo que ha de suceder pronto;*
> *y envió a su ángel para dársela a conocer a su siervo Juan,*
> *² el cual ha atestiguado la palabra de Dios*
> *y el testimonio de Jesucristo: todo lo que vio.*

Estos versículos son introductorios a toda la obra; hacen de presentación de la misma indicando el carácter, el autor, y la finalidad del escrito[1].

La primera palabra del texto ha dado nombre a todo el libro: "*Apocalipsis*" para la mayoría de los católicos, que conservan en varias de las lenguas occidentales el término transliterado del griego. Los protestantes prefieren la traducción *Revelación*, en el sentido de "de-velación", quitar el velo. En el Nuevo Testamento la palabra *apocalipsis-revelación* aparece muchas veces en el sentido de ilumi-

---

[1] En cuanto a la versión que uso, sigo sustancialmente el texto de la *Biblia de Jerusalén* (ed. 1976), pero he ido confrontándola con otras versiones, como las de *Nacar-Colunga*, la de la *Universidad de Navarra*, la de *Evaristo Nieto*, la de *Straubinger*, la *Vulgata* latina y la versiones griegas de *Nestlé-Alland*, y *The Byzantine Textform* de Pierpont y Robinson. Algunas veces he alterado ligeramente la versión española acomodándola más literalmente al texto griego. En cuanto al modo de transcribir los textos o palabras griegas, he optado por colocar primero la expresión en griego y luego, para que al menos pueda ser leída por quien no conoce la escritura griega, la he transliterado, colocando siempre a continuación la traducción al español. En cuanto al modo en que debe ser leído solo señalo que el espíritu áspero sobre las vocales iniciales (por ejemplo: "o") lo he vertido en la transliteración con una "h", que debe ser pronunciada siempre como una "j" suave. Esto para que no se confunda con la "j" con la que translitero la letra griega "χ").

nación o manifestación de cosas que estaban ocultas (por ejemplo, en Lc 2,32 ó Ef 3,3).

Jesucristo es el autor de esta revelación, no el sujeto de ella; no es una revelación *sobre* Jesús sino hecha por Él a Juan. Se dice que Dios se la concede a Jesucristo, y de Este desciende por medio de su Ángel hasta Juan (o sea, al *apóstol* de Cristo), quien nos la transmite por escrito a todos nosotros. Jesús, al tiempo que deja en claro su divinidad (y este libro lo hace de una manera reiterada e indiscutible), subraya su *dependencia* del Padre (en consonancia con el Evangelio, como puede verse en Jn 7,16: "Mi enseñanza no es mía, sino del que me envió"; Jn 8,28: "Yo no hago nada por Mí mismo, sino que, según me enseñó el Padre, así hablo"; Jn 12,49: "Yo no hablo por mi propia cuenta; el Padre, que me envió, Él me mandó lo que he de decir y de lo que he de hablar"). En Jesucristo, pues, el Padre se revela a sí mismo (Jn 14,10: "Quien me ha visto a Mí, ha visto al Padre"), y manifiesta sus misterios y sus planes sobre los acontecimientos humanos. A su vez, Jesucristo comunica su Revelación a san Juan por medio de su Ángel, pues los ángeles le sirven y administran y están en la vía de las comunicaciones divinas a los hombres: de Dios a los ángeles y de estos a los hombres. Dos veces se dice en el Nuevo Testamento que la Ley fue dada por medio de ángeles (Hch 7,53; Gal 3,19). Y el Ángel (aunque serán muchos los ángeles que aparecen en el *Apocalipsis*, hay uno que es el principal interlocutor y guía de estas revelaciones) la entrega a Juan. Juan no representa simplemente a *los hombres* o a *los creyentes*, sino que es el *Apóstol* de Cristo; uno de los *Doce*. A nosotros la revelación de Cristo nos llega por los Apóstoles —en este caso por Juan— y se apoya en el testimonio apostólico. La Iglesia es apostólica y su fe es apostólica, es decir, asentada en este firme fundamento, como se dirá en el capítulo final de este libro².

El tema son "las cosas que han de suceder pronto (ἐν τάχει, *én tájei*: en un breve espacio de tiempo)", expresión que tiene un sentido muy general. El "pronto" (τάχος, *tájos*) de Dios no es nuestro *pronto*. Para nosotros lo que sucede pronto es lo que nosotros mismos podemos ver en un lapso no muy largo de tiempo; o, a lo sumo, la generación que nos ha de relevar. Para Dios "un día es como mil años y mil años como un día" (2Pe 3,8); de ahí que la alusión a sucesos cercanos admita y haya admitido muchas interpretaciones. Se refiere, indudablemente, a los sucesos últimos de la historia de los hombres, pues es el argumento explícito de muchos pasajes de este libro; pero también se refiere a hechos más cercanos, algunos sucedidos en los tiempos mismos del autor del texto; otros, que se irían desenvolviendo a lo largo de la historia de los hombres; y los que solo tendrán lugar al final del mundo, que para Dios sigue siendo pronto. Unos son figura (*typo*) de los otros (*antitypo*).

---

² Como podrá observarse he obviado casi todas las discusiones clásicas propias de las Introducciones al *Apocalipsis*: el género apocalíptico, la tradición textual, las discusiones sobre el autor, la fecha de composición, el estado del texto y su transmisión, los métodos de redacción, etc. Prefiero encaminar a los lectores interesados a los diversos libros citados en la bibliografía final donde podrán encontrar estos temas muy bien desarrollados, para pasar directamente a lo que es mi interés principal: tratar de entender lo que el libro quiere decirnos aquí y ahora. Aclaro que cuanto sigue ha sido escrito inicialmente para mi uso personal. Son las notas y reflexiones tomadas durante mi lectura del texto. No esperen, pues, discusiones eruditas y metodológicas. Las he leído con gran provecho científico en los libros consultados; pero, a menudo, me han resultado embarazosas para nutrir con ellas el alma; y es con este propósito que ofrezco, a quien quiera leerlas, las páginas que siguen. Al final se hallará una breve orientación bibliográfica, útil al que quiera profundizar estos aspectos.

Estamos, de todos modos, en el último "tiempo" o "eón" de la historia. Lo que no quiere decir que sea breve según nuestro modo de experimentar las cosas, sino, únicamente, que no habrá una alteración –una nueva etapa como pensaba, por ejemplo, Joaquín de Fiore– en la economía divina hasta el fin del mundo. Es el tiempo del Nuevo Testamento y de la Ley Evangélica. Ella durará hasta la Consumación de la Historia.

> *³ Dichoso el que lea*
> *y los que escuchen las palabras de esta profecía*
> *y guarden lo escrito en ella,*
> *porque el Tiempo está cerca.*

El prólogo termina con una bendición doble. Ante todo al que lea o escuche el contenido de esta revelación, aludiendo a la costumbre de que los escritos que gozaban de autoridad apostólica se leyeran en las reuniones públicas. Más aún, muchos autores –como por ejemplo, Ugo Vanni– sostienen que la primerísima destinación del *Apocalipsis* fue la lectura litúrgica; y algunos autores, incluso protestantes, han sostenido que precedía la celebración eucarística. Por tanto se declara la bondad de conocer las verdades aquí contenidas; se incita a su conocimiento. No es un libro secreto, aunque contenga misterios que no todos pueden entender; no es un escrito esotérico o reservado a unos pocos; es para todos y conviene enterarse de él. Pero más bendito es el que no se contenta con oír o leer sino que *vive* según lo que aquí se enseña; el que "guarde" lo escrito... El *Apocalipsis* no es un libro para identificar los signos del fin del mundo o del juicio final, sino para *prepararse* para ese Juicio; o, mejor aún, para vivir desde ahora del modo en que quisiéramos que Dios nos encuentre cuando venga a pedirnos cuentas de nuestras obras. Es un texto con un destacado sentido dogmático pero con no menor intención moral y espiritual. En sus páginas Juan, como todos los autores escatológicos judíos, intenta responder al más pesaroso interrogante humano: ¿quién gobierna en realidad el mundo? A menudo parece que son las fuerzas del mal –políticas, ideológicas, militares, económicas– las que triunfan y oprimen al justo, al inocente y al que tiene fe. ¿Dónde está Dios en el horizonte pervertido que nos muestra la historia? Los textos apocalípticos judíos (canónicos y extracanónicos) nos responden que, a pesar de las apariencias, es Dios quien dirige todo y que la historia ha entrado en su última fase, la cual que terminará con el triunfo de Dios sobre el Reino de las Tinieblas del error y del pecado. Las páginas del *Apocalipsis* de san Juan rebozan de espiritualidad cristiana: la propia de quien vive con los ojos en la eternidad, quien descifra los acontecimientos presentes desde la mirada divina y quien espera alcanzar la visión de Dios. Para el cristiano, el principal objeto de su esperanza no es el Juicio Final sino la contemplación divina. También la venida de Cristo y el fin de este mundo pasarán. Pero la Gloria –o la Condenación– serán eternas. Este libro es para convertirse y vivir como cristianos auténticos: hombres y mujeres en tensión a la eternidad, convencidos de la fugacidad del tiempo y del mundo, y seguros del señorío divino sobre la Historia.

"Porque el tiempo está cerca". El "tiempo" (ὁ καιρός, *ho kairós*) sin adjetivos es la hora del cumplimiento de todas estas cosas. El *Apocalipsis* insiste varias veces en que el cumplimiento de sus profecías es cercano. Esto obliga a cada generación a apropiarse y aplicarse el mensaje del libro.

II. Las cartas a las iglesias de Asia

La exégesis histórico-escatológica, que en el campo católico ha representado principalmente el venerable Bartolomé Holzhauser, muerto en 1658, y entre los protestantes Thomas Brightman (1562-1607), considera que estas cartas no son meramente epístolas a las siete iglesias principales del Asia Proconsular (hoy Turquía) sino profecías de la historia futura, jalonada en siete etapas fundamentales[3]. En cuanto a su valor profético debemos decir que es incuestio-

---

[3] La interpretación histórico-escatológica entiende el Apocalipsis como una predicción profética de toda la historia de la Iglesia desde sus comienzos hasta el fin del mundo, dividida en siete épocas designadas por los siete sellos, las siete trompetas, las siete copas, etc. Tal fue la opinión de Joaquín de Fiore († 1201), Nicolás de Lira († 1340), B. Holzhauser († 1658), y, entre algunos más recientes, P. Drach, F. Kaulen, J. Belser, F. Gutjahr, L. Poirier. En Argentina la hizo muy popular Leonardo Castellani con varias obras (especialmente *El Apocalysis de san Juan*), razón por la cual aludiré en repetidas ocasiones a ella. Otros estudiosos (por ejemplo, A. Salmerón, L. de Alcázar, J. B. Bossuet, A. Calmet, F. Allioli, L. Billot) aceptan el concepto general pero consideran que el Apocalipsis se refiere tan solo a la primera edad de la Iglesia (cuanto más hasta el siglo IV ó el V). Otros, en cambio, solo ven en el libro sucesos políticos contemporáneos del autor (así muchos acatólicos como E. Renán, Bousset, Swete, A. Loisy). Otra escuela importante, considera que las visiones del Apocalipsis se refieren a hechos escatológicos, es decir, a los sucesos futuros de la Iglesia anteriores al juicio universal y a la consumación final del mundo (entre los antiguos mencionemos a San Ireneo, San Hipólito, San Victorino de Pettau, San Gregorio Magno, San Agustín, San Beda; y entre algunos posteriores F. Ribera, C. a Làpide, L. C. Fillion, R. Cornely...). Los principales exégetas del último siglo han relacionado el relato del Apocalipsis preferentemente con la historia del siglo I. Sin embargo, algunos de estos (por ejemplo, H. B. Swete, E. B. Allo, J. Bonsirven...) han insistido en que tanto el espíritu como varios datos que se repiten y se completan, son valederos para todos los tiempos, porque expresan el drama, que durará tanto como el mundo, de la lucha de Satanás contra Dios y contra la Iglesia. Dice Allo: "Es, ante todo, una filosofía de la historia religiosa (valedera) para todos los tiempos" (*Saint Jean. L'Apocalypse*, Paris [1933], 273).

nable –aunque no agota todo su sentido– pero que el contenido de lo profetizado sea una especie de historia de la Iglesia por adelantado no resulta tan sencillo de admitir. No cabe duda que podemos narrar la historia de la Iglesia acomodando los textos de estas perícopas apocalípticas; pero que tal haya sido la intención del Espíritu Santo no me resulta claro. Las enormes discrepancias entre los diversos sostenedores de esta teoría a la hora de interpretar cada una de las supuestas etapas –incluso tratándose de las ya cumplidas– y la elección de unos pocos acontecimientos de la historia eclesiástica tan rica y compleja para avalar sus asertos, dejan siempre sospecha de arbitrariedad.

Indudablemente, estas cartas no son *meras* misivas circunstanciales. Al pensar de este modo las reducimos de modo incongruente con el resto de las visiones escatológicas que se contienen en el libro. Nunca existieron independientes del resto del libro. Tienen como fin transmitir la revelación que este contiene, indicando el modo de encarnarla para cumplir la misión profética que Dios quiere de su Iglesia: dar testimonio ante el mundo. Pero poseen, además, un valor que trasciende a las iglesias mencionadas. Se refieren, sí, a comunidades históricas del Asia proconsular, pero con una riqueza simbólica que las desborda. Se proyectan proféticamente, pues, en la Iglesia universal y futura. No me parece, sin embargo, que profeticen jalones de la historia eclesiástica futura, como han propuesto algunas escuelas exegéticas. Ahora bien, si no deben entenderse al modo de una historia anticipada, ¿a qué debemos referir su contenido profético y simbólico? ¿Quizá a las diversas situaciones en las que se encontrarán los discípulos de Cristo en cada tiempo? ¿O describen las diversas iglesias locales del futuro, unas fieles a su primer fervor, otras en franca decrepitud y apostasía? ¿Representan, tal vez, acontecimientos por venir, sin especificar el orden ni el momento, con la imprecisión propia de las visiones proféticas que superponen los hechos vaticinados, al modo como nuestra mirada confunde las filas de árboles que contempla en lontananza? Todas estas perspectivas son posibles, y ninguna terminará por satisfacernos plenamente. De todos modos, al margen del plano exegético que asumamos, es innegable que a la luz de estos escritos todos podemos examinar nuestros actos, nuestra conciencia y nuestro propio tiempo y aplicarnos el sayo cuando nos calza. ¡Y vaya que lo hace con frecuencia!

Introducción en forma de saludo epistolar

> *⁴ Juan, a las siete iglesias de Asia.*
> *Gracia y paz a vosotros de parte*
> *de «Aquel que es, que era y que viene»,*
> *de parte de los siete Espíritus que están ante su trono,*
> *⁵ y de parte de Jesucristo, el Testigo fiel,*
> *el Primogénito de entre los muertos,*
> *el Príncipe de los reyes de la tierra.*
> *Al que nos ama*
> *y nos ha lavado con su sangre de nuestros pecados*
> *⁶ y ha hecho de nosotros un Reino de sacerdotes*
> *para su Dios y Padre,*
> *a él la gloria y el poder por los siglos de los siglos. Amén.*
> *⁷ Mirad, viene acompañado de nubes;*
> *todo ojo le verá, hasta los que le traspasaron,*
> *y por él harán duelo todas las razas de la tierra.*
> *Sí. Amén.*

La introducción a las cartas a las siete iglesias del Asia proconsular, hoy día en la actual Turquía, tiene forma de prefacio epistolar, semejante a las fórmulas empleadas por san Pablo en sus cartas.

El autor se describe como Juan; no añade más. En la identificación del autor no nos vamos a detener demasiado, pues es cuestión debatida y abierta, si atendemos a cuanto hallamos en los modernos textos de exégesis. Muchos pretenden que el autor del libro sea un Juan distinto del Apóstol a quien se atribuye el cuarto Evangelio. Sin embargo, convengamos que no cualquier Juan podía firmar simplemente con su nombre a secas, sin otros títulos que avalasen su autoridad. Este Juan la tenía entre las iglesias de Asia, y muy grande. Conocía bien cada una de las comunidades y ellas lo conocían a él y lo veneraban lo suficiente como para aceptar represiones y profecías de parte de Dios por boca suya. No importa cuántos argumentos internos o externos se aduzcan a favor o en contra del apóstol; lo cierto es que, de todos los Juanes, quien recibió a la Madre de Dios como "cosa suya" (τὰ ἴδια, *tà ídia*), continúa apiñando más puntos a favor de la autoría del *Apocalipsis*. Lo avala también la más antigua tradición compartida por la mayoría de los primeros escritores cristianos (Papías, Justino, Melitón, Clemente Alejandrino, Orígenes, Ireneo, Hipólito, Tertuliano...). De todos modos, sea otro Juan o alguien que pone bajo el patrocinio de la pluma apostólica este escrito –tema abierto, como reconoce el mismo Vanni, y por tanto, de libre discusión– ninguna mella se hace a la inspiración y canonicidad del texto.

Las siete iglesias aludidas no eran las únicas comunidades católicas del Asia proconsular. Hay diversas teorías sobre el motivo de la elección de estas y no otras. En cuanto al número queda claro que el septenario tiene un sentido simbólico, y se repetirá más veces en el libro con valor de plenitud y totalidad; por eso el *Fragmento de Muratori* dice: "Iohannes enim in Apocalypsi, licet septem ecclesiis scribat, tamen ómnibus dicit"; aunque le escriba a siete, lo dice para todas las iglesias. Hay un hecho constatable y es que las siete se describen siguiendo una vía imperial circular; quizá este círculo refuerce la idea de universalidad que quiere dar el apóstol a sus profecías.

El Autor, en cambio, se describe solo como intermediario. El mensaje es de Dios a quien llama con un título hermoso: "Aquel que es, que era y que viene" (ὁ ὢν καὶ ὁ ἦν καὶ ὁ ἐρχόμενος, *ho òn kai ho en kai ho erjómenos*); literalmente "de parte de: *el Siendo, el Era, el Viniendo*". La fórmula aparece completa tres veces (1,4; 1,8; 4,8) y dos veces más de modo resumido, solo con la primera cláusula ("el que es y que era": 11,7 y 16,5). Se trata, indudablemente de una expresión desarrollada del nombre propio que Dios se da Sí mismo en la más solemne de las revelaciones bíblicas, en el Sinaí: YHWH (Ex 3,14): "Yo soy el que soy", o "Yo seré el que seré", o simplemente: "Yo soy".

Barclay hace notar que aquí San Juan "revienta los límites de la gramática para mostrar su reverencia a Dios". Y explica:

"Traducimos la primera frase por «el que es»; en español es bastante correcto[4], pero no en griego. Un nombre o pronombre griego se pone en caso nominativo cuando es el sujeto de la oración; pero, cuando lleva delante una preposición, cambia de caso y de forma, como sucede en español con «yo», que se cambia en «me» o «mí» cuando es complemento. Cuando Juan dice que la bendición viene ἀπὸ ὁ ὢν «de el que es» –*ho ón*, participio del verbo ser–, debería haberlo puesto en genitivo después de la preposición *de*; pero, contra la ley de la gramática, lo deja en la forma del nominativo. Es como si pusiéramos en español «de yo», en vez de «de mí». Juan tiene tal respeto a Dios que se niega a alterar su nombre aunque lo exijan las reglas gramaticales.

Y no acaba aquí el uso sorprendente que hace Juan del lenguaje. La segunda frase es «de el que era». Lo mismo que en la frase anterior, «el que era» debería ser en griego un participio; pero lo curioso es que el verbo *eimí*, ser, no tiene participio pasado, en lugar del cual se usa «*guenómenos*», del verbo «*guígnomai*», que quiere decir no solo ser sino también *llegar a ser*. Pero «llegar a ser» implica cambio, y Juan se niega de modo absoluto a aplicarle a Dios una palabra que implique cambio; así es que usa una frase griega que es gramaticalmente imposible y que no se había usado nunca. En los días terribles en que estaba escribiendo, Juan afirmaba su corazón en la inmutabilidad de Dios, y desafiaba la gramática para hacer hincapié en su fe".

---

[4] Barclay escribe en inglés, por lo que sus referencias son a la gramática inglesa que traslado aquí adaptándola a la española.

Por tanto tenemos dos impurezas gramaticales en pro de la pureza de la gramática de la fe. Pero Barclay no es el único en notar esto. También lo hace, por ejemplo, Kistemaker, quien denomina a la entera frase ("el que es, y que era y que va a venir") un "sustantivo inalterable"[5]. Y es claro que este uso del griego por parte de Juan no responde a un error causado por su impericia con la lengua, puesto que nuestro vidente sabe bien la gramática, al menos sobre este punto, puesto que en treinta de las treinta y una veces que usa la preposición ἀπό (*apo*, de parte de) en este libro, lo hace con el caso en genitivo, como corresponde. Solo aquí lo hace seguir de un nominativo, por razones, por tanto, teológicas[6].

Otra precisión sobre este notable título divino es la que hace Castellani sobre el ὁ ἐρχόμενος (*ho erjómenos*) que la mayoría traduce como "el que va a venir"; según este autor debe traducirse, en realidad, por "El que se viene" o "el Viniéndose"; expresión que no usamos en español pero que en inglés podría expresarse por "the

---

[5] Kistemaker dice explícitamente: "Por razón de su herencia judía, Juan no se hubiera atrevido a introducir ningún cambio al nombre «Yo soy» con el que Dios se reveló a sí mismo (Ex 3,14; cf. Jn 8,58). La traducción griega del Antiguo Testamento contiene la expresión «*ho ōn*» (el que es, Ex 3,14 en la versión de los LXX), que es exactamente lo que Juan escribe en este texto. Juan se niega a hacer que «Yo soy» concuerde con las normas de la gramática griega. Así, quebranta dichas normas con tal de no desacreditar la inmutabilidad de Dios. Y Juan es coherente con su negativa, como resulta evidente en otros lugares donde aparece la misma expresión (1,8; 4,8; 11,17; 16,5). Sus palabras «el que era» se refieren a Dios, quien existió en la eternidad antes de que el tiempo cósmico se hiciera realidad. Y la frase futurista el que va a venir aparece en el texto griego del Salmo 118,26 (117,26 en la versión de los LXX). De modo que toda la frase «el que es y que era y que va a venir» debe entenderse como un sustantivo inalterable" (Kistemaker, Simon, *New Testament Commentary: Revelation*, 98). Igualmente D'Aragon: "El nombre de Dios, como su persona, es inmutable; por eso, en vez de ir en genitivo después de «apo», la expresión permanece en nominativo" (D'Aragon, *Apocalipsis*, 541).

[6] Kistemaker, Simon, *New Testament Commentary: Revelation*, 100.

Coming-on One"[7]. La lógica hubiera pedido que se pusiera un futuro ("el que será"), aludiendo así a la eternidad divina: el que era, el que es y el que será (o seguirá siendo; nunca dejará de ser). Así se calificaba a veces a Dios en el mundo pagano. En Pausanias (siglo II a.C.) se lee un oráculo que dice: "Zeus era, Zeus es, Zeus será"; y Plutarco (siglo I d.C.) afirma que el templo de Minerva en Sais llevaba la inscripción: "Yo soy el todo, que ha sido, es y será". Pero el cambio de la expresión futura por esta especie de futuro que va haciéndose presente (o presente progresivo), preanuncia el tema de fondo de todo el libro: el que está viniéndose.

¿De quién predica esta triple caracterización? ¿De Dios o de Cristo? En este texto parece referirse a Dios, incluso a Dios Padre, porque se trata de la primera parte de una fórmula trinitaria, a la que sigue la referencia al Espíritu Santo y finalmente a Cristo. De todos modos, la tradición cristiana hará más tarde uso de esta expresión para aplicarla también a Cristo como alusión a su divinidad y a su parusía[8].

---

[7] Sin embargo, no es la que vierten las versiones inglesas. La *King James,* de 1769, dice: "which is to come", y la *New American Bible,* de 1987. "who is to come".

[8] La palabra griega παρουσία (*parousía*) se deriva del verbo πάρειμι (*páreimi*), que significa "estar cerca", "advenimiento", "presencia", "venida". En el griego clásico designa la presencia o venida de personas (de un amigo) o cosas (de una desgracia, por ejemplo). San Pablo usa el término a menudo con este sentido; por ejemplo cuando se alegra con la *parousía* (venida o visita) de Estéfanas, Fortunato y Acaico (1Co 16,17); o la *parousía* (llegada) de Tito (2Co 7,6); o su propia *parousía* (presencia) entre los filipenses (Fil 2,12). En los papiros y en el griego helenista, la palabra se emplea técnicamente para indicar la venida de un emperador, de un rey, de un gobernador, y, en general, de una persona importante. Así Corinto y Patras, en recuerdo de la *parusía* (visita) de Nerón acuñaron monedas con la inscripción "Adventus (= parusia) Augusti". En el Nuevo Testamento también se usa profusamente para designar la venida de Cristo, tanto para la primera, la Encarnación (cf. 2Pe 1,16), como para su retorno al final de los tiempos (Mt 24,3. 27; 1Tes

El saludo de Juan también se transmite "de parte de los siete espíritus que están ante el trono divino". Unos han entendido esta fórmula como alusión a los siete ángeles de la tradición judía que sirven al Trono de Yahvé (cf. Tob 12,15); por ejemplo, Dolindo Ruotolo, D'Aragon. Pero es más probable, y así lo ha juzgado uniformemente la tradición latina, que se refiera al Espíritu Santo, septiforme en sus siete dones (cf. Is 11,2-3). Esto explica que sea nombrado antes que Jesucristo en la forma de bendición trinitaria que tenemos en este saludo. Además, lo que se manda de parte de esos siete espíritus es un don divino (la gracia y la paz) que en el Nuevo Testamento nunca es concedido por los ángeles sino solo por Dios. Concretamente, según Bauckham, indica al Espíritu Santo en su acción sobre la Iglesia lanzándola a dar el testimonio del Cordero ante el mundo. De todos modos, hago notar que los padres griegos estuvieron más divididos en la interpretación, aceptando unos la referencia pneumatológica y otros la angélica.

Finalmente se menciona a Jesucristo, autor también de esa paz y gracia que transmite el Apóstol. Juan nos ofrece un pequeño resumen de su cristología, sumando títulos cristológicos. Jesucristo es:

El Testigo Fiel,

El Primogénito de entre los muertos.

El Príncipe de los reyes de la tierra.

El que nos ama.

2,19; 3,13; 4,15; 5,23; 2Tes 2,1.8.9; St 5,7; etc.). El desconocimiento de la multiplicidad de significados de la palabra griega, hizo pensar que el término fuese un vocablo técnico para indicar el Retorno de Cristo al final de los tiempos, y como tal ha pasado a varias lenguas. Por ejemplo el Diccionario de la Real Academia Española da como una acepción del vocablo la siguiente: "1. f. Advenimiento glorioso de Jesucristo al fin de los tiempos".

El que ha lavado con su sangre nuestros pecados.

El que ha hecho un reino sacerdotal.

El Hijo de Dios (*Dios su Padre*).

El eterno (*a Él gloria y poder por los siglos*).

El que viene.

El que cumple las profecías. Porque el vidente lo describe con profecías veterotestamentarias que se cumplen en Cristo: viene acompañado de nubes (Dn 7,13), todo ojo lo verá, incluso los que lo traspasaron, por él harán duelo todas las razas (Zac 12,10).

Estas referencias a Daniel y Zacarías ponen de manifiesto un rasgo fundamental del *Apocalipsis* y de su autor: el extraordinario manejo y uso de los textos del Antiguo Testamento. Según algunos estudiosos, en los 404 versículos que componen el librito sagrado encontramos más de 500 alusiones al Antiguo Testamento (278 versículos contienen una o más referencias al Antiguo Testamento). Otros más modestos, como Ferrell, solo dicen encontrar 348 referencias (aunque no faltan algunos miopes, como Steve Moyise y Elisabeth Schüssler Fiorenza, que afirman que *Apocalipsis* ¡nunca cita al Antiguo Testamento!). Verdaderamente, Juan alude a casi todos los libros del canon del Antiguo Testamento, aunque la mayoría de las citas corresponden a los Salmos, Isaías, Ezequiel y Daniel; y en menor medida a todos los libros del Pentateuco, casi todos los libros históricos, varios de los sapienciales, Jeremías, todos los profetas menores menos Ageo[9].

---

[9] Cf. Kistemaker, Simon, *New Testament Commentary: Revelation*, 28. Los otros autores a que hemos aludido son: Ferrel Jenkins, *Old Testament in the Book of Revelation*, Grand Rapids (1972), 24; Steve Moyise, *The Old Testament in the Book of Revelation*, JSNTSup 115, Sheffield: Sheffield Academic Press (1995), 14;

Jesucristo viene como Juez. Por tanto, para juicio. Ese es el tema central del *Apocalipsis*. Por eso subraya que viene para todos: lo verán, "incluso los que lo traspasaron"; no se refiere a los judíos y gentiles que estuvieron junto a la cruz, sino a todos los que, a lo largo de la historia, lo han despreciado, ridiculizado, repudiado y perseguido. La alusión a que estos "se lamentarán" se debe entender, al menos, del lamento externo, por las consecuencias que su oposición a Cristo les acarreará en el juicio; no implica necesariamente arrepentimiento ni dolor del pecado, y, de hecho, el *Apocalipsis* repetidamente afirma que las advertencias y misericordias divinas mientras convierten a unos, se vuelve ocasión de mayor endurecimiento para otros. Es, esta, una admonición a todos los hombres, para que no confíen en que la conversión les ha de llegar a través de intervenciones divinas extraordinarias y milagrosas. En la parábola de Lázaro y el Rico, Jesús dice que quienes no hacen caso de las Escrituras no abandonarán sus pecados ni aunque se les aparezca un muerto resucitado (cf. Lc 16,31).

> [8] *Yo soy el Alfa y la Omega, dice el Señor Dios,*
> *«Aquel que es, que era y que viene»,*
> *el Todopoderoso.*

El saludo termina retomando la fórmula con que comenzó, aludiendo nuevamente a Dios, ya sea a toda la trinidad o al Padre, a quien llama ahora, además de repetir la hermosa fórmula de "el que es, que era y que viene", "Alfa y Omega", y "Pantocrátor" (παντοκρατωρ, *pantokrator*, todopoderoso).

Esta fórmula "Yo soy el Alfa y la Omega" (primera y última letra del alfabeto griego) y sus equivalentes "Yo soy el primero y el último", "Yo soy el principio y el fin", tienen un valor especial en este

---

Elisabeth Schüssler Fiorenza, *The Book of Revelation: Justice and Judgment*, Philadelphia (1985), 135.

libro, pues Juan las pone tanto en boca de Dios (Padre) como de Jesucristo, subrayando con una fuerza definitiva la identidad de naturaleza entre ambos:

Dios: "Yo soy el Alfa y la Omega" (1,8)

Cristo: "Yo soy el Primero y el Último" (1,17)

Dios: "Yo soy el Alfa y la Omega, el Principio y el Fin" (21,6)

Cristo: "Yo soy el Alfa y la Omega, el Primero y el Último, el Principio y el Fin" (22,13)

Las tres fórmulas equivalentes se refieren siempre a Dios (a Dios a secas, o a Jesucristo como Dios) y aparecen en el *Apocalipsis* siete veces en estos cuatro versículos apenas transcriptos (no debe contarse la mención de Ap 2,8, que es un mero eco de 1,17): tres veces "alfa y omega", dos veces "primer y último", dos veces "principio y fin". El número no es accidental en este libro en el que los números tienen un sentido teológico, como da a entender el que dos de los otros tres títulos más importantes de Dios también aparecen siete veces, así como también son siete las bienaventuranzas pronunciadas en el libro (1,3; 14,13; 16,15; 19,9; 20,6; 22,7 y 22,14), indicando la plenitud de la bendición de Dios hacia el lector que obedece fielmente el mensaje del libro. Siete significa la perfección[10].

---

[10] Cf. Bauckham, *The Theology of the book of Revelation*, 25-28.

Visión preparatoria

Antes de entrar de lleno en las cartas a las iglesias, Juan describe una visión que hace de introducción y presentación de todo el libro.

> [9] *Yo, Juan, vuestro hermano*
> *y compañero en la tribulación,*
> *y en el reino y de la paciencia,*
> *en Jesús.*

Juan se presenta como socio en las tribulaciones de sus lectores, aludiendo, probablemente, a los sufrimientos padecidos en Roma (que guarda recuerdos locales del testimonio de Juan y varias tradiciones sobre sus tormentos) y a los que en ese momento soportaba en sus trabajos forzados. A pesar del escándalo que representa el dolor para los hombres, Juan, como los demás apóstoles, en sus escritos lo presenta como una nota de honor y de camaradería.

> *Me encontraba en la isla llamada Patmos,*
> *por causa de la palabra de Dios*
> *y del testimonio de Jesús.*

Ubica su visión en Patmos, donde está "por causa de la palabra de Dios", es decir, castigado por haber predicado la palabra de Dios, que no es la Biblia, que aún no existía compilada como la conocemos hoy, sino el mensaje de Cristo y el que se cumple en Cristo (la Ley, los Salmos y los Profetas que han hablado del misterio de Cristo, como dice Nuestro Señor a los discípulos de Emaús). Victorino de Pettau (Panonia), martirizado bajo Diocleciano en el 304, y San Ireneo, han transmitido la noticia de que Juan fue "in metallum damnatus" en Patmos, bajo el imperio de Domiciano, esto es, condenado a trabajos forzados en las canteras que están al norte de esa localidad. De ser así, esto debería haber ocurrido antes del 96 d.C., fecha de la muerte del emperador. San Jerónimo, fundándose seguramente en Eusebio de Cesarea, dice que San Juan recibió las visiones en el año 95 d.C. Pero otros testimonios antiguos, como el de las *Acta Iohannis* y el del *Canon de Muratori*, ambos del siglo II, se inclinan por el tiempo de Nerón. San Epifanio, en el siglo IV, coloca la deportación de San Juan bajo el emperador Claudio (Nerón?). La *Synopsis de vita et morte prophetarum* y Teofilacto la sitúan en el tiempo de Trajano. A decir verdad, las condiciones históricas que el libro supone se adaptan perfectamente al reinado de Domiciano, pues fue un emperador cruel y perseguidor; exigió de sus súbditos el culto divino para sí mismo y mató o deportó a los que se le oponían. Igualmente, muchos detalles de las cartas a las siete iglesias corresponden bastante bien a las condiciones religiosas del Asia Menor hacia el final del siglo I (decaimiento del fervor primitivo, infiltración de doctrinas difundidas por falsos profetas y por los herejes nicolaítas, la persecución en Esmirna y en Pérgamo).

Patmos, que hoy en día se llama Patino, es una pequeña isla del conjunto de las Espóradas, en el mar Egeo, frente a Mileto y Éfeso. Tiene casi la mitad del tamaño que el pequeño lago de Tiberíades: doce kilómetros por cinco la isla, contra veinte por once el lago.

> [10] *Caí en éxtasis el día del Señor,*
> *y oí detrás de mí una gran voz,*
> *como de trompeta, que decía:*
> [11] *«Lo que veas escríbelo en un libro*
> *y envíalo a las siete iglesias:*
> *a Éfeso, Esmirna, Pérgamo, Tiatira,*
> *Sardes, Filadelfia y Laodicea».*

Juan relata una visión tenida un domingo ("el día del Señor"), mencionando por vez primera expresamente el domingo cristiano. La voz que escucha a sus espaldas le manda poner por escrito en un libro todas las visiones que verá, es decir, lo que constituye el libro del *Apocalipsis* como lo poseemos nosotros, y enviarlo a las siete iglesias. Estas no son, pues, solo destinatarias de las breves misivas que seguirán a continuación, sino las que deben recibir todo el libro; y puesto que el contenido del libro hace referencia a acontecimientos que importan al mundo entero y a todos los hombres, las siete iglesias son una forma simbólica de designar la universalidad de los cristianos.

> *[12] Me volví a ver qué voz era la que me hablaba*
> *y al volverme, vi siete candeleros de oro,*
> *[13] y en medio de los candeleros como a un Hijo de hombre,*
> *vestido de una túnica talar,*
> *ceñido al talle con un ceñidor de oro.*
> *[14] Su cabeza y sus cabellos eran blancos,*
> *como la lana blanca, como la nieve;*
> *sus ojos como llama de fuego;*
> *[15] sus pies parecían de metal precioso acrisolado en el horno;*
> *su voz como voz de grandes aguas.*
> *[16] Tenía en su mano derecha siete estrellas,*
> *y de su boca salía una espada aguda de dos filos;*
> *y su rostro, como el sol cuando brilla con toda su fuerza.*

Al volverse para mirar el lugar del que proviene la voz, Juan tiene la primera visión de Jesucristo en gloria. Cristo es presentado como resucitado y glorioso; más aún, como sacerdote, rey y juez. Su *dignidad sacerdotal* aparece en la túnica talar (como dice Lv 8,13 de los hijos de Aarón); el cinturón de oro manifiesta su *realeza mesiánica* (quizá en alusión a Dn 10,5). Su *poder judicial* lo representa la espada aguda y de doble filo que sale de su boca, es decir, que penetra y corta. Los cabellos blancos parecen indicar su *ancianidad de días*, es decir, su eternidad, según algunos comentadores. Muchos rasgos resaltan la majestad: los ojos llameantes, la voz caudalosa, su rostro resplandeciente...

No es necesario pensar, sin embargo, que Juan viera las cosas materialmente tal como las vuelca al ponerlas por escrito; si bien nada impide que así fuera, también puede entenderse como una plasmación de una percepción intelectual, pues cuando los místicos reciben revelaciones no sensibles ni imaginarias sino intelectuales, indudablemente se ven obligados a recurrir al símbolo para poder expresarlas y transmitirlas. En referencia a esta que acabamos de exponer, Dolindo Ruotolo se inclina por sostener que el vidente no vio el símbolo que nos presenta –y que han *re-presentado* luego tantos artistas de modos tan vivaces y fantásticos– sino que percibió, en realidad, la luminosidad del concepto que se expresa por aquel símbolo. Y es probable que así deban interpretarse muchas de las visiones deslumbrantes del *Apocalipsis*, algunas de las cuales, se plasman en imágenes imposibles de recrear en nuestra fantasía, a veces hasta con rasgos que parecen opuestos entre sí. En este caso, Ruotolo entiende que Juan no vio uno de cuya boca salía una espada, sino que advirtió que sobre aquellos labios refulgía, en divina y sublime expresión, la potencia del mando y la penetrante palabra que penetra los corazones y cambia las almas; sintió que su alma y su corazón eran penetrados y heridos; vio sobre aquellos labios que conocía tan bien y de los cuales había oído en su juventud tantas palabras de vida, una dulcísima majestad, una expresión, una luminosidad penetrante, una caridad vivísima, y le pareció que aquella boca divina fuese la del dominador y del iluminador de los corazones, la del juez y del maestro, la del rey divino que impera con amor y conquista con la caridad. Estas percepciones, sigue diciendo Ruotolo, eran tan veraces, tan profundas, que le pareció que aquella boca divina lo hiriese en lo más íntimo del corazón, y vio esa expresión como una victoriosa e irresistible espada. No tenía otro símbolo para expresar una cosa tan inexpresable, y viéndose totalmente penetrado y herido de amor, le pareció que aquella boca potente y amorosa le partiese el corazón en dos partes, dominándolo y conquistándolo.

Lleva en su mano derecha siete estrellas y lo rodean siete candeleros que simbolizan las siete iglesias y sus ángeles guardianes, como se dice más adelante en este mismo trozo.

A propósito de esta doble alusión a dos septenarios debemos hacer notar la importancia que tienen en el *Apocalipsis* los números y el valor simbólico que se les da. Algunos números en particular se repiten con un cargado sentido simbólico; entre ellos el número 7 que aparece 54 veces en el libro, simbolizando el carácter comprensivo, universal. Incluso algunas veces se usa implícitamente, como, por ejemplo: se mencionan 7 atributos divinos (en Ap 5,12 y 7,12), encontramos 7 bienaventuranzas (*dichoso* el que lee el librito [1,3], los muertos en el Señor [14,13], el que vigila [16,15], los que son llamados [19,9], el que tiene parte [20,6], el que cumple las palabras [22,7] y los que lavan sus ropas [22,14]); se indican 7 señales distintivas para las langostas (9,7-10); la palabra "pronto", en referencia al cumplimiento de las profecías y al retorno de Cristo, aparece también 7 veces (1,1; 2,16; 3,11; 22,6; 22,7; 22,12; 22,20); también aparece repetida 7 veces, sea en singular o en plural, la expresión "la palabra de Dios"; finalmente indico la palabra "arnion", cordero, la que encontramos en 28 ocasiones, es decir, y esto en Juan no es meramente casual, 4 veces 7.

Pasa otro tanto con el número 4 (cuatro son las criaturas vivientes, los ángeles en algunas ocasiones, las partes del mundo, varias características de algunas cosas...), con el 3, con el 10, con el 12 (las tribus, las estrellas en torno a la Mujer, las puertas de la ciudad, los ángeles que las custodian...), con el mil[11]. Los números a veces parecen contener un lenguaje arcano que ha dado notables dolores de cabeza a los intérpretes; por ejemplo, el repetido detalle de los días de la tribulación (1260 días, equivalentes a tres años y medio), los 144.000 sellados y rescatados, la cifra de la Bestia (666)...

---

[11] Cf. Hunter, Stephen, *Studies in the Book of Revelation*, Pittsburgh (1921); Farrer, A., *A Rebirth of Images*, Westminster (1949).

Volviendo al texto, la visión de Cristo y sus palabras son majestuosas:

> *17 Cuando lo vi, caí a sus pies como muerto.*
> *Él puso su mano derecha sobre mí diciendo:*
> *«No temas, soy yo,*
> *el Primero y el Último,*
> *18 el viviente;*
> *estuve muerto,*
> *pero ahora estoy vivo por los siglos de los siglos,*
> *y tengo las llaves de la Muerte y del Hades.*

Juan parece haber temido ser víctima de una ilusión, sea diabólica, sea de su propia fantasía. Jesús, con su gesto paternal y comprensivo, posando su mano sobre la cabeza del vidente, lo reasegura con suave caridad. Ese "no temas, soy Yo", debe haberle sonado como las primeras palabras de Cristo después de su resurrección a María, a Pedro y a los demás discípulos: llenas de consuelo, de seguridad y de aliento.

Él se presenta como Señor de la vida y de la muerte, del cielo y del infierno; puede dejar vivir, hacer morir, salvar y condenar, como Juez supremo. Es el primero y el último; es decir, eterno. Estuvo muerto, en referencia a su pasión terrena; y vive, aludiendo a su resurrección. Y no solo ha abierto para sí las puertas de la Muerte y de los Abismos, sino que tiene las llaves, es decir, las puede abrir a quien quiera llamando nuevamente a la vida a los que resucita. ¡Extraordinaria descripción que nos llena de admiración y gozo! ¡Porque ese es nuestro Señor y Dios! ¡Un triunfador total y definitivo!

Notamos en estas palabras dos contrastes: primero y último; muerto y viviente. Todo el *Apocalipsis* está sembrado de estas polaridades y oposiciones: Cristo contra Satanás; Luz contra Tinieblas; Vida contra Muerte; Amor contra Odio; Cielo contra Abismo; Bien contra Mal; Esposa contra Ramera; Jerusalén contra Babilonia; Trinidad divina (Padre, Hijo, Espíritu) contra Trinidad diabólica (Satanás, la Bestia y el Falso Profeta). El *Apocalipsis* es un libro escrito negro sobre blanco, a veces sin matices, donde la Verdad resulta luminosa por su contraste con el error, el Bien por su oposición al Mal. Es el lenguaje de Dios y de los hijos de Dios: "Sí, sí; no, no... Lo que pasa de allí viene del Maligno" (Mt 5,37).

> [19] *Escribe, pues, lo que has visto:*
> *lo que ya es y lo que va a suceder más tarde.*
> [20] *La explicación del misterio de las siete estrellas*
> *que has visto en mi mano derecha*
> *y de los siete candeleros de oro es esta:*
> *las siete estrellas son los ángeles de las siete iglesias,*
> *y los siete candeleros son las siete iglesias.*

¿Quiénes son esos ángeles de las iglesias? Muchos autores de la tradición latina explican la expresión como referida al obispo de cada iglesia, lo que supone ya una estructura episcopal consolidada antes de terminar el siglo I. La única dificultad sería el hecho de que el obispo de Éfeso, la primera de las mencionadas, era entonces el mismo Juan; en tal caso, si se dirige a otro obispo, este tendría que ser uno que pastoreaba la iglesia local en lugar de Juan, prisionero y desterrado. En tal sentido, Jesucristo se presentaba como sumo Pastor de su Iglesia, que la rige y apacienta a través de los pastores puestos a la cabeza de cada una, llamados *ángeles* porque son –o deben ser– mensajeros de la voluntad divina, simbolizados en las *estrellas* por su obligación de iluminar y guiar en la noche de los tiempos tenebrosos. A pesar de que esta es la interpretación más satisfactoria, la imagen también puede ser entendida de los Ángeles, Espíritus guardianes que, según la tradición judía y patrística, custodian cada iglesia, análogos a los ángeles tutelares de los pueblos que menciona Daniel 10 y 12 (así piensa, por ejemplo, Wikenhauser). La única dificultad en este caso es que casi todos recibirán una represión; aunque esto podría explicarse en cuanto se reprende al ángel no por su actuación defectuosa sino como un modo retórico de referirse a la mala actuación de sus custodiados, quienes más que maleducados (mal guiados o guardados) son malaprendidos (malos discípulos de tan buen espíritu). En esta misma línea, algunos los entienden como personificaciones de cada una de las iglesias (Allo, por ejemplo).

Las Iglesias mismas, en cambio, están representadas en los candelabros, en las luces ardientes que simbolizan, como la lámpara áurea de siete brazos del templo judío, la vigilancia de todo el pueblo fiel delante de la Majestad divina.

La luz que arde es la luz que vigila. Los fieles deberían ser *los que vigilan* ante Dios, los que se mantienen atentos, sin dejarse vencer de la modorra mundana. Los que están atentos a Dios, a su voluntad, a sus órdenes; los que oran, los que están en vela ante Dios. Cuando ellos mismos se dejan atontar y adormentar por el cansancio de la espera, corren el riesgo de que Dios aparte de su Presencia la luz de su candelero, como avisa, amenazante, a la iglesia de Éfeso.

Comienza, a continuación, el dictado del mismo Cristo para cada una de las Iglesias. Sea que estas representen siete comunidades del tiempo del vidente, elegidas como símbolo de todas las iglesias no solo contemporáneas a Juan sino futuras (la Iglesia universal); sea que se trate de siete etapas históricas que han de sucederse desde los tiempos apostólicos hasta el fin del mundo (como señala la exégesis histórico-profética que ni termina de convencernos ni adoptamos pero que respetamos por la jerarquía de algunos de sus representantes); sea, finalmente, que se trate de siete diversas situaciones espirituales en que todo cristiano y toda comunidad cristiana puede llegar a encontrarse en esta vida..., lo cierto es que el objetivo de la cada carta es, principalmente, recomendar la recepción dócil de la *profecía* que constituye el núcleo de este libro y el "mensaje, dirigido a cada una de las iglesias, tiene un alcance general y perenne" (Vanni). Todas las demás cosas que se contienen en cada carta son elementos preciosísimos que, sin embargo, no deben hacer olvidar el punto central: se les envía la Revelación del misterio y de la clave de la Historia y en él deben abrevarse sea para perseverar en la caridad, o para convertirse de sus pecados, o para recuperar el fervor inicial de la fe, o para salir victoriosos de las grandes pruebas que les aguardan[12].

---

[12] Prigent sostiene que la intención de Juan en estas cartas –que dice escribir como amanuense del mismo Jesucristo (cf. Ap 1,19)– es dirigirse a comunidades eclesiásticas amenazadas por un peligro particular. Lo que motiva las alabanzas o reproches de cada una es, precisamente, la actitud de rechazo o tolerancia frente a dicho peligro, que no debe confundirse con los temas que tocan el resto del libro. No es un ataque proveniente del exterior, sino que actúa desde y en el mismo seno de las iglesias, enmascarando insidiosamente su carácter demoníaco tras rasgos que parecen cristianos. Es la amenaza del movimiento herético judeo-cristiano influenciado por doctrinas que ya en aquel tiempo inclinaban hacia lo que más tarde derivaría en el gnosticismo, o sea, una gnosis espuria incipiente. Tal sería lo que Juan trata de indicar en sus referencias a los pseudo-judíos (2,9; 3,9), nicolaítas (2,6), falsos apóstoles (2,2), baalamitas (2,14), la profetiza Jezabel (2,20), las profundidades de Satanás (2,24), etc. (Prigent, *L'Apocalypse de Saint Jean*, 114-117).

La Iglesia de Éfeso

[Capítulo 2]

Todas las cartas tienen una estructura semejante: una fórmula de presentación que contiene un título de Cristo (sustancialmente ya presentado en la visión introductoria) que responde más que a un nombre propio a una cualidad o misión divina. Luego sigue el cuerpo epistolar con alabanzas y censuras, advertencias y exhortaciones (Filadelfia y Esmirna reciben solo alabanzas, y una sola –Laodicea– únicamente reproches); y todas terminan con una invitación a escuchar el mensaje y una promesa para los vencedores.

La primera de las iglesias a las que Juan se dirige es Éfeso, la más cosmopolita e importante de la provincia romana de Asia, aun sin ser la capital (lo era Pérgamo). "Lumen Asiae", luminaria del Asia, según un autor de esos tiempos. A ella convergían las más importantes carreteras, convirtiéndola en "el mercado de Asia" (Estrabón). Desde Asia era paso obligado para Roma; Ignacio de Antioquía la llamó "Camino Real de los Mártires".

Era una ciudad libre, exenta de albergar guarniciones romanas. Ciudad judicial y además deportiva (se realizaban allí los juegos atléticos más famosos del Asia). Y sobre todo era el centro cultural de Artemisa, cuyo templo se enumeraba entre las siete maravillas de la antigüedad. Diosa de la fecundidad, amada hasta el frenesí por los supersticiosos efesinos, como vemos en el episodio que casi le cuesta la vida a san Pablo (Hch 19), era también símbolo de la degradación de la religión pagana: al servicio de la diosa había cientos de prostitutas sagradas, fornicando con las cuales se pagaba culto a la deidad. Era un centro de superstición, famoso por sus amuletos y encantamientos. Pero a pesar de las magras expectativas que estos datos pudieran ofrecer, san Pablo fundó allí, no sin lágrimas y dolores... y casi dejando el pellejo, una comunidad floreciente que dio abundantes frutos. Su primer obispo fue Timoteo (1Tm 1,3); allí misionaron Aquila, Priscilla y Apolo (Hch 18); y san Pablo se despidió de los presbíteros de la ciudad con uno de los discursos más hermosos del Nuevo Testamento (Hch 20,17-38). Su tesoro más grande, sin embargo, ha sido, según la tradición, la presencia de la Virgen, a quien san Juan llevó consigo al asumir el pastoreo de la ciudad y de la región de Asia. San Ignacio de Antioquía escribió a los efesinos un hermoso elogio: "Vosotros habéis estado siempre unidos en una misma mente con los apóstoles en el poder de Jesucristo".

> *¹ Al ángel de la iglesia de Éfeso, escribe:*
> *Esto dice el que tiene las siete estrellas en su mano derecha,*
> *el que camina entre los siete candeleros de oro.*

El título que el Apóstol da a Jesucristo es "el que tiene en su mano las siete estrellas", que son las iglesias, como ha explicado el mismo revelador. Κρατέω (*krateo*) significa "agarrar con fuerza", "detener con mano firme". Y cuando va seguido de acusativo indica sostener la totalidad del objeto, caso, por otra parte no tan frecuente gramaticalmente. En general este verbo se construye seguido del genitivo que indica una parte y no la totalidad (como en algunas lenguas actuales, por ejemplo el francés, en que se dice, "demander de l'eau" –literalmente: *pedir* del *agua*–, "acheter du papier" – literalmente: *comprar* del *papel*), y no en acusativo que da la idea de que se aferra todo (pedir *el* agua, indica, en griego y en algunas lenguas modernas, pedir toda el agua que hay). De este modo se está afirmando que Jesucristo es el que tiene en su mano toda la Iglesia; el que la gobierna como soberano absoluto[13]. A este señorío aludía

---

[13] Es Barclay quien hace esta observación. Dice literalmente: "Hay otro punto aquí que solo surge en griego. *Kratein* se construye normalmente con el genitivo (el caso que normalmente expresamos en español con la preposición *de*). Porque cuando sostenemos una cosa, rara vez la sostenemos en su totalidad; más bien es parte

Nuestro Señor cuando decía a los judíos hablándole de sus ovejas: "nadie las arrebatará de mi mano" (Jn 10,28).

> ² *Conozco tu conducta: tus fatigas y tu paciencia;*
> *y que no puedes soportar a los malvados*
> *y que pusiste a prueba a los que se llaman apóstoles sin serlo*
> *y descubriste su engaño.*
> ³ *Tienes paciencia,*
> *y has sufrido por mi nombre sin desfallecer.*

Jesucristo alaba algunas bellas cualidades de esta iglesia. Su "fatiga"; literalmente "brega" –κόπος, *kopos*, en griego–; palabra que aparece muchas veces en el Nuevo Testamento (Rm 16,12; 1Co 15,10; Gal 4,11). *Kopos* es una labor que exige mucha concentración y esfuerzo; o sea, trabajo hasta el sudor. También alaba su constancia o paciencia –ὑπομονή, *hypomoné*–, que no es un mero aguantar pasivo sino algo activo, viril. En griego se usa esta palabra, por ejemplo, para indicar la capacidad que una planta tiene para vivir en circunstancias duras y desfavorables, es decir, de seguir *empujando* hacia adelante a pesar de las complicaciones y adversidades; es la capacidad de resistencia espiritual que hace de algunos hombres confesores de Cristo, e incluso *mártires*. San Juan Crisóstomo decía de ella que es "raíz de todos los bienes, madre de la piedad, fruto que nunca se pudre, fortaleza inexpugnable, puerto que no sabe de tormentas"; y la llama "reina de las virtudes, fundamento de las acciones justas, paz en la guerra, calma en la tempestad, seguridad contra los complots".

---

de ella. Cuando *kratein* va seguido del acusativo, quiere decir que se sostiene la totalidad del objeto. Aquí *kratein* va con el acusativo, y quiere decir que Cristo tiene en Su mano la totalidad de las siete estrellas, lo que quiere decir la totalidad de la Iglesia".

También elogia en particular una extraña cualidad que designa como "no soportar a los malos" y "poner a prueba a los falsos apóstoles". No puede tratarse de impaciencia hacia los pecadores, ni falta de amor hacia ellos. Debemos entender esta actitud, como el no dejarlos que actúen impunemente haciendo daño a los incautos. Su virtud era no tolerarlos pasivamente, sin intentar poner algún remedio. Este consistía en ponerlos a prueba para que quedase en evidencia su malicia y para que los buenos no se corrompiesen con su mala doctrina ni sus malos ejemplos. San Pablo, al despedirse de los presbíteros efesinos les había profetizado que después de su partida, y pronto, invadirían el rebaño lobos rapaces (Hch 20,29). Estos son los que aquí designa Juan como pseudoapóstoles, especialistas en confundir la fe y la moral de los cristianos nuevos.

La iglesia de Éfeso los puso a prueba. Poner a prueba era un imperativo evangélico (Mt 7, 20: "por sus frutos los conoceréis") que los apóstoles inculcaban con frecuencia (1Jn 4,1-3; 1Ts 5,21). San Pablo decía que había que someter a prueba incluso a un profeta que se ponía a profetizar, es decir, a un carismático. La prueba consistía en ver sus frutos y la armonía que guardaban con la fe de la tradición. "La *Didaché* (11,8,4) manda que para descubrir el verdadero espíritu de los que se presentaban como apóstoles, profetas, maestros, se confrontase su vida y doctrina con la vida y doctrina de Cristo"[14]. A los pseudoapóstoles, la iglesia de Éfeso "los encontró embusteros".

---

[14] Salguero, *Apocalipsis*, Profesores de Salamanca, 341. La "Didajé" o "Didaché", o *Enseñanza de los doce Apóstoles*, es la obra de la literatura cristiana más antigua que no pertenece a los escritos canónicos; compuesta quizá antes de la destrucción del Templo de Jerusalén (70 d.C.). Perdida durante siglos, fue hallada recién en 1873 y publicada en 1883.

⁴ Pero tengo contra ti que has perdido tu amor de antes.
⁵ Date cuenta, pues, de dónde has caído,
arrepiéntete y vuelve a tu conducta primera.
Si no, iré a ti y cambiaré de su lugar tu candelero,
si no te arrepientes.

Se le echa en cara, sin embargo, una cosa: el haber "aflojado el amor que tenía antes" (ὅτι τὴν ἀγάπην σου τὴν πρώτην ἀφῆκας, *hoti tèn agápen sou tèn próten afekas*), o "el primer amor" o "la primera caridad". Αφίημι (*afiemi*) significa no solo abandonar, sino también descuidar, aflojar. Entenderlo como "perder" no condice con los elogios antes referidos. Si los efesinos habían perdido la caridad, no eran dignos de elogio alguno, pues aquella es la raíz de toda vida cristiana. Debe tratarse, pues, de un decaimiento en la caridad. Y es probable que deba interpretarse no únicamente del fervor interior, porque en el v. 5 se habla "volver a la conducta anterior", y en el v. 19 nuevamente se habla de caridad y conducta como relacionadas. Así, se trata de un decaimiento en las obras de caridad: en la misericordia con los pobres, en el amor a los hermanos.

Pero aun siendo un mero debilitamiento, la exhortación no deja de ser fuerte y dramática: "arrepiéntete", "toma conciencia de dónde has caído", "vuelve a tu conducta primera". Y no menos intimidante es el castigo prometido: "iré a ti y cambiaré de lugar tu candelero". La mayoría de los comentaristas explican este castigo diciendo que se amenaza con quitar la preeminencia jerárquica de la iglesia efesina, o incluso la destrucción de la ciudad, o al menos de la iglesia que vivía en ella. Puede ser, pero no descarto otro sentido más espiritual. De hecho el vigor del llamado a la conversión es el propio que usa Dios con sus almas privilegiadas: a los místicos, a las almas especiales que Dios elige para grandes misiones (el Padre Pío, santa Gema...) Dios les habla a veces con una dulzura que supera las lenguas humanas y otras los reprende por imperfecciones del amor que a nosotros, rengos caminantes de la vida espiritual, nos resultan incomprensibles. Quizá esto deba ser entendido de una iglesia todavía muy cercana al Corazón divino, y que por eso Dios pueda ser aparentemente tan duro con cosas que nosotros juzgaríamos como menores.

> *⁶ Tienes en cambio a tu favor*
> *que detestas las obras de los nicolaítas,*
> *que yo también detesto.*

Entre los embusteros a quienes los efesinos combatieron, Cristo destaca a los nicolaítas, secta de la que no se conoce bien ni su fundador (que no fue, como se creyó en la antigüedad, el diácono Nicolás), ni sus enseñanzas, aunque se suponga que se trataba de errores principalmente morales. Según Clemente de Alejandría permitían comer carnes sacrificadas a los ídolos, tras exorcizarlas, y afirmaban que la fornicación no era pecaminosa. Eran una especie de gnósticos de la primera hora[15]. Algunos autores identifican esta herejía con los

---

[15] Cuando hablo del gnosticismo como el adversario enfrentado en los primeros tiempos de la Iglesia, no me refiero a la herejía del Gnosticismo cristiano propiamente dicho, que es un fenómeno que se estructura con propiedad a partir de las primeras décadas del siglo II, como movimiento sincrético que amalgama ideas del judaísmo tardío, elementos cristianos y una racionalización de la experiencia religiosa (tomando mucho de la gnosis precristiana). En los tiempos de los Apóstoles nos encontramos, sin embargo, con ideas heréticas paleocristianas, resultado más bien de influencias judaizantes y de algunos elementos del gnosticismo precristiano (una visión mundana de la realidad). A veces se habla de gnosticismo para referirse a estos adversarios de la predicación apostólica, porque, en el fondo, el gnosticismo posterior será, también él, una perversión de la fe cristiana. De hecho, entre los gnósticos del siglo III, encontramos también una secta de nicolaítas que enseñaban, como los homónimos de Pérgamo, la "libertad de la carne", siendo, quizá, sus herederos doctrinarios. Algunos autores, en particular los británicos, prefieren referirse al movimiento anterior al siglo II como *gnosis* en lugar de *gnosticismo*.

balaamitas que se mencionan en la carta a Pérgamo y con la Jezabel de la carta a Tiatira, argumentando que "nicolás" y "balaam" significan, respectivamente en griego y hebreo, lo mismo: "dominador del pueblo" (ya mencioné que para Prigent estas cartas advierten contra la misma amenaza herética –judeo-gnóstica– a todas las siete iglesias). Por lo que relatan algunos Padres, estos sectarios sostenían y propagaban graves errores dogmáticos y morales, particularmente sobre la sexualidad desenfrenadamente vivida, terreno en el cual defendían no darse ningún pecado. Nótese, sin embargo, que Jesús afirma "detestas" u "odias" (tal es el sentido del verbo griego μισέω, *miséo*) τὰ ἔργα (*ta erga*), "las obras" de estos herejes, no sus personas, porque la caridad impone el amor del pecador junto al odio del pecado que daña, ante todo y más que a nadie, al mismo pecador.

> *⁷ El que tenga oídos,*
> *oiga lo que el Espíritu dice a las iglesias:*
> *al vencedor le daré a comer del árbol de la vida,*
> *que está en el Paraíso de Dios.*

Finalmente a los que venzan en estos esfuerzos se les promete la inmortalidad con una bella imagen: "le daré a comer del árbol de la vida que está en el Paraíso de Dios". La figura procede de Gn 3,22-24; es el árbol que en medio de Paraíso ofrecía la vida a quienes lo comieran, en contraposición con un segundo árbol, el de la "ciencia del bien del mal", que producía la muerte del alma, y que fue, en definitiva, el que mal eligieron nuestros primeros padres. Pero la imagen es, a la vez, símbolo del árbol de vida que encontraremos en la descripción de la Jerusalén celestial, en los capítulos finales del *Apocalipsis*. De hecho, según Castellani, todos los premios a los vencedores de cada una de las iglesias aluden al capítulo 20 de este libro[16].

---

[16] La interpretación histórico-profética encuentra en esta carta una descripción de la Iglesia durante los tiempos apostólicos, con sus primeros martirios y las herejías iniciales; la Iglesia fervorosa de los Apóstoles y de sus primeros discípulos, a quienes tocó luchar contra los pseudo apóstoles; la Iglesia que enfrentó el paganismo y que viviendo la caridad, también debió lidiar por mantener el fervor primero, del que toda alma tiende a decaer cuando el tiempo o la lucha se prolongan. Es una hipótesis tentadora, que ha seducido a varios autores en el pasado, pero que no deja de presentar muchos inconvenientes y, en muchos casos, se expone a caer en auténticas arbitrariedades. De hecho, cuanto se exhorta a la iglesia de Éfeso, cuadra también para otras épocas históricas de fervor, así como para las almas, grupos, congregaciones religiosas, e iglesias locales que en el transcurso de los siglos han pasado, pasan y pasarán por situaciones análogas (piénsese, por ejemplo, en las órdenes religiosas que nacieron con gran fervor, dieron en sus primeros tiempos numerosos santos a la Iglesia, y con el transcurso del tiempo se entibiaron; y con mucha mayor razón tantas personas pueden hacer suyas estas advertencias). Por otra parte, cuanto aquí se dice vale, históricamente hablando, para algunas comunidades locales del tiempo de los apóstoles, pero no para otras, por lo que caracterizar toda una etapa de la Iglesia con los rasgos indicados en esta carta solo puede lograrse aislando unos elementos previamente seleccionados y haciendo la vista gorda a otros no menos reales. De hecho, no tenemos ningún argumento determinante para negar que las seis restantes cartas *también* describan situaciones históricas reales contemporáneas del Vidente. De ser así, mientras en Éfeso se vivía un gran fervor, en otras brillaban las componendas con el mundo, no mereciendo de Cristo más que reproches. Y si nos atenemos a los escritos de los otros apóstoles, como san Pablo, vemos que no faltaban graves situaciones espirituales y morales en muchas partes, amén de la influencia de las tendencias judaizantes que amenazaban con esclerotizar la fe naciente ahogándola en el ritualismo judío. Por eso, la lectura histórico-profética, a mi juicio, limita excesivamente el valor y la actualidad de nuestro Escrito.

La Iglesia de Esmirna

⁸ Al ángel de la iglesia de Esmirna escribe:

Poetas y escritores alabaron la belleza singular de Esmirna (hoy Izmir), adorno, flor y corona de Asia, estratégicamente ubicada para el comercio como puerto y como final de carreteras. Hermosa por su posición geográfica y por su edificación, en la que destacaban sus templos. La había construido Lisímaco, de manera planificada, en el siglo II, tras cuatrocientos años de abandono desde la destrucción causada por los lidios. Esmirna no solo era una ciudad libre y leal a Roma, sino que amaba al Imperio. Fue la primera ciudad del mundo –hacia el 195 a.C.– que erigió un templo a la diosa Roma, y más tarde –en el 26 d.C.– se adelantó a todas en edificar otro a Tiberio divinizado. También era un centro cultural, con una biblioteca pública imponente, un odeón para la música y uno de los teatros más grandes del Asia Menor; hasta pretendía ser cuna de Homero, a quien había edificado un memorial –el Homerion– y cuya efigie identificaba sus monedas.

Vivían en ella muchos judíos influyentes, que habían contribuido con importantes sumas de dinero a su embellecimiento edilicio; y fueron fuertemente hostiles al cristianismo. Fue tierra también de mártires, el más célebre de los cuales fue su propio obispo, el gran Policarpo, quemado vivo el 23 de febrero del año 155, después de responder al procónsul que lo invitaba a maldecir el nombre de Cristo para salvar su vida: "Ochenta y seis años le he servido, y Él no me ha hecho nunca ningún mal. ¿Cómo voy a blasfemar de mi Rey que me salvó?"

Esmirna en griego significa mirra (σμυρνη, *smyrne*), sustancia usada para curar las heridas, símbolo, por su sabor amargo, de los dolores físicos y del embalsamamiento. Esto ha llevado a algunos a suponer que se trata de una profecía del tiempo –futuro al vidente–

de las primeras persecuciones sistemáticas contra la Iglesia. Pero, en caso que así fuera –lo que no nos convence–, el presunto carácter histórico-profético de este pasaje no agotaría, ni mucho menos, su profundo contenido teológico, del que puede –y debe– aprovecharse la Iglesia de todos los tiempos[17]. En efecto, la Iglesia es hoy tan *esmirna* –tan probada por la tribulación– como lo fue durante las primeras persecuciones, habiendo dado en la pasada centuria (s. XX) más mártires que en la totalidad de los diecinueve siglos anteriores. Ella es *esmirna* por vocación divina, pues es Esposa de un Crucificado.

> *Esto dice el Primero y el Último,*
> *el que estuvo muerto y revivió.*

El título usado (ὁ πρῶτος καὶ ὁ ἔσχατος, ὃς ἐγένετο νεκρὸς καὶ ἔζησεν, *ho protos kai ho ésjatos, hos egéneto nekròs kai ézesen*) es eminentemente cristológico, como ya hemos notado más arriba. Más aún, alusivo a su divinidad (Primero y Último) y a su humanidad e

---

[17] La exégesis histórico-profética, a la que ya hemos aludido, ve en cuanto se dice en esta carta el llamado *tiempo de las persecuciones*, de Nerón a Diocleciano. Supone que los diez días de persecución mencionados en la epístola aludirían a las principales persecuciones durante el período imperial, que se resumen tradicionalmente en diez especiales momentos (aunque, en realidad, todo el período se caracterizó por la prohibición del culto cristiano, y por acosamientos que dependían más del carácter de los gobernantes locales de turno que de los decretos imperiales, por lo que a veces se perseguía a los cristianos en un lugar mientras que no se los molestaba en otro, invirtiéndose luego las situaciones). Calza bien, asimismo, la referencia a los judíos, pues estos fueron instigadores de muchas de las persecuciones, empezando por la esposa judía de Nerón, Popea, a quien se atribuye el estímulo de la primera de ellas. Insisto en que aun cuando un determinado pasaje bíblico nos venga como anillo al dedo para ilustrar un período de la historia –a costa, sin embargo, de tomar en consideración solo algunos elementos particulares, dejando de lado otros que desentonarían nuestra interpretación– no se sigue que lo primero sea una profecía de lo segundo.

historicidad (muerto y revivido). "El Primero y el Último"; Principio y Fin de todas las cosas; "fin" no en sentido de terminación temporal, o extinción, como la muerte es el fin de la vida; sino como meta, finalidad, colofón, perfección, cumbre: todo comienza en Él y todo tiende a Él, todo es *por* Él y todo es *para* Él.

Y sigue: "el que *llegó a estar muerto* y está vivo otra vez". Γίνομαι (*guínomai*) (llegar a ser), describe una fase pasada. Cristo *llegó a estar muerto*; fue un episodio por el que pasó. Ζάω (*zao*) es vivir y también volver a la vida. La traducción correcta es "volvió otra vez a la vida". Equivale, por tanto, a "Resucitado".

> ⁹ *Conozco tu tribulación y tu pobreza –aunque eres rico–*
> *y las calumnias de los que se llaman judíos sin serlo*
> *y son en realidad una sinagoga de Satanás.*

A la iglesia esmirniota se hace un hermoso elogio: es pobre pero rica. No recibe la represión de Laodicea, que se creía rica y era pobre; esta es rica y pasa pobreza. La pobreza es el despojo de la persecución, en la que se pierde todo lo material; la riqueza es el valor del sufrimiento; tiene el tesoro del dolor bien llevado, de la cruz gallardamente cargada. Con ella se puede comprar todo: la vida eterna, el cielo y la visión de Dios.

Como hemos dicho se alude a las calumnias de los judíos "que se llaman tales sin serlo". En los *Hechos de los Apóstoles* queda claro que los judíos instigaron muchos de los primeros acosamientos a los cristianos: en Antioquía (Hch 13,50), Iconio (Hch 14,2.5), Listra (Hch 14,19) y Tesalónica (Hch 17,5). Para Juan estos no son verdaderos judíos, es decir, no lo son de corazón. Creo que se refiere aquí a lo mismo que san Pablo afirma en la carta a los Romanos, cuando habla del verdadero judaísmo y del falso judaísmo; estos son judíos carnales, lo que los ponía fuera del Israel de Dios. Pertenecen más bien a la "Sinagoga de Satanás", es decir, la "congregación del Diablo". Jesús se lo había dicho en la cara: "vuestro padre es el diablo".

La expresión "sinagoga" o "iglesia" de Satanás significa que los intereses que persiguen son contrarios a los de Dios. Cristo los ha invitado a ser parte de su Iglesia y ellos se han resistido, pasando así, a ser la *oposición* de Cristo. No indica, en cambio, tan tremendo calificativo, que aquellos judíos hubiesen formado una iglesia satánica ni que adoraran al demonio. Pero se perfila ya algo que la teología medieval desarrollará un poco más: hay un cuerpo "místico", es decir, espiritual y misterioso, del demonio, del mismo modo (es decir, parodiando) que hay un Cuerpo Místico de Cristo: "se llama al diablo cabeza de todos los malos, pues se dice en Job 41,25 que él es el rey de todos los hijos de la soberbia"; y algo semejante se dice del Anticristo[18].

> *[10] No temas por lo que vas a sufrir:*
> *el diablo va a meter a algunos de vosotros en la cárcel*
> *para que seáis tentados,*
> *y sufriréis una tribulación de diez días.*

Juan profetiza a Esmirna muchos sufrimientos. Habla de la cárcel, que en la antigüedad era preludio de la muerte y desfile de torturas inimaginables; por eso se dice que serán tentados, es decir, pro-

---

[18] Cf. Santo Tomás de Aquino, *Suma Teológica*, III, 8, 7-8. En este comentario utilizaré el término "Anticristo" reiteradas veces. Más adelante diré que muchos exégetas lo ven identificado con la primera Fiera, la que surge del mar. Aclaro desde ya, sin embargo, que el término "anticristo" no comparece en el libro del *Apocalipsis*. El término solo lo encontramos en las *Epístolas de San Juan*: tres veces en 1Jn (2,18; 2,22; 4,3) y una en 2Jn (1,7). San Pablo lo designa como "el Hombre impío, el Hijo de perdición, el Adversario" (2Ts 2,3-4).

bados. Tentación tiene el sentido de "prueba", "examen", lo que pone en evidencia el valor de una cosa o persona.

Mantente fiel hasta la muerte
y te daré la corona de la vida.

Por eso se alienta ser fieles hasta la muerte con una expresión magnífica:

γίνου πιστὸς ἄχρι θανάτου,

καὶ δώσω σοι τὸν στέφανον τῆς ζωῆς.

Guínou pistós ájri thanátou, kaì dóso soi tòn stéfanon tes zooes. "Hazte (vuélvete) fiel hasta la muerte, y te daré la corona de la vida". Esmirna se gloriaba, como pocas ciudades, de su fidelidad a Roma, a la que había guardado lealtad en los momentos más aciagos. Cicerón la había proclamado "la más fiel de nuestras aliadas". Juan ordena a los cristianos esmirniotas a no ser menos con Cristo de cuanto lo fueron con Roma.

"La corona de la vida" es mencionada con otras imágenes en el Nuevo Testamento: "corona de la integridad" (2Tm 4,8), "corona de que enorgullecerse" (1Ts 2,19), "corona de la gloria" (1P 5,4). En griego hay dos palabras para corona: *diádema*, que es la corona real, y *stéfanos*, que conlleva las ideas de gozo y de victoria; implica una lucha y una competición previa, de la que resulta un triunfo. Esta segunda palabra es la que encontramos aquí.

[11] El que tenga oídos,
oiga lo que el Espíritu dice a las iglesias:
el vencedor no sufrirá daño de la muerte segunda.

Al final se menciona un segundo aspecto de este premio: "el vencedor no sufrirá daño de la segunda muerte". La expresión reaparece en Ap 20,6.14 y 21,8: ὁ θάνατος ὁ δεύτερος (*ho thanátos ho deytéros*). Esta "segunda" significa la muerte *eterna*, la pérdida del alma y la privación eterna de Dios en el estanque de fuego. De todo esto se verá libre el cristiano que permanezca fiel a Dios hasta la muerte. El autor sagrado parece contraponer la segunda muerte a la primera, es decir, a la muerte corporal, que algunos de los esmirniotas iban a sufrir pronto como mártires. Por eso Jesucristo se ha presentado a esta iglesia como el principio y el fin de toda vida, como el que pasó por la muerte para vivir eternamente.

La Iglesia de Pérgamo

¹² Al ángel de la iglesia de Pérgamo escribe:

Desde tres siglos antes de la era cristiana, Pérgamo era la capital de Asia; "ciudad ilustre", la llamaba Estrabón, y "la más famosa de Asia", Plinio. Situada en una posición geográfica estratégica, en una colina desde la que se dominaba el valle del río Caico, distaba tan solo veinticinco kilómetros del Mediterráneo. Se destacó especialmente por su cultura, con una célebre biblioteca de más de 200.000 rollos de pergamino, superada solamente por la de Alejandría. Fue también un importante centro religioso, con uno de los más famosos templos a Zeus, construido en el 240 a.C. en memoria de la victoria contra los gálatas. Notoria también por el culto a Asclepio (Esculapio) a cuyo santuario acudían multitudes buscando salud.

Esto dice el que tiene la espada aguda de dos filos.

Cristo se presenta aquí como ὁ ἔχων τὴν ῥομφαίαν τὴν δίστομον τὴν ὀξεῖαν (*ho ejon ten jronfaían ten dístomon ten oxeían*), el que sostiene la espada larga, la de dos filos, la penetrante. En la visión inaugural se decía que esta espada salía de la boca del revelador, dando a entender, por tanto, que se refiere a la Palabra que procede de la boca divina. Ella tiene alcances largos, y doble filo, porque o hiere de un lado o hiere del otro, o hiere de amor o, al que no ama, hiere de temor; y es penetrante, porque sus cortes no son superficiales, sino que dividen el alma, como la describe Hb 4,12: "viva es la palabra de Dios y eficaz, y más cortante que espada alguna de dos filos; penetra hasta la división entre alma y espíritu, articulaciones y médulas; y discierne sentimientos y pensamientos del corazón". Muchos temen la Palabra de Dios (me refiero expresamente a la Sagrada Escritura) y huyen de su meditación porque ella desnuda nuestra alma y nos muestra tal como somos a los ojos de Dios, poniendo un peso sobre nuestras conciencias: la alternativa de convertirnos... o aceptar el fracaso de nuestras vidas, habiendo tenido en nuestras manos la llave para evitarlo. La imagen también alude al poder absoluto de Jesucristo. En la antigüedad "llevar la espada" designaba la autoridad de condenar a muerte o dejar con vida (cf. Rm 14,4).

¹³ Sé dónde vives:
donde está el trono de Satanás.

La Iglesia de Pérgamo "mora donde tiene el trono Satanás". Se ha propuesto entender esta expresión de tres modos diversos: o referida al altar de Zeus-Júpiter, o como indicación de la misma Pérgamo, cuya colina semeja un trono, o, lo más probable, en alusión a la gran potencia que tenía en ella el paganismo (sea por el poderío del sacerdocio pagano que allí oficiaba, o tal vez por ser la sede del culto imperial).

Eres fiel a mi nombre
y no has renegado de mi fe,
ni siquiera en los días de Antipas, mi testigo fiel,
que fue muerto entre vosotros,
ahí donde habita Satanás.
¹⁴ Pero tengo alguna cosa contra ti:
mantienes ahí algunos que sostienen la doctrina de Balaán,
que enseñaba a Balaq a poner tropiezos
a los hijos de Israel
para que comieran carnes inmoladas a los ídolos

y fornicaran.
*15 Así tú también mantienes algunos
que sostienen la doctrina de los nicolaítas.*

O cuando el apóstol escribe Pérgamo ya había sufrido tribulaciones, o el vidente observa las futuras persecuciones en forma profética. Se mencionan, de hecho, "los días de Antipas" (abreviación de Antípatros) mártir, asesinado en la misma ciudad. No se sabe nada de este santo, ni siquiera si fue obispo de Pérgamo o un laico prominente; la tradición que recogieron los Bolandistas lo considera asesinado bajo Domiciano, quemado en un buey de bronce. Pero el elogio no se centra en este mártir sino en la Iglesia toda de Pérgamo, que ha sido "fiel al nombre divino y no ha renegado de la fe en Él". Es muy probable que el elogio se refiera a la principal causa del martirio, que fue la negativa de los cristianos de dar el nombre de "Kýrios", Señor, al César (la obligación era proclamar: "Kaisar Kýrios": "el César es el Señor"), porque ese título solo pertenece a Cristo (cf. 1Co 12,3; Fil 2,11).

La alusión a los nicolaítas, de quienes se dice que sostenían la doctrina de Balaán, enseñada por Balaq, se refiere probablemente a los errores que se introdujeron en aquel tiempo en torno a la licitud de comer las carnes que previamente habían sido ofrendadas a los ídolos[19]. El problema no giraba tanto en torno al valor en sí de esas

---

[19] Quienes siguen la interpretación histórico profética, defienden que Pérgamo correspondería al tiempo "de los Doctores y de las Herejías", es decir, hasta Carlomagno. La edad de San Ambrosio, San Agustín, Lactancio... y de las grandes herejías por ellos combatidas, representadas aquí en la alusión al Nicolaísmo que contuvo ya los elementos esenciales que se dan en toda herejía: un relajamiento moral y una contaminación idolátrica. Se explica también ese "algo" (o "alguito", porque es una especie de diminutivo) que dice Jesucristo tener contra Pérgamo, como la penetración de algunos principios heréticos en el seno mismo de esta sociedad, como ocurrió con el arrianismo, que condenado por el magisterio, contaminó, sin

ofrendas, sino al escándalo que podía suponer tanto para los mismos que las comían como para los débiles en la fe. En definitiva, la discusión giraba en torno a una cuestión de principios que no se limitaba a un mero problema disciplinar; más bien se trataba de adoptar un espíritu de componenda y compromiso con los adoradores de ídolos, viviendo a su estilo, practicando ciertas costumbres paganas y una clara moral pagana (la fornicación), dejando así completamente desdibujada la "separación" propia entre el cristiano y el mundo: no separación respecto de los hombres que viven en el mundo, sino del *mundo* en el sentido *mundano*. Estaba en juego la *no pertenencia* al mundo a pesar de vivir en él, que había enseñado Nuestro Señor según recoge san Juan en su Evangelio (Jn 15,19; 17,14-16; cf. 1Jn 2), y la exigencia de "conservarse incontaminados del mundo", que expresaría Santiago (St 1,27). Los llamados nicolaítas estaban en el mundo y vivían como los del mundo: sin vivir verdaderamente la castidad propia del cristiano (ya fuertemente predicada por san Pablo en 1Corintios) y desdibujada su separación de los ídolos. Exactamente el mismo error reciclado por el modernismo en el siglo XIX y más claramente por el progresismo del siglo XX. En Éfeso se presentó el problema, pero los efesinos rechazaron a quienes predicaban y practicaban esa confusión con el paganismo; en cambio en Pérgamo a estos se los tolera por demás. Este es el "alguito" del que se queja el Señor.

---

embargo, el ejército y la corte imperial, extendiéndose como una mancha de aceite especialmente entre los pueblos bárbaros. Por esta razón, las invasiones de los bárbaros fueron, muchas veces, invasiones de paganos mal cristianizados, arrianizados. La explicación es atractiva, pero muy difícil de probar, en particular cuando se intenta delimitar a un período particular de tiempo. ¿Por qué terminaría con Carlomagno, si el "nicolaísmo", es decir, la esencia de toda herejía, jamás ha abandonado su existencia parasitaria en el seno de la Iglesia, y es, incluso, hoy más viva que nunca?

> ^{16} *Arrepiéntete, pues;*
> *si no, iré pronto a ti*
> *y lucharé contra esos con la espada de mi boca.*

Llama la atención la amenaza: el Señor manda a los pergamenos que se arrepientan, de lo contrario irá y luchará *contra esos*. No se refiere a luchar contra los fieles sino contra aquellos que los fieles toleraban excesivamente. Si esto es una amenaza significa que de alguna manera el castigo de los componedores perjudicaría también a quienes los toleraban en su seno. Quizá la idea de fondo sea algo semejante a la parábola del trigo y la cizaña, en la que el buen amo no corta el falso trigo cuando todavía es joven, porque se confunde con el trigo bueno, sino que espera al tiempo de la cosecha, en el cual, el trigo y la cizaña se diferencian claramente, de modo de no hacer pagar al bueno por el malo. Aquí parece decir que si la tolerancia se torna ya peligrosa para los buenos o insoportable a la santidad de Dios, Este deberá adelantar el castigo de los malos, el cual puede perjudicar a algunos buenos que todavía no están maduros para la cosecha divina. O bien, más llanamente, la intervención divina haría patente la pecaminosa tolerancia de los cristianos pergamenos.

> ^{17} *El que tenga oídos,*
> *oiga lo que el Espíritu dice a las iglesias:*
> *al vencedor le daré maná escondido;*

El premio no está ceñido a los triunfadores de la iglesia local de Pérgamo, como lo indica de modo evidente el que Juan se dirige "a todo el que tenga oídos", es decir, a todos sus lectores; y también en que el Espíritu lo proclama "a las iglesias" en general.

Dos cosas componen este premio, la primera de las cuales es el maná escondido (το μαννα το κεκρυμμενο, *to manna to kekymmeno*). Indudablemente es el alimento celestial que Jesús interpreta como figura de su propio cuerpo y sangre. Se lo llama escondido porque solo puede ser gustado por los que han sido preparados para ello, los cristianos propiamente dichos. No lo recibían los catecúmenos, los que estaban "in via" en el camino de la fe. No se trata de algo que los pergamenos no tuviesen ya. Aquí se subraya más bien que cada vez que se recibe la Eucaristía es Dios mismo quien nos hace ese don, y que para que realmente sea alimento interior hay que recibirla siendo un "vencedor". Dios no se la niega a ninguno que se acerca a ella, pero no todos la comen para su propio bien; algunos la comen para muerte, dice san Pablo: "Quien coma el pan o beba el cáliz del Señor indignamente, será reo del cuerpo y de la sangre del Señor. Examínese, pues, cada cual, y coma así el pan y beba del cáliz. Pues quien come y bebe sin discernir el Cuerpo, come y bebe su propia condena" (1Co 11,27-29). Vencer es mantener la fidelidad a Dios, tanto en las persecuciones, como en la pureza de la fe, que son las dos cosas amenazadas en Pérgamo: por los perseguidores y por los herejes. Al que venza le será dada la Eucaristía como verdadero maná, es decir, como verdadero sustento. El vencido (por sus miedos o por su infidelidad) puede recibirla materialmente pero en lugar de alimentarlo y darle vida, este maná lo condenará.

> *y le daré también una piedrecita blanca,*
> *y, grabado en la piedrecita,*
> *un nombre nuevo que nadie conoce,*
> *sino el que lo recibe.*

El segundo aspecto de este premio es una piedrecita blanca sobre la cual hay un nombre nuevo e incomunicable. Esta piedrecita blanca ha recibido muchas interpretaciones; probablemente desempeñe aquí simplemente la función de las antiguas "téseras" romanas; una especie de vale o carnet para poder ser identificado, que abría las puertas de las reuniones y convites privados. En el caso del cristiano es la gracia que lo habilita a entrar con todo derecho en la familia de

Dios y en la vida eterna. Por eso tiene escrito sobre ella "un nombre nuevo", porque la gracia engendra un hombre celestial. Notemos bien que no es un ὄνομα νέος (*ónoma néos*), sino un ὄνομα καινός (*ónoma kainós*). *Néos*, quiere decir nuevo en cuanto al tiempo; algo puede ser *néos*, y sin embargo ser igual que otros muchos, como la nueva hoja que se usa al llenarse la anterior; esta es nueva, pero no "novedosa" respecto de la anterior, más bien es igual a aquella. En cambio, καινός (*kainós*) significa "nuevo" no solo en cuanto al tiempo sino también en cuanto a la cualidad: no se conocía nada igual antes. Este es el calificativo que se usa por ejemplo para describir la *nueva* Jerusalén (Ap 3,12); el cántico *nuevo* (5,9); los *nuevos* cielos y la *nueva* Tierra (21,1); y cuando Dios hace todas las cosas *nuevas* (21,5). Indica, pues, una nueva realidad; algo que no existía antes; un nuevo hombre y un nuevo ser. Es un renacimiento; el paso del pecado a la gracia, un paso de la muerte a la vida. Cambia el nombre, porque cambia el hombre. Se añade la circunstancia llamativa de que ese nombre "lo conoce solo el que lo recibe"; se entiende que también el que se lo da. Subraya esto la relación íntima, personal e intransferible que se establece entre Dios y el neo-nominado. Poner un nombre nuevo establece bíblicamente una razón de pertenencia, como se ve en los patriarcas: Dios cambia el nombre de Abrán (por Abrahám), el de Sarai (por Sara), el de Jacob (por Israel)... Cada uno de estos personajes recibe una misión y una relación nueva con Dios. Es tan personal e intransferible, que solo el que lo recibe puede conocerla.

La Iglesia de Tiatira

Tiatira (Θυατείροις, *Thyateírois*) era, en los tiempos apostólicos, una encrucijada de caminos, a sesenta y cinco kilómetros al sudeste de Pérgamo. Había nacido como una simple guarnición militar bajo Seléuco I. Era la más pequeña y menos importante de las siete iglesias a las que se dirige el *Apocalipsis*, y desde el punto de vista de la religiosidad pagana carecía de importancia. Solo sobresalía, en este último aspecto, por un altar adivinatorio presidido por una pitonisa, llamada Sambathé o Sambata. Al parecer, ni siquiera corría riesgos serios de ser perseguida[20].

> *[18] Escribe al ángel de la iglesia de Tiatira:*
> *Esto dice el Hijo de Dios,*
> *cuyos ojos son como llama de fuego*
> *y cuyos pies parecen de metal precioso.*

El autor de la carta se presenta con tres títulos extraordinarios. El primero de los cuales es: ὁ υἱὸς τοῦ Θεοῦ (*ho hýiòs tou Theou*), "el Hijo de Dios". Únicamente en este lugar del *Apocalipsis* se proclama con tal claridad la filiación divina natural de Cristo. Otras veces solo se hace de modo equivalente o implícito (Ap 1,6; 2,27; 3,5.21; 14,1).

El segundo es: ὁ ἔχων τοὺς ὀφθαλμοὺς αὐτοῦ ὡς φλόγα πυρός (*ho ejon toùs ofthalmoùs hos flóga pyrós*). "El que tiene los ojos como llama de fuego". Los antiguos pensaban que la visión es per-

---

[20] Algunos católicos de la escuela escatológico-profética –Holzhauser, Castellani, por ejemplo– interpretan estos pasajes como profecía de lo que llama este último la *Iglesia del Dominio* (de Carlomagno a Carlos V), o sea, el tiempo del apogeo cristiano (cruzadas, catedrales, cenit de la teología); con sus lados luminosos y también sus flancos oscuros (rebelión protestante, guerras entre príncipes cristianos, las guerras religiosas). Otros teólogos católicos que también siguen el mismo sistema exegético, buscan, en cambio, realizaciones de estas presuntas profecías en acontecimientos que se circunscriban solo a los primeros cuatro o cinco siglos de la histórica eclesiástica (así, Billot, Bossuet, Salmerón). Por su parte, los protestantes que adoptan el mismo método se aplican a ellos las luces y a los católicos las sombras. Así llega a decir, por ejemplo, John Gill († 1771) que la Jezabel del cuento sería la Virgen María, quien, en tiempos del Papado (¿?), "fue más adorada que su Hijo". Y así siguen dándose mandobles de una parte y la otra, a ver a quién le pueden endosar el sayo.

fecta cuando, además de la luz que procede del exterior, esta también emana de los ojos. Así esta expresión quiere decir que Cristo es el de la visión perfecta, que penetra lo más profundo de los corazones, como una luz ardiente que ilumina lo más recóndito del alma.

El tercero es οἱ πόδες αὐτοῦ ὅμοιοι χαλκολιβάνῳ (*hoi pódes autou homoioi jalkilibáno*), "el que tiene los pies semejantes al cobre bruñido". Χαλκολιβάνῳ (*jalkolibáno*) es un compuesto que no se sabe a ciencia cierta a qué corresponde, pero parece referirse al cobre bruñido. Cuando la palabra aparece, también describiendo la visión divina, en Ap 1,15, se dice: "sus pies semejantes al (χαλκολιβάνῳ) metal precioso cuando está en un horno encendido". Por tanto, se trata del metal fundido o resplandeciente como se lo ve en estado de fundición. Se quiere resaltar aquí la misma idea que el título anterior: la trasparencia y luminosidad. Aplicada a los pies, indica que penetra (camina) hasta lo más recóndito del alma, no solo con su mirada, sino con su misma presencia.

> *[19] Conozco tu conducta:*
> *tu caridad, tu fe, tu espíritu de servicio, tu paciencia;*
> *tus obras últimas sobrepujan a las primeras.*

El elogio dirigido al ángel de Tiatira (¿su obispo?) es el que todos quisiéramos oír de la boca de Dios: οἶδά σου τὰ ἔργα καὶ τὴν ἀγάπην καὶ τὴν πίστιν καὶ τὴν διακονίαν καὶ τὴν ὑπομονήν σου, καὶ τὰ ἔργα σου τὰ ἔσχατα πλείονα τῶν πρώτων (*oidà sou tà érga kai tèn agápen kai tèn pístin kai tèn diakonían kai tèn hypomonén sou, kai tà érga sou tà ésjata pleíona tôn próton*). "Conozco tus obras"; esta es la aplicación de las dos últimas prerrogativas que se apropian al Señor: los ojos penetrantes, para los cuales no hay nada oculto, y los pies alados y de largos pasos que se hacen presentes en todo lugar; en este caso, en lo más recóndito del alma. Ser conocido por Dios implica estar desnudo ante Él. Ante Dios somos cuales somos de verdad. ¡Qué extraordinario, pues, sería oír que el Señor mismo nos dice, como al ángel tiatirense, que sabe que las obras corresponden a la caridad, a la fe, al servicio (= misericordia), a la paciencia (el soportar las dificultades), y sobre todo: que crecen en perfección (las últimas son mejores que las primeras)!

> [20] *Pero tengo contra ti que toleras a Jezabel,*
> *esa mujer que se llama profetisa*
> *y está enseñando y engañando a mis siervos*
> *para que forniquen*
> *y coman carne inmolada a los ídolos.*

Aun así, a este destinatario extraordinario Dios tiene algo que objetarle. Dios, como dice Job, encuentra manchas en los ángeles. ¡Tan penetrantes y llenos de luz son sus ojos! Se trata de una mala tolerancia hacia una mujer. Algunos manuscritos añaden un posesivo: "tu" mujer. De aquí que algunos hayan supuesto que, si interpretamos el "ángel" de la iglesia como su obispo, deberíamos pensar que era casado y que su mujer, a pesar de marido tan ejemplar, era perversa. Pero esta lectura no es mayoritariamente aceptada, y muchos prefieren leer como hemos puesto más arriba: "esa mujer Jezabel". Se desconoce la identidad de este personaje misterioso. Ciertamente no es una mera metáfora abstracta, porque Dios le ofrece un tiempo para el arrepentimiento. Es, pues, un ser real, aunque puede tratarse de una sola persona o de un grupo de personas. De esta, a quien se le da el nombre simbólico de la gran pecadora Jezabel, reina perversa que persiguió a Elías (cf. 1Re), se dice que se arroga fraudulentamente el don de profetizar, es decir, de hablar en nombre de Dios; pero es herética porque su doctrina empuja a la idolatría, haciendo fornicar, es decir, pervertir la fe con contaminaciones paganas.

¿Cómo acordar la tolerancia de semejante mujerzuela con el impecable elogio de la iglesia toda de Tiatira o, al menos, de su cabeza? Para hacer que este temible juicio sobre Jezabel no manche sino en parte la consideración divina del ángel tiatirense, debemos suponer que los destinatarios de esta misiva estarían engañados sin culpa. Lo que no debe extrañarnos si tomamos en cuenta que Jezabel es descrita como una falsa mística o vidente; de esas que en muchos momentos trajeron de las narices incluso a hombres preclaros. Baste pensar en las alumbradas españolas del siglo de oro: visionarias y falsas místicas, espurias estigmatizadas y solemnes mentirosas, algunas chifladas, pero otras hasta con comercio diabólico, que se dieron maña para engañar a reyes, nobles y hasta santos de la talla de fray Luis de Granada (un fray Luis, por cierto, anciano y casi ciego...; que bien lloró el engaño al que lo arrastró la embaucadora María de la Visitación). El que quiera refrescar la memoria no tiene más que leer el imperdible tomo que don Marcelino Menéndez y Pelayo dedica a los alumbrados españoles en su *Historia de los heterodoxos españoles*. No tiene desperdicio. Esto explica que los buenos también se engañen; sobre todo los buenos de corazón generoso que no pueden imaginarse que haya tanto afán por timar al prójimo, y menos en cosas de fe. ¡Hay que cuidarse de visionarias, videntes y pseudoprofetas, que no son menos en nuestros tiempos que en los pasados! Si la de Tiatira hacía fornicar con el error a los caritativos creyentes de su entorno; ¡cuánto más daño no harán en los mediocres cristianos de nuestro tiempo!

Algunos, como Ramsay, entienden que Juan se refiere también en este caso a la herejía nicolaíta y quizá a una –o uno– de los principales maestros de la secta. Pudiera ser que la jerarquía de esta noble comunidad cristiana, a pesar de la pureza de sus obras, fuera timorata y dubitativa a la hora de proceder con energía contra los herejes. También en hombres espirituales se ven a veces tales titubeos que suelen pagarse, a la postre, muy caros.

> [21] *Le he dado tiempo para que se arrepienta,*
> *pero no quiere arrepentirse de su fornicación.*

En la Jezabel de Tiatira –personaje de carne y hueso o símbolo de alguna caterva de corruptos– brilla el misterio de la misericordia divina y de la obstinación humana, es decir, el drama de todo pecador que huye de la misericordia divina obligando a Dios a derramar sobre él su justicia vindicativa. Todos tenemos ese "tempus ut paenitentiam ageret", que dice la versión de la *Vulgata*; un *tempus paenitentiae*: un tiempo para arrepentirse y expiar nuestras faltas. El χρόνον ἵνα μετανοήσῃ: *jrónon hina metanoese*.

El "tiempo de la conversión" no es solo una gratuita duración, una prórroga exclusivamente temporal; son también las gracias actuales, es decir, los llamados, los toques divinos, los lamentos de Dios, las oraciones de los santos, los sufrimientos de los mártires y las lágrimas del Hombre-Dios con que Este busca ablandar el corazón tozudo.

Pero asistimos también al verdadero drama de la historia del pecador contumaz: οὐ θέλει μετανοῆσαι ἐκ τῆς πορνείας αὐτῆς (*ou thélei metanoésai ek tes porneías autés*). ¡No quiere arrepentirse de sus porquerías! Este es el misterio de la libertad humana y del cortejo más misterioso aún de la gracia divina, que respeta la libertad pero pone a sus puertas la oferta misericordiosa de la salvación. No hay condenado alguno que pueda echarle en cara a Dios no haber sido perseguido en vano por su Amor. No olvidemos la Misericordia divina, para no caer en la desesperación; pero tampoco perdamos de vista el respeto divino por nuestra libertad o caeremos en el despropósito de suponer una misericordia sin arrepentimiento de la que jamás han hablado las Escrituras.

> [22] *Mira, a ella voy a arrojarla al lecho del dolor,*
> *y a los que adulteran con ella,*
> *a una gran tribulación,*
> *si no se arrepienten de sus obras.*
> [23] *Y a sus hijos, los voy a herir de muerte:*

*así sabrán todas las iglesias
que yo soy el que sondea los riñones y los corazones,
y yo os daré a cada uno según vuestras obras.*

Anuncia el castigo, según la ley del contrapaso. Es decir, que la pena guarda relación con el pecado[21]. Se la amenaza, por eso, con el lecho: el lecho de la fornicación y del adulterio se convertirá en lecho de dolor. El pecado mismo se le manifestará como pena, se volverá contra ella. Sin embargo, no es todavía el castigo final. No es la condenación, aunque a lo mejor la preanuncia (quizá esta es más clara en la amenaza de "herirlos de muerte" y de "pagar según las obras"); porque aún este dolor es misericordia. A algunos pecadores, sordos a las llamadas amorosas de Dios, solo se les ablandan los oídos con los gritos dolorosos del sufrimiento; *aunque no a todos*. Al buen ladrón el dolor, visto sobre el trasfondo del Cristo sufriente, le abre el corazón; pero al mal ladrón, el mismo espectáculo lo endurece más. Lección que enseña a no desdeñar la gracia actual, no esperar a la hora postrera para convertirse. ¿Quién me ha prefigurado a mí en el gran teatro del Calvario? ¿Tal vez el inocente que muere injustamente? ¿O el pecador que acepta su dolor como pago de sus pecados? ¿O el desesperado que muere blasfemando?

Sea como fuere, todo pecador castigado es "enseñanza para las iglesias", como lo es la punición de Jezabel y de sus amantes. La caída de los poderosos, el desenlace de los obstinados en el pecado y el llanto de los convertidos, enseñan que Dios sondea los corazones y que hay premio y castigo.

---

[21] La justicia como "contrapaso" (equivalencia entre el castigo y la culpa) tiene raigambre bíblica (en la "ley del talión": Ex 21,24-25) y en el concepto griego de la "justicia recíproca". Han hecho uso de esta doctrina san Pablo (en Rm 1-2), Séneca, Santo Tomás (cf. *Suma Teológica*, II-II, 61,4) y sobre todo Dante en la *Divina Comedia*.

> *²⁴ Pero a vosotros,*
> *a los demás de Tiatira,*
> *que no compartís esa doctrina,*
> *que no conocéis «las profundidades de Satanás»,*
> *como ellos dicen,*
> *os digo:*
> *No os impongo ninguna otra carga;*
> *²⁵ solo que mantengáis firmemente hasta mi vuelta*
> *lo que ya tenéis.*

Una segunda parte del mensaje va dirigida a los no contaminados con los errores de Jezabel; son los que "no comparten" la doctrina perniciosa. Siempre surgen "leales" en los momentos tenebrosos de la Iglesia, incluso en medio de las más grandes apostasías; como en tiempos de Elías aquellos "siete mil" que no doblaron sus rodillas ante Baal (1Re 19,18). Aquí se dice que "no conocen la profundidades de Satanás", es decir, los misterios de esta doctrina que sus seguidores imaginaban profundísima (de ahí el epíteto que le daban, según san Ireneo: τὰ βαθέα, *tà bathea*, "las profundidades"). Estos herejes –especie de protognósticos– eran "teólogos" pagadísimos de sí mismos, deslumbrados con la agudeza de su propio saber; que guardaban un absoluto desprecio por los ignorantes, o no-iniciados. Estaban, sin embargo, encadenados al error por las narices. Sus "profundidades" eran diabólicas y su orgullo les impedía comprenderlo. Siempre ha sido así: todas las grandes herejías –y las de nuestro tiempo no van a la zaga– han sido atragantamientos de teólogos hinchados. El "no han conocido", como elogio a los tiatirenses– no significa mera ignorancia. No enterarse de tales doctrinas no representa mérito alguno. El Señor alaba, en cambio, el no haber cedido a la tentación de "conocer" por experiencia personal ese abismo del mal (que será la nota del gnosticismo propiamente dicho de los siglos posteriores a los apóstoles). Es la tentación a la que cede primero Eva y Adán después. El "saber" en cuanto dominio del bien y del mal: "excelente para adquirir sabiduría" (Gn 3,6). La sabiduría "diabólica" (St 3,15) que "miente contra la verdad" (St 3,14).

A los fieles el Señor no les impone ninguna otra carga que la de mantener firmes hasta su retorno lo que ya tienen. La doctrina del Retorno liberador, la Parusía, está presente constantemente en el *Apocalipsis*; y es el fundamento de la esperanza y de la paciencia. El emplazamiento para la Parusía demuestra que lo escrito a las siete iglesias no puede limitarse a las comunidades cristianas de los primeros tiempos (como hace una interpretación puramente *preterista*), pues la cristiandad tiatirense hace dieciocho siglos que dejó de existir y Cristo todavía no ha llegado. Pero tampoco se agota en la lectura *historicista*, pues las diversas épocas de la historia eclesiástica con las que se ha pretendido identificar los rasgos de esta carta, también han dado paso a otras, y Cristo aún no aparece. Cualquiera que sea el valor que tengan estas cartas, hay elementos en ellas que valen para todas las épocas y para todos los cristianos. Este es uno de ellos.

No se trata de hacerles una rebaja en los sufrimientos como premio a su fidelidad. Más bien se recalca aquí que los tiempos que han de venir antes de la Segunda Venida serán tan recios que ya será bastante empresa *mantener* fielmente lo recibido, la tradición de los padres. Hay tiempos en que ser fieles a lo recibido es heroico. Los nuestros, sin duda, entran holgadamente en esta clasificación.

> *²⁶ Al vencedor,*
> *al que se mantenga fiel a mis obras hasta el fin,*
> *le daré poder sobre los gentiles:*
> *²⁷ los regirá con cetro de hierro,*
> *como se quebrantan las piezas de arcilla.*
> *²⁸ Yo también lo he recibido de mi Padre.*

A quienes se mantengan fieles se les hace una doble promesa escatológica; pero a condición de la fidelidad a las obras de Cristo "hasta el fin", lo que significa que no será una lucha fácil y que la tentación de abandonar lo comenzado puede golpear en cualquier momento. Llegar fieles al fin es la gracia de las gracias: la de la perseverancia final.

El primer premio es poder dominar sobre los pueblos paganos; dominio total y perfecto (con cetro de hierro, es decir, sin capacidad de resistencia de parte de los dominados). Es el dominio que recibe el Mesías de parte de Dios (Sal 2,9) y que Él entrega a su vez a los que le son fieles hasta el fin. El dominio es sobre los paganos, es decir, sobre las gentes en cuanto opuestas por su paganismo a la fe cristiana. Es dominio sobre la hostilidad a Cristo. Se promete, pues, no el poder político –¿para qué lo querrían los salvados, exentos de toda ambición?–, sino participar del triunfo de la fe sobre las tinieblas del paganismo y, si no me equivoco, tener algo que ver en ese triunfo; por esa razón algunos comentaristas han entendido este versículo como una promesa del triunfo misionero.

> *Y le daré el Lucero del alba.*
> [29] *El que tenga oídos,*
> *oiga lo que el Espíritu dice a las iglesias.*

La segunda promesa es más extraña. Se les promete el Astro –la Estrella– de la mañana. Muchos proponen que la imagen no alude a Venus a quien nosotros nombramos con este título de Lucero matutino sino al Sol mismo, sobre todo teniendo en cuenta que los paganos rendían en Tiatira solemne culto al Sol. Pero ¿qué quiere decir aquí?

Algunos han sugerido que se promete la resurrección. Otros, que se trata del triunfo sobre Lucifer, pero no hay que olvidar que solo a partir del Medioevo se aplica este nombre a Satanás (antes lo usaban sin prejuicios algunos cristianos, como el conocido obispo Lucifer de Cagliari, intransigente defensor del credo niceno). Hay quienes ven aquí la promesa de brillar como estrellas por toda la eternidad, como se lee en Daniel 12,3 ("los sabios brillarán como estrellas en el firmamento por toda la eternidad"). Pero lo más probable es que, entendida del sol y no de una estrella, Cristo se esté prometiendo a Sí mismo como premio, pues Él es el Sol matinal y el Lucero de la mañana, como expresamente se dirá más adelante en Ap 22,16: "Yo soy el Retoño y el descendiente de David, el Lucero radiante del alba" (cf. también 2Pe 1,19). Por eso en el himno litúrgico *Exultet*, de la vigilia pascual, Cristo es llamado *lucifer matutinus*.

La Iglesia de Sardes

[Capítulo 3]

¹ *Al ángel de la iglesia de Sardes escribe:*

No queda de Sardes más que un conjunto de ruinas a unos cincuenta kilómetros al sudeste de Tiatira. Desde lo que fue su acrópolis –en una saliente del monte Tmolo– se domina el valle del Hermo. Pueblo de artesanos de la lana y de la tintorería, con fama de licenciosos e inmorales, si nos atenemos a los testimonios de Herodoto (s. V a.C) y Esquilo (s. VI-V a.C). Predominó en ella el culto a Cibeles (diosa de la madre tierra). Fue muy próspera bajo el reinado del riquísimo Creso (560 a.C.), del que se decía que convertía en oro cuanto tocaba. Cuando Solón el griego, de visita en ella, vio su esplendor, lujo, y la ilimitada confianza que tenía en su propio poder, junto a claras señales de blandura y degeneración, pronunció ante Creso su famoso dicho: "No llames feliz a nadie hasta que esté muerto". De hecho el confiado Creso se embarcó en una guerra con Ciro de Persia que selló el final de la grandeza de Sardes. Para llegar a los ejércitos de Ciro tenía que cruzar el río Halis; con tal motivo buscó el consejo del oráculo de Delfos, que le dijo: "Si cruzas el río Halis destruirás un gran imperio". Creso entendió que se le prometía aniquilar a los persas, pero era su propio imperio el que iba a hundir en esa guerra. Así sucede a los necios que tienen como castigo, según dice san Juan de la Cruz, la maldición de entender las cosas al revés (*spiritus vertiginis*).

Quizá esta carta refleje también otro episodio del tremendo derrumbe de este imperio; y es el siguiente. Tras la derrota junto al río Halis, Creso se refugió en la ciudadela que parecía inexpugnable, la cual fue lógicamente asediada por Ciro. Pero la roca sobre la que se alzaba era friable como un paquete de barro seco, lo que hacía que se formaran grietas. Un soldado persa observó que a uno de Sardes, a quien se le había caído el yelmo, bajaba a buscarlo por un sendero del precipicio y esto le permitió descubrir una grieta por la que podían subir algunos soldados ágiles, y así hicieron esa noche. Los sardenses estaban demasiado confiados como para montar guardia sobre esa parte de la ciudadela; y por allí cayó la ciudad. Aún así, no aprendieron la lección porque dos siglos más tarde la historia se repitió durante el asedio de Antíoco. Quizá estos recuerdos están detrás del "¡Ponte en vela!" de Cristo dirigido al ángel de esta iglesia.

En el momento en que Juan escribe su carta, Sardes era nuevamente rica, pero degenerada. De la ciudadela solo quedaba el monumento; de su antiguo esplendor no tenía más que la sombra. Sus habitantes eran perezosos y carecían de vida y espíritu. La misma iglesia local, al parecer, mostraba escasa vitalidad[22].

---

[22] La escuela histórico-profética ve a Sardes como símbolo del *Renacimiento*, llegando a precisar incluso el lapso temporal que va de Carlos V hasta la Revolución francesa (Holzhauser, sin embargo, la extiende más que Castellani). Esto explicaría, dicen, las alusiones a esa apariencia de "vida" cuando se trata, en verdad, de una realidad muerta. Lo mismo vale para las admoniciones a no dejar "lo que te queda", es decir, la Tradición; las acusaciones de espíritu superficial y los llamados a la conversión, así como la referencia a aquellos que no se han rendido a estos vicios y han mantenido sus vestidos limpios. Los autores católicos de la es-

*Esto dice
el que tiene los siete espíritus de Dios
y las siete estrellas.*

Jesucristo ostenta aquí un doble título: el de poseedor de los siete espíritus y de las siete estrellas.

La mayoría de los autores suponen que los siete espíritus indican al Espíritu septiforme del que habla Isaías 11,2. Es decir, al Espíritu Santo y sus dones. De ser así, lo importante es que aquí se dice que esto pertenece al Hijo, reafirmando su divinidad. Los que explican los espíritus como referidos a siete ángeles con misiones especiales entienden la imagen en el sentido de que Jesucristo tiene poder absoluto sobre los espíritus angélicos.

En cambio, las siete estrellas son indudablemente las siete iglesias, ya que en Ap 1,16 se aludía a las mismas con esta imagen. Se está afirmando el dominio general de Jesucristo sobre todas las iglesias y todos los cristianos.

En suma, ambas expresiones indican su dominio absoluto. Es *Kyrios*.

*Conozco tus obras;
tienes nombre como de quien vive,
pero estás muerto.*

La advertencia a Sardes es una de las más duras que reciben las iglesias destinatarias de las cartas. Es la mirada de Dios que se posa sobre el corazón y no sobre las apariencias. Οἶδά σου τὰ ἔργα (*oidá*

---

cuela ven en las críticas la alusión al Protestantismo y al Humanismo, y en los elogios a la Contrarreforma. Los protestantes (J. Gill, por ejemplo) invierten las flechas, aplicando los epítetos descalificativos al Papado y los encomios a sus propios fundadores.

sou tà érga): conozco tus obras = las tengo pesadas en mi balanza. La expresión no se reduce a un mero conocimiento externo: sé qué cosas has hecho. Va más allá, indicando el valor y la cualidad de las obras. Por eso dirá que son obras de un muerto. "Tienes nombre de viviente". Se ha especulado con que esta sea una alusión velada al nombre del obispo, que podría ser Zósimo (*el que vive*; nombre derivado de *zoé*, vida), frecuente en la antigüedad. En tal caso, se le llama muerto por encontrarse en pecado. Pero quizá se refiera simplemente a la fama y a la apariencia de la iglesia sardense. Puede haber sido muy activa, bulliciosa y emprendedora, pero sin gracia ni caridad. El pecado, la muerte del espíritu, era la marca de Sardes. Era un címbalo que retiñía por el oriente cristiano, pero sin caridad, es decir, vacío. Su problema no eran tanto las herejías, cuanto la inmoralidad y la falta de amor a Dios.

> ² *Ponte en vela,*
> *reanima lo que te queda y está a punto de morir.*
> *Pues no he encontrado tus obras*
> *llenas a los ojos de mi Dios.*

El Señor la anima a ponerse en vela y a reanimar "lo que te queda y está a punto de morir". Pienso que es la fe. La fe que puede subsistir sin la caridad, pero que también corre el riesgo de extinguirse totalmente cuando permanece muerta demasiado tiempo. Muchos, dice san Pablo en un poderoso texto, por haber vivido contra la moral cristiana, terminaron naufragando en la fe (cf. 1Tm 1,19). Sí, la fe subsiste sin la caridad, pero ¿por cuánto tiempo? San Juan de Ávila advierte que la fe del que está muerto a la gracia engendra una conciencia que ladra noche y día. Y no es posible convivir con un perro que no deja de aullar y ladrar; o lo callamos o tenemos que deshacernos del perro. Por eso, la mala conciencia que se vuelve costumbre puede preludiar la pérdida de la fe.

> ³ *Acuérdate, por tanto,*
> *de cómo recibiste y oíste mi palabra:*

> *guárdala y arrepiéntete.*
> *Porque, si no estás en vela,*
> *vendré como ladrón,*
> *y no sabrás a qué hora vendré sobre ti.*

El punto de partida de la conversión sincera es retornar al amor primero. La primera recepción de la predicación cristiana fue, en Sardes, un descubrimiento gozoso; pero después esta alegría inicial se perdió y dio paso a la mediocridad y a la tibieza, y de aquí al pecado habitual. No hay conversión sin volver al amor primero. "No traiciones a la esposa de tu juventud", dice Malaquías (2,15). "No pierdas el primer fervor", lo que has sentido cuando has descubierto a Jesucristo.

Jesús amenaza con caer "como el ladrón", por sorpresa. Nadie sabe a qué hora vendrá el Señor, pero al infiel se le asegura la desagradable sensación de un encuentro imprevisto y destemplado. Para el bueno, el encuentro con Dios equivale a la sorpresa de la llegada repentina del amigo amado y extrañado; no es, ciertamente, el encuentro con un ladrón en medio de la noche. Esta intimidación implica también la amenaza de la impenitencia final: como el encuentro impensado con el sicario no da tiempo a preparase a bien morir, del mismo modo el encuentro del que vive impenitente con Cristo puede significar morir como impenitente. ¡Ay del que posterga la conversión para su ancianidad!

> [4] *Tienes, no obstante, en Sardes*
> *unos pocos que no han manchado sus vestidos.*
> *Ellos andarán conmigo vestidos de blanco;*
> *porque lo merecen.*

Aun en la corrupta Sardes hay quienes han sido fieles, y Jesucristo los tiene presentes. Algunas traducciones vierten el texto diciendo "tienes unos pocos nombres", lo que puede equivaler a "personas", pero probablemente se refiere al término hebreo "semot", que sugiere personas conocidas por su nombre particular (cf. Num 1,2.20; 3,40.43). Son personas selectas a quienes Dios conoce de modo personalísimo, tanto a ellos como a sus obras. Estos no han manchado sus vestidos; es decir, no se han contaminado con el pecado. Por eso, si se toma la expresión en futuro, les promete que irán vestidos igual a Dios. También puede entenderse en el sentido semítico que usa el futuro por el presente, diciendo así que ellos ya se asemejan a Dios.

Las vestiduras blancas o no manchadas implican que han mantenido la pureza de sus promesas bautismales. En el bautismo se revestía al neófito con una túnica blanca, gesto que nosotros hemos reducido a ponerle un pequeño paño blanco sobre el hombro como signo de la pureza y de la fe. El honor más alto consiste en mantenerlas impolutas; no perder ni ensuciar lo que se ha recibido.

> *⁵ El vencedor será así revestido*
> *de blancas vestiduras*
> *y no borraré su nombre del libro de la vida,*
> *sino que me declararé por él*
> *delante de mi Padre y de sus ángeles.*
> *⁶ El que tenga oídos, oiga*
> *lo que el Espíritu dice a las iglesias.*

Se promete un triple premio.

Primero, revestir al vencedor de blancas vestiduras. Pienso que se refiere a una vestidura distinta de la anteriormente mencionada, porque si estos vencedores ahora nombrados son los convertidos, los que haciendo penitencia han vuelto al primer amor, entonces la idea debe entenderse como que se han ensuciado pero, por la conversión y la vuelta a Dios, obtendrán nuevamente vestidos limpios (inmortalidad y gracia). Pero si se refiere a los que se han mantenido fieles sin mancharse, no puede prometerse como premio lo que ya tienen. Debe ser, pues, algo más. Estos nuevos vestidos no son ya la gracia, que poseen actualmente, sino el cuerpo resucitado y transformado, con la gloria accidental consecuente. La promesa es, de hecho, escatológica.

El segundo es mantener su nombre en el libro de la vida. "No raeré su nombre". En el pueblo de Israel existía la convicción de que Yahvé tenía un registro de los hijos del pueblo (cf. Ex 32,32), lo que daba privilegios y el derecho de participar de Dios y de la herencia. Se trata del libro de los hijos de Dios. Después pasó a indicar todos los que se salvarán (Dn 12,1). Se consideraba como una maldición o la peor desgracia el ser raído (así se borraba) de ese libro, lo que equivale a condenarse.

El tercer bien prometido es que Jesús mismo abogará por nosotros como defensor: "me declararé por él ante el Padre y ante los ángeles". O sea, los reconocerá como suyos.

La carta termina como todas las demás, con la misma admonición a escuchar lo que dice el Espíritu.

La Iglesia de Filadelfia

⁷ Al ángel de la iglesia de Filadelfia escribe:

Continuando el anillo de iglesias a las que alude el *Apocalipsis*, nos encontramos con Filadelfia a unos cuarenta y cinco kilómetros al sudeste de Sardes, en el sur del valle del Cogamis, afluente del Hermo. Fue fundada por Atalo II Filadelfio en torno al 150 a.C., dándole su propio sobrenombre (que se había ganado por su lealtad a su hermano Eumenes; *Filadelfo*, el que ama a su hermano). Tuvo una buena comunidad cristiana, la que gozaba de buena fama en tiempos de San Ignacio de Antioquía.

Cuando los turcos y el islam sometieron Asia Menor, Filadelfia se mantuvo en pie. Durante siglos fue la única ciudad cristiana libre en medio de una tierra no cristiana. Fue el último baluarte del cristianismo asiático. No cayó hasta mediado el siglo XIV.

Esta es una hermosa carta, sin reprensión ninguna[23].

> *Esto dice el Santo, el Veraz,*
> *el que tiene la llave de David:*
> *si él abre, nadie puede cerrar;*
> *si él cierra, nadie puede abrir.*

Los títulos de Cristo son tres; extraordinarios y hermosos.

Es el *Santo*, título divino por excelencia. El que cantan sin cesar los serafines de Isaías (cf. Is 6,3).

Es el *Veraz*, ὁ ἀληθινός, *ho alethinós*; el que dice la verdad y no miente. También significa el que mantiene las promesas, o sea, el que no se desmiente.

Y es *El que tiene la Llave*. Concretamente se habla de la llave de la Casa de David. Es una referencia a Eliacim, ministro o mayordomo de la corte de Ezequías, a quien se alude en Is 22,22 ("Pondré la llave de la casa de David sobre su hombro; abrirá, y nadie cerrará,

---

[23] Castellani ve en ella la Iglesia de los tiempos parusíacos; "quizá esta misma época de la «era atómica»". Billot identifica en la alusión a la "puerta abierta" el gran movimiento misionero de nuestro tiempo... Otros, como san Alberto Magno, la identifican con la iglesia del tiempo del Anticristo. De todos modos, convengamos que de la Iglesia de nuestro tiempo, Jesucristo podría poner no menos quejas que respecto de los tiempos anteriores. Cierto que si se privilegian ciertos aspectos, como ya hemos dicho antes, la podemos hacer cuadrar; pero nuestro tiempo es tiempo de mártires... y también de apostasías masivas, de muchos que "no han desertado" y de un verdadero ejército de consagrados que abandonó la nave de la Iglesia tirándose por las escotillas hacia las olas del mar tremebundo. Es la época de los testigos de los lagers pero también la época de la Iglesia clandestina y subversiva... Y creo que este aspecto tan triste no encuentra un lugar claramente expresado en estos versículos.

cerrará, y nadie abrirá"). Eliacim es símbolo de fidelidad, y la llave que lleva sobre su hombro, según la costumbre antigua, indicaba la plenitud del gobierno y de la administración de la justicia. Es quien ejerce el derecho de admisión al Reino.

⁸ *Conozco tus obras:*

Es la misma frase que dirige a varias de las iglesias: οἶδά σου τὰ ἔργα (*oidá sou tà érga*): "conozco tus obras". Pero, mientras a otras, como Sardes, estas palabras les suenan espantosas, a Filadelfia le causan consuelo. Todas nuestras obras están ante la mirada divina, no solo expuestas, sino sopesadas y juzgadas; las buenas y las malas. El saber que Dios conoce nuestras obras, ¿nos asusta o nos serena?

> *mira que he abierto ante ti una puerta que nadie puede cerrar,*
> *porque, aunque tienes poco poder,*
> *has guardado mi palabra*
> *y no has renegado de mi nombre.*

Las obras que Dios conoce de los filadelfios se resumen en dos: la práctica de la voluntad divina y la fidelidad a Dios. Bíblicamente, "guardar la palabra" es no solo el conservar devotamente la Revelación divina, sino el cumplimiento de los mandamientos. No renegar del nombre de Cristo no se reduce a no negar a Dios, sino que implica también la fidelidad al título recibido en el bautismo, por el cual somos "de Dios y de Cristo". Y Jesucristo resalta la especial dificultad para este doble ejercicio de la fidelidad: "aunque tienes poco poder"; humanamente hablando los filadelfios no destacarían ni por la fuerza, ni por la sabiduría, ni por las influencias sociales y políticas. Pero estaban dispuestos a ser leales a Cristo en medio de la dificultad. Y lo hicieron. No debemos considerar una mera coincidencia que Esmirna y Filadelfia hayan sido, muchos siglos más tarde, los baluartes y la gloria de la presencia cristiana en la región, después de que esta cayó bajo el poder musulmán. En estos dos lugares la bandera cristiana continuó flameando durante mucho tiempo y los cristianos mantuvieron su cohesión frente a los conquistadores turcos.

Por este motivo les dice el Señor que "ha puesto ante esta iglesia una puerta abierta (θύρα ἀνεῳγμένη – *thýra aneogméne*) que nadie puede cerrar". Porque la ha abierto Él, quien tiene la llave que deja entrar y salir a quien quiere. Pero ¿cuál es esta puerta abierta?

Filadelfia fue, en su tiempo, una "puerta abierta" al mundo oriental. Puerta "cultural", pues el mundo griego, en cuyas letras floreció pacíficamente esta ciudad, pasó a través de ella a las ciudades vecinas del Este. Precisamente fue fundada, según dice Barclay, con la intención de que llevara la lengua y la cultura griega hacia Lidia y Frigia; y lo hizo tan bien, que antes del año 20 de la era cristiana, los lidios ya habían olvidado su propia lengua y eran casi griegos. Ahora Jesucristo dice abrir una puerta espiritual. ¿A qué se refiere?

Esta *"thyra aneogméne"* (de ἀνοίγω, *anoígo*, abrir), puerta o portal abierto, indica, para muchos una oportunidad de predicar el evangelio con éxito; los enemigos de la Iglesia no podrán impedirlo, aunque lo intenten con todas sus fuerzas. Cuando es Jesucristo el que ha abierto esta puerta, nadie la puede cerrar. La expresión aparece con este sentido en otros lugares del Nuevo Testamento. Así escribe San Pablo a los Corintios: "se me ha abierto una puerta amplia y prometedora" (1Co 16,9); "cuando llegué a Tróade, para anunciar el Evangelio de Cristo... se me había abierto una puerta en el Señor" (2Co 2,12); y pide a los cristianos que recen para que se abra una puerta para la Palabra (Col 4,3); y alude también a la puerta de la fe abierta a los gentiles (cf. Hch 14,27).

Pero otros exégetas, según Wikenhauser, piensan que también puede tratarse de una promesa hecha a los filipenses, de entrar en el Reino escatológico como premio a su fidelidad en las pruebas. En este caso, la Puerta sería el mismo Cristo (Jn 10,7: "Yo soy la puerta"). Ambas interpretaciones son posibles y no se excluyen entre sí.

> ⁹ *Mira, te doy de la Sinagoga de Satanás,*
> *de los que se proclaman judíos*
> *y no lo son, sino que mienten;*
> *yo haré que vayan a postrarse delante de tus pies,*
> *para que sepan que yo te he amado.*

Esa puerta desplegada parece abrirse hacia la conversión de una parte de los judíos de Filadelfia: "te doy de la sinagoga de Satanás"; "una parte" dicen varias traducciones; "algunos", ponen otras. Ciertamente no se refiere a todos los judíos que había en la ciudad. Pero los calificativos con que están indicados, hace pensar que se trata incluso de judíos que ejercían una oposición activa a la Iglesia. Ellos son la "congregación del demonio", "falsos judíos" que "mienten" al llamarse tales. Es posible que san Juan no se refiera a todos los judíos sino exclusivamente a los virulentos contra el cristianismo. Estos no son *verdaderos* judíos porque su oposición al Mesías es una traición a su misión de preparar su venida y reconocer su advenimiento. Se han vuelto, en cambio, recalcitrantes, singularmente ensañados, primero con Cristo y, luego, con su Iglesia. Por oposición a la expresión bíblica "sinagoga de Yahvé" (Num 20,4), los denomina "sinagoga del demonio" o "pueblo de Satanás" a causa de su odio y violencia. El milagro prometido, de su conversión, sería, en tal sentido, más que espectacular.

Esto es un signo para todo Israel y no solo para los pocos que se convertirán. Porque el postrarse a los pies de la pequeña Iglesia es el cumplirse la promesa que habían recibido los mismos judíos respecto de los gentiles. Isaías había dicho que los *gentiles* se postrarían humillados ante los hijos de Israel (cf. Is 60, 14) y que les harían reverencias y mostrarían sumisión (cf. Is 45,14), y que los reyes, reinas y príncipes harían de ayos y nodrizas de los hijos de Israel (cf.

49,23). Zacarías añadía que pedirían como un favor ir con ellos porque reconocerían que Dios estaba con ellos (cf. Zc 8,22). Todas estas promesas se dice ahora que se cumplirán al revés: son los judíos, y singularmente estos notables que representaban la principal fuerza de oposición al Evangelio, los que se postrarán rindiendo su homenaje al naciente Cristianismo.

Y esto será un signo para todos (tanto para el resto de Israel como para el mundo pagano) de que el Amor de Dios está con la Iglesia de Cristo: "para que sepan que yo te amo".

Esta promesa no debe confundirse con la profecía de la conversión plena de Israel al final de los tiempos. Pues, aunque la esperanza escatológica de la conversión de los judíos (Rm 11, 26: "todo Israel será salvo") no implica la conversión de todos y cada uno de los judíos, sí se entiende que afectaría a un gran número, o al menos a la parte más representativa, de tal modo que pueda referirse a la parte como si fuera el todo. En cambio aquí se dice que se trata solo de algunos; Juan subraya que es *una parte*, Pablo habla de *todo* o de la mayor parte. Creo que la promesa histórica de la conversión de los judíos de Filadelfia es un adelanto y, a su vez, profecía de la final conversión del pueblo hebreo.

> [10] *Ya que has guardado mi recomendación de ser paciente,*
> *también yo te guardaré de la hora de la prueba*
> *que va a venir sobre el mundo entero*
> *para probar a los habitantes de la tierra*

Dios no se deja ganar en generosidad, por lo que, a quien ha soportado pacientemente sus pruebas personales, Dios se compromete a protegerlo en las más duras. Algunos autores ven en esta "prueba universal", algo distinto de la "prueba de diez días" que se había aludido en la segunda iglesia. Se estaría aludiendo a la última persecución de la Iglesia, la más difícil o, por lo menos, la más sostenida y duradera. Para quienes la iglesia de Filadelfia simboliza la iglesia de los últimos tiempos, la referencia encaja de perlas, a pesar de que tal lectura tiene encantos y dificultades. Y tal exégesis es válida, como también el preferir interpretar esta carta como dirigida a la iglesia local en Filadelfia con alusiones históricas a su situación en tiempos del vidente y, al mismo tiempo, como profecía de la Iglesia de todos los tiempos; porque la gran prueba a la que se alude en ella son las plagas que se describirán en el resto del *Apocalipsis*, las cuales ciertamente no son cosa del pasado, mientras que Filadelfia no es hoy más que una atracción arqueológica.

¹¹ *Vengo pronto;*
mantén con firmeza lo que tienes,
para que nadie te arrebate tu corona.

Es la promesa del Retorno, de la Parusía. Los apóstoles profetizaban que los hombres dejarían de creer en esta verdad, como testimonia san Pedro: "En los últimos días vendrán hombres llenos de sarcasmo, que viven según sus propias concupiscencias y dirán burlándose: «¿Dónde está la promesa de su venida? Porque, desde que murieron los padres, todo continúa igual como al principio de la creación»" (2Pe 3,3-4).

Todo el *Apocalipsis* es una reafirmación de esta verdad. No solo "viene" sino que será "pronto". Aun cuando cientos de generaciones separen la Resurrección de la Parusía, esta es "pronto" para la historia del mundo. Los tiempos de Dios no son los de los hombres. Pero aun así, el momento en que Dios se presenta a cada hombre para pedirle cuentas de su obrar, es un *pronto*; la vida de cada hombre es un soplo:

"De unos palmos hiciste mis días,

mi existencia nada es para ti,

solo un soplo el hombre que se yergue,

mera sombra el humano que pasa (...)

El ser humano no es más que un soplo" (Salmo 39, 6-7.12)

Su "vengo pronto" es una advertencia para el descuidado. A nadie sorprende Dios a traición. A lo largo de toda la Escritura repite el Espíritu: prepárate; estate listo, no sabes cuándo... La despreocupación por el propio eterno porvenir y por el del mundo todo, es un pecado; es el pecado de nuestro tiempo. Suscribo lo que Castellani hace afirmar a su memorable personaje de *Los papeles de Benjamín Benavides*, acerca de que antes los verdaderos cristianos se distinguían de los falsos porque los primeros creían en la Encarnación y los segundos no; en cambio, hoy se distinguen porque los auténticos creen en la Segunda Venida y los apócrifos no. Solo añadiría que la negación de la Encarnación sigue en pie entre muchos que se definen cristianos; y que muchos de los que creen en la primera y en la segunda venida, piensan que aquella pasó hace mucho tiempo, y no esperan ni desean esta última.

> *¹² Al vencedor le pondré de columna*
> *en el Santuario de mi Dios,*
> *y no saldrá fuera ya más;*
> *y grabaré en él el nombre de mi Dios,*
> *y el nombre de la ciudad de mi Dios,*
> *la nueva Jerusalén,*
> *que baja del cielo enviada por mi Dios,*
> *y mi nombre nuevo.*

Esta vez las promesas a quienes venzan, es decir, a los que permanezcan fieles hasta el fin, son tres. La primera es la de formar parte de la Ciudad Divina, y una parte honorífica: como una columna de ella, pues Juan la está imaginando al modo del Templo de Jerusalén, rodeado de atrios y columnatas. Puede tratarse del cielo, pero también de la Iglesia en este mundo, porque se le asegura que "no saldrá fuera nunca más", lo que sería demasiado obvio si se entiende de la salvación eterna. Esta segunda promesa, de estabilidad, tiene sentido si los que vencen las tentaciones de infidelidad y temor en la persecución todavía deben vivir en este mundo. Por eso algunos han entendido esta promesa en el sentido de una seguridad moral.

La tercera promesa es la de llevar grabado un triple nombre, el del Dios de Jesucristo, es decir, el del Padre, el de la Ciudad celestial, de quienes pasan a ser ciudadanos (que puede ser, nuevamente, la Jerusalén escatológica, o la Iglesia de Cristo, fundada por Él, y, por tanto, bajada del cielo), y el nombre nuevo que puede entenderse, ya del nombre de Jesús o de un nombre nuevo que Jesús da a cada uno de los suyos.

Todos estos nombres indican la perfecta pertenencia a Dios de cada uno de los fieles.

13 El que tenga oídos,
oiga lo que el Espíritu dice a las iglesias.

La Iglesia de Laodicea

14 Al ángel de la iglesia de Laodicea escribe:

Laodicea se encontraba a sesenta y cinco kilómetros de Filadelfia, a poca distancia de Colosas y Hierápolis. De las varias ciudades que llevaban ese nombre (al menos seis), a esta se la conocía como Laodicea del Lico, por el río junto al cual se alzaba. Era un estratégico nudo de rutas, y había sido fundada por Antíoco II en torno al 250 a. C. Precisamente Laodicea era el nombre de su esposa.

Era ciudad de banqueros y, como tal, opulenta. También sobresalía por la industria de los tejidos y de las alfombras de lana negra. Era sede de una famosa escuela de medicina en la que sobresalieron personajes como Zeuxis y Alejandro Filetes. La iglesia local parece haber sido fundada por Epafras de Colosas, aquel a quien san Pablo llama "mi compañero de cautiverio" (Flm 1,23; Col 4,12).

*Así habla el Amén,
el Testigo fiel y veraz,
el Principio de la creación de Dios.*

Los tres títulos ostentados por Cristo son verdaderamente solemnes.

Se llama a sí mismo, ante todo, "el Amén", aludiendo, casi seguramente a Isaías 66,16, donde se llama a Yahvé *el Amén*. Esto significa Veraz, absolutamente digno de toda credibilidad en cuanto a sus promesas. También quiere decir "el Inmutable", lo que contrasta con una de las más conocidas cualidades de la ciudad: la inestabilidad debida a los terremotos que la sacudían periódicamente y que obligó a reconstruirla más de una vez. A Jesús, a sus Palabras y a sus Promesas, así como a sus Advertencias, nada las mueve. Son un punto firmísimo de referencia.

Idea análoga refleja el segundo título: testigo fiel y veraz. *Testigo* añade aquí el valor que tiene su sacrificio como rúbrica de sus afirmaciones. *Testigo* es lo mismo que mártir. Jesús no solo es veraz, sino que ha dado su vida como testimonio de la verdad enseñada. Es testigo también en cuanto todo lo que ha revelado del Padre lo sabe por testimonio personal: "En verdad, en verdad te digo: nosotros hablamos de lo que sabemos y damos testimonio de lo que hemos visto, pero vosotros no aceptáis nuestro testimonio. Si al deciros cosas de la tierra, no creéis, ¿cómo vais a creer si os digo cosas del cielo? Nadie ha subido al cielo sino el que bajó del cielo, el Hijo del hombre" (Jn 3, 11-13).

"Principio de la Creación de Dios" no significa, como pretendieron los arrianos, que el Verbo sea la primera creatura (lo es, sí, la humanidad de Cristo; pero ni siquiera en orden cronológico, sino en dignidad). Se refiere aquí a un principio activo; indica la acción de crear. Como dice san Pablo a los colosenses (1, 15-17):

"Él es Imagen de Dios invisible,

Primogénito de toda la creación,

porque en él fueron creadas todas las cosas,

en los cielos y en la tierra,

las visibles y las invisibles,

tronos, dominaciones, principados, potestades:

todo fue creado por él y para él,

él existe con anterioridad a todo,

y todo tiene en él su consistencia".

15 Conozco tu conducta:
no eres ni frío ni caliente.
¡Ojalá fueras frío o caliente!
16 Ahora bien, puesto que eres tibio,
y no frío ni caliente,
voy a vomitarte de mi boca.

Una vez más el Señor se manifiesta como el conocedor de las obras del hombre, de lo más profundo; no solo de lo que exteriormente todos ven, sino de lo que está enterrado en lo más profundo de la conciencia.

Y allí, en el fondo del alma, Laodicea es dejada desnuda ante la historia con uno de los epítetos más deshonrosos: la de una cristiandad ni fría ni caliente. La tibieza es juzgada en este célebre pasaje del *Apocalipsis* con más dureza que la misma antirreligiosidad. Se habla más benignamente de algunos enemigos que de los cristianos que no son verdaderamente buenos ni auténticamente malos. Porque de estos no se puede esperar nada. Los que abrazan una causa mala tienen a su favor el que abrazan *una causa*. En cambio, esta tibieza es indiferencia y neutralidad. Amar y odiar implican dar importancia a aquello que se ama o se odia. Pero ser indiferentes es lo mismo que negar todo valor a lo que está en juego. Si carece de valor, no es relevante; no vale la pena ni aventurarse por ello, ni combatirlo. Esta actitud es la que Dante condenó al "vestíbulo del Infierno" (*Inferno* III), con el nombre de *ignavia* –apatía–, personificando a los "ignavi" –los neutrales o tibios o incapaces de jugarse–corriendo eternamente tras una bandera que gira tan velozmente que no pueden ver bien a quién representa; marchan detrás de un capitán que no saben si es Dios o el Diablo. Nunca se comprometieron con nadie; ahora deben marchar febrilmente sin saber a favor de quién o en contra de quién están. Son, dice el Poeta, *los tristes que jamás estuvieron realmente vivos* (*Inferno* III, 64). El pecado de los laodiceos era la acedia; la tremenda acedia que mata el alma de aburrimiento y fastidio ante el bien divino. Acedia que, sin embargo, pasaba como tolerancia o, incluso, como "sentido práctico" que hoy se diría "sentido de lo políticamente correcto". Estamos, nuevamente, en el marco de los peligros y daños causados a las primeras comunidades cristianas por la corrosiva tendencia gnóstica. El trasfondo es, como dice Prigent, el de un "cristianismo que, bajo la influencia de la gnosis, no considera necesario marcar de modo claro las fronteras entre la Iglesia y el mundo, entre la fe cristiana y la vida cotidiana profundamente caracterizada por la idolatría (...) La tibieza designa evidentemente la típica actitud gnóstica según la cual la intransigencia no es una virtud cristiana, porque uno puede perfectamente llegar a un acuerdo con el mundo idólatra, uno puede mezclar lo caliente y lo frío, uno puede ser, de hecho, tibio. Para el Autor [del *Apocalipsis*], que está enamorado del absoluto, las situaciones claras son las que deben preferirse"[24]. ¡O Prigent acomoda las cosas para que el texto parezca describir el neognosticismo católico de nuestro tiempo, o Juan de-

---

[24] Prigent, *L'Apocalypse de Saint Jean*, 164-165.

nunció un error de su época que profetizaba al mismo tiempo la nuestra!

Porque la Laodicea contemporánea a Juan había caído en un desastroso estado de compromiso con el mundo, y sin dejar de referirse a ella, bien puede ser figura profética de otros momentos futuros de la Iglesia. Para ser justos, la vemos plasmarse repetidamente en todas las circunstancias espacio-temporales en que, durante el transcurrir de los siglos, se imitaría el pecado de amalgamamiento con el mundo (porque es inexacto generalizar las "épocas" de la historia eclesiástica –por ejemplo la Iglesia en el medioevo, o en tiempos de la Reforma protestante– como si fueran realidades homogéneas[25]). Y debemos suponer que será muy semejante –o peor– el estado de muchos creyentes (¿algunos, muchos, todos?) al filo de los tiempos parusíacos, si nos atenemos a la enigmática pregunta de

---

[25] A veces abusamos de estas descripciones, tomando la parte por el todo. Aun cuando en toda época haya acontecimientos descollantes por los que la historia posterior los recordará (la reforma protestante, la reconquista española, las grandes misiones o el descubrimiento del Nuevo Mundo), no debemos olvidar que se trata de una realidad muy compleja, diversísima de un país a otro, de situaciones de libertad a opresión, de notoria decadencia moral a grandes fervores... En cada época se vive en algunas partes un cristianismo degradado por un compromiso con el mundo, mientras que en otras palpitan aires de heroísmo. En nuestra misma época, la Iglesia puede verse reflejada en Laodicea en una importante porción del Occidente "postcristiano" (de modo especial, en los países centroeuropeos en que los mismos cristianos y sus pastores –con honrosas excepciones– han laicizado la moral cristiana, y con ella la fe); mientras que simultáneamente –al menos mientras escribo estas líneas– muchísimos otros cristianos –por ejemplo, en varios de regímenes político-religiosos musulmanes o con grandes mayorías paganas– padecen situaciones martiriales y dan prueba de heroica fidelidad a Cristo.

Nuestro Señor: "cuando el Hijo del hombre venga, ¿encontrará la fe sobre la tierra?" (Lc 18,8)[26].

"Voy a vomitarte de mi boca". Pareciera que Dios tiene más piedad y paciencia con quienes lo combaten abiertamente, mientras que a estos, en cambio, no los puede tolerar. Varios de los comentadores del libro sagrado aluden a que la imagen de las aguas tibias y con efectos nauseabundos era bien conocida por los habitantes de Laodicea porque en las cercanías había fuentes termales; famosas eran las de las ciudades vecinas Colosas y Hierápolis. Estas aguas, en efecto se deben beber a la salida de la fuente, todavía muy caliente, o dejándola reposar mucho tiempo cuando ya está muy fría; pero tibia produce náuseas.

A mediados del siglo pasado, J. Alonso estudió el sentido de la tibieza espiritual en este pasaje, llegando a la conclusión de que se refiere al *pecado mortal* y no al *venial*.

> *17 Tú dices:*
> *«Soy rico; me he enriquecido;*
> *nada me falta».*
> *Y no te das cuenta de que eres un desgraciado,*

---

[26] Quienes identifican las siete cartas con profecías de algunos jalones de la historia eclesiástica, interpretan Laodicea ya sea como la iglesia de la Parusía (así Billot), o bien la iglesia del milenio –que establecería Cristo a su retorno y duraría hasta el Juicio Final– (L. Castellani). Se apoyan, entre otras cosas, en el nombre de la ciudad que puede entenderse como "Juicio de los Pueblos" (*laón diké*). Esta última explicación implica una perspectiva milenarista mitigada (de la que hablaremos al comentar el capítulo 20), según la cual, los cristianos, a pesar de haber sido testigos de la Parusía, entrarán, durante ese período indeterminado de tiempo (al menos hacia el final de él), en decadencia y tibieza. Los que no están de acuerdo con admitir tal retroceso después de la Parusía, explican tal decrepitud como referida a todas las edades anteriores, aquí solo recapituladas. A mí, esto me suena como abollar las aristas para que se ajusten a un molde preconcebido. Si lo menciono es porque ha sido sostenido por estudiosos de renombre.

*digno de compasión,
pobre, ciego y desnudo.*

La situación realmente pecaminosa de este estado queda bien patente en la expresión con que el mismo Señor caracteriza este pecado: "Tú dices: Soy rico; me he enriquecido; nada me falta". Parecen repetir lo mismo, pero son tres afirmaciones con diversos matices. "Soy rico" indica que los cristianos de Laodicea consideraban que su riqueza eran las materiales; quizá no haya que reducir esto al dinero o al oro o a los bienes adquisitivos, que allí abundaban por razón de los bancos y banqueros, famosos en la ciudad; digo que quizá también se refiera a otras riquezas como la paz, el lujo, la tranquilidad, la buena fama, el tener el beneplácito de los gobernantes romanos. En todo caso, siempre son cosas de este mundo: riquezas, poder, tranquilidad...

"Me he enriquecido" añade el orgullo de sentirse autor de su propia felicidad. Entre los judíos del Antiguo Testamento se consideraba una bendición divina la abundancia material; era una visión todavía muy carnal, pero al menos consideraban que era Dios la causa de esos dones. Aquí hay alusión a la propia fuerza, al propio ingenio, a la propia autoría. Ellos pensaban ser los artífices de su propia prosperidad.

"Nada me falta" señala, finalmente, la cerrazón de los horizontes. No solo se consideraban ricos sino que no pretendían ni esperaban nada fuera de esas riquezas; se sentían, por tanto, "hartos". Esta es la parte más grave de su pecado; la dimensión más radicalmente teológica del mismo; el pecado contra la esperanza, no ya como desesperanza angustiosa, sino como tranquila y materialista no-esperanza de ninguna realidad trascendente. Ya se consideraban en el cielo que, para ellos, se llamaba "Laodicea", como hoy puede denominarse, para los satisfechos laodiceos modernos, Alemania, Austria, Suiza...

¿Cómo ve Dios estas cosas? Su juicio no puede manifestarse más diametralmente opuesto: todo esto no es más que hojarasca y viento, por eso Dios tiene palabras realmente tremendas para esta sociedad tan parecida a la de nuestro tiempo. "Eres un desgraciado, digno de compasión, pobre, ciego y desnudo". No tienes en realidad nada que verdaderamente te haga rico. No posees nada externo de verdadero valor (eres pobre), ni siquiera nada que te haga hermoso (estás desnudo), y además ni siquiera eres consciente de ello (eres ciego), por lo que ni puedes atinar a pedir perdón y a enmendar tu vida; por eso eres un hombre desgraciado, sin gracia, sin Dios. Realmente, nadie puede envidiarte sino más bien compadecerte. Sobre ti los sanos de entendimiento no pueden sino llorar.

*[18] Te aconsejo que me compres
oro acrisolado al fuego
para que te enriquezcas,
vestidos blancos para que te cubras,
y no quede al descubierto
la vergüenza de tu desnudez,
y un colirio para que te des en los ojos
y recobres la vista.*

Los tres consejos tienen que ver directamente con los tres males que señaló previamente.

El oro, en primer lugar, que aquí significa la verdadera riqueza, y es la gracia divina. Por eso dice: "que me compres a mí"; solo Dios puede dar esta riqueza. Contra el pelagianismo *ante litteram* de los laodiceos (o *post litteram*, si es, además, una profecía de nuestro tiempo) Jesucristo se declara el único que puede enriquecer al hombre. Y a este oro lo llama "acrisolado por el fuego", porque es el verdadero oro, el purísimo; y porque es un oro que se identifica con el dolor de la cruz. Pero, así y todo, manda "comprar", no pedir de limosna, es decir, le manda obrar, hacer actos para adquirir esa riqueza verdadera. "Dios, que te creó sin ti, no se salvará sin ti". Todo el *Apocalipsis* es un llamado a las obras, que, aunque no puedan existir sin la gracia, son suscitadas por la misma gracia y pone en evidencia que se trata de la gracia auténtica, porque aunque las obras procedan de la caridad, se dan junto a la caridad; de lo contrario, una caridad que no es operosa no es verdadera caridad sobrenatural.

Cómprate también vestidos blancos; es decir, lo opuesto a las lanas negras que eran el orgullo de la ciudad. Se refiere al manto de inocencia y de la virtud. Aunque podamos ver todas las virtudes aquí representadas, en particular se retrata la pureza de costumbres y la castidad. Porque nos protegen de la desnudez vergonzosa. Pero es también la misericordia y la fortaleza. A este pueblo, orgulloso de sus tejidos y vanidoso de las modas que podía imponer por su industria textil, se le dice, en cambio, que en realidad está desnudo, y que está pasando vergüenza. Pero se le ofrece un manto para taparse, que es el bien obrar.

Finalmente, le aconseja que compre colirio para sus ojos, para que recobre la vista. Nueva alusión a la magnífica fama medicinal que tenía Laocidea. Pero en realidad está ciega, como ya dijimos antes; porque lo que cree ver no es la realidad; esta se le escapa. Solo la fe es colirio para una vista enferma, casi ciega, que confunde lo que ve, que percibe solo una dimensión y deja en la oscuridad la más importante, que es la trascendente. Esta civilización no veía su propio estado de putrefacción y era incapaz de percibir los signos de los tiempos, es decir, las advertencias de Dios en los acontecimientos que se suscitaban a su alrededor. ¡Igual que nuestro tiempo! Solo el colirio de la fe, que es participación de la Verdad divina y luz intelectual de lo alto que infunde en nosotros un juicio sobrenatural de toda la Realidad (humana y divina), puede devolver la sensatez y la visión.

*¹⁹ Yo a los que amo, los reprendo y corrijo.
Esfuérzate, pues, y arrepiéntete.*

Sin embargo, esta carta, la más dura y acusadora de las siete, la que parece condenar sin encontrar rasgos positivos en esta iglesia decaída de Dios y cerrada sobre sí misma... es una manifestación del amor divino que permanece fiel a pesar del pecado de los hombres. Es una represión y una tremenda corrección, pero, como dice el Señor que se ha dado tantos títulos formidables, Él solo obra así con los que ama. La expresión, como notan los especialistas, está tomada del libro de los Proverbios: "Pues Yahvé reprende a quien ama y aflige al hijo que le es querido" (Prov 3,12). Pero también notan que Juan no usa el mismo verbo de Proverbios (ἀγαπάω, *agapao*, amar, sentir un afecto muy fuerte), sino que lo cambia por φιλέω (*filéo*), que implica más sentimiento y pasión, es decir, contenido emocional. No se trata pues de una corrección rigorista y desaprensiva, sino de aquella que es exigida por el bien de la persona querida. Si Dios ama una iglesia como la laodicea, nadie tiene derecho a pensar que no pueda esperar amor de Dios.

Y esa represión divina va acompañada de todas las gracias necesarias para que el corregido cambie de conducta; por eso añade a continuación: "esfuérzate, pues, y arrepiéntete". Ζηλόω (*zelóo*) significa "tener celo", pero en el sentido de esforzarse; por eso algunos traducen: "reacciona favorablemente". Es un llamado a aprovechar el momento de gracia que Dios ofrece, poniendo de parte de uno todo ese vigor *que la misma gracia produce si no se le pone obstáculo*. El esfuerzo está encaminado a la conversión. El verbo empleado es μετανοέω (*metanoéo*) el mismo que usa Jesús al comenzar su predicación; significa pensar diferente, un reconsiderar la propia vida, sentir compunción, arrepentirse.

La tibieza y el espíritu de componenda que el Señor ha puesto al descubierto en esta iglesia no se solucionan, pues, con una mera oración más enfervorizada sino con una conversión profunda. Al estado de tibieza se llega por pérdida de calor, sin necesidad de un agente externo que enfríe lo que se entibia; basta con alejarse de la fuente del calor o dejar de tener actividad (como un cuerpo quieto demasiado tiempo). Pero no se sale de la tibieza por un simple acto de voluntad, es decir, por un sencillo decir interiormente: ahora cambiemos la dirección de la temperatura y en vez de ir hacia abajo, vamos hacia arriba. No. Para volver a acalorarse hay que moverse, cambiar la situación en que se está, acercarse a la fuente de calor o comenzar a moverse. En el orden moral y espiritual esto equivale a una conversión. No se sale de la tibieza sin *convertirse*, sin *metanoia*, sin cambio de corazón y de pensamiento. Por eso hay tantos que no salen a pesar de que "quisieran" salir: porque piensan que se recupera el calor del mismo modo que se lo perdió, y no es así.

> [20] *Mira que estoy a la puerta y llamo;*
> *si alguno oye mi voz y me abre la puerta,*
> *entraré en su casa*
> *y cenaré con él y él conmigo.*

Sigue una imagen maravillosa, que es la invitación más hermosa, o una de las más hermosas que encontramos en el *Apocalipsis*, el libro de las imágenes más bellas de la Biblia. El Señor se describe a Sí mismo como llamando a la puerta de cada uno de los hombres, y también a la puerta de la historia de los hombres, de las sociedades y de los pueblos. Continúa, en realidad, la alusión a la conversión, pero se la coloca en el contexto del amor y de la amistad. Muchos comentadores –dice Prigent– observan que estas palabras aluden a Cant 5,5 en que la Esposa se despierta al sonido de la voz de su Amado que golpea y dice: "¡Ábreme!" Joaquín Jeremías ha notado que el judaísmo contemporáneo a los primeros cristianos interpretaba el *Cantar de los Cantares* en el sentido de las relaciones entre Dios y su Pueblo. El cristianismo, por su parte, lo lee cristológicamente. A esta iglesia tibia, desfachatada, orgullosa de sí, autosuficiente, donde parece no haber nada rescatable, Dios le habla de intimidad y de amistad. Dios ¡pide y mendiga! a la puerta de cada hombre, porque los que golpean para que se les deje entrar son los mendigos. Jesucristo, que se ha llamado a sí mismo "La Puerta", no fuerza ninguna puerta humana. Y si no le abrimos, no entra.

Esta imagen del Cristo del *Apocalipsis* es la que describió Lope de Vega en sus versos:

¿Qué tengo yo, que mi amistad procuras?

¿Qué interés se te sigue, Jesús mío,

que a mi puerta, cubierto de rocío,

pasas las noches del invierno oscuras?

¡Ah, cuánto fueron mis entrañas duras

pues no te abrí! ¡Qué extraño desvarío,

si de mi ingratitud el hielo frío

secó las llagas de tus plantas puras!

¡Cuántas veces el ángel me decía:

"Alma, asómate ahora a la ventana,

verás con cuánto amor llamar porfía!"

¡Y cuántas, hermosura soberana,

"Mañana le abriremos", respondía,

para lo mismo responder mañana!

Son necesarias dos cosas para que comience este trato de amistad: oír su voz y abrir la puerta. Su voz es el llamado ya presente en la Palabra divina. "Tienen a Moisés y a los Profetas –hace decir

Jesús a Abraham en la parábola del rico condenado–; si no le hacen caso a ellos, tampoco se convencerán ni aunque un muerto resucite" (Lc 16,31). Está también en la voz interior de la gracia que llama a la conversión y a la perfección. Pero además de oír hace falta abrir la puerta. El joven rico lo oyó, pero no le abrió la puerta. ¡Muchos lo oyeron decir: "el que tenga sed que venga a mí y beba y brotarán de su seno ríos de agua viva" (Jn 7,38), pero lo siguieron tan pocos... hasta la cruz!

También es una alusión a su Segunda Venida. Cristo está a la puerta de nuestra historia temporal; y está llamando. Los "signos de los tiempos" son los golpes que indican la cercanía del Juez. Están indicados en los Evangelios... Pero el Maestro ya nos reprochó durante su vida pública el no saber interpretarlos. No nos excusará, pues, el decir que no nos dimos cuenta de que estaba llamando. Estad preparados.

El resto ya lo hace exclusivamente Él: entrar y cenar. Como observa Barclay, Jesús usa el verbo δειπνέω (*deipnéo*) que no alude a cualquier comida. Los griegos tenían el *akrátisma*, desayuno, que no era más que un trozo de pan seco mojado en vino; luego el *áriston*, la comida del mediodía, que los trabajadores no tomaban en casa, sino al borde del camino, o en algún pórtico, o en la plaza del pueblo. Y estaba el *deipnon*, que era la comida de la tarde, la principal del día, que se alargaba agradablemente porque ya no se volvía al trabajo. Esta es la que Jesucristo quiere tomar con quien le abra sus puertas; la que se toma sin prisa y se presta para una larga sobremesa y mucha amistad. Y añade ese semitismo tan profundo: "yo con él y él conmigo". Porque es, primero, la cena eucarística que implica la unión plena y total de Él con nosotros y nosotros con Él; y, luego, la cena eterna, que es unión total de Dios en nosotros y de nosotros en Dios. ¡Y se lo ofrece a los tibios y a los mediocres, a condición de que remuevan el polvo que los ensucia, y no solo a los héroes y a los súper santos!

Son indudables estos dos elementos del pasaje: el sentido eucarístico y el escatológico. Si bien san Juan describe la vida eterna como un perfecto convite eucarístico, no es menos cierto que su intención es dar también a la eucaristía, comida en la vida cotidiana, un sentido escatológico. Por eso la Iglesia ve en la renovada presencia de Cristo en cada Misa, un signo, una anticipación y un recordatorio de su Retorno.

> *²¹ Al vencedor le concederé*
> *sentarse conmigo en mi trono,*
> *como yo también vencí*
> *y me senté con mi Padre en su trono.*

Y siguen las promesas ya totalmente eternas[27]: en particular la más espectacular de todas, que es la victoria con Cristo. Como pondría más tarde Ignacio de Loyola en boca del buen caudillo: "porque [= *para que*] así después tenga parte conmigo en la victoria como la ha tenido en los trabajos". Y ofrece como premio el correinar con Él. Sentarse en el trono de Jesucristo, quien a su vez está sentado en el trono de su Padre.

> *²² El que tenga oídos,*
> *oiga lo que el Espíritu dice a las iglesias.*

El Señor nos dé precisamente esos oídos espirituales sin los cuales estas magníficas palabras carecen de sentido.

---

[27] Algunos, como Prigent, sostienen que podría entenderse esta promesa en sentido temporal, como referida a la eucaristía en la vida presente (*L'Apocalypse de Saint Jean*, 168).

III. Las visiones proféticas sobre el futuro

1. Preliminares del "Gran Día" de Dios

Visión del Libro y el Cordero

La visión del libro y el cordero ocupa dos capítulos del *Apocalipsis*, el 4 y el 5. Algunos autores como, por ejemplo, Salguero, la explican como "visión introductoria a la parte profética", porque consideran que las cartas a las Iglesias no pertenecen al género de la profecía. Ya hemos señalado que nos inclinamos por considerar todo el *Apocalipsis* como profético, al menos en uno de sus sentidos, aunque no el único en algunos casos.

En realidad la Gran Profecía, o Profecía central, es la que comienza con el capítulo 12; todas las anteriores también son profecías pero tienen un carácter preparatorio de aquella. A su vez, esta que ahora comentamos hace como de prólogo a este gran conjunto de visiones.

Esta visión del Libro y del Cordero, puede dividirse también en dos visiones distintas, ambas introductorias a toda esta segunda parte del *Apocalipsis*. En ellas se presenta el escenario, es decir, la corte celestial, donde Dios Padre y el Cordero Redentor dominan todos los sucesos de la Historia; solo después se habla de la apertura de los sellos de parte del Cordero.

[Capítulo 4]

Primera parte de la visión: la Corte celestial

El capítulo 4 relata una primera parte de esta visión, cuyo objeto es Dios omnipotente y toda su corte celestial.

Juan es transportado al cielo donde permanecerá hasta el capítulo 10.

> *¹ Después tuve una visión.*
> *He aquí que una puerta estaba abierta en el cielo,*
> *y aquella voz que había oído antes,*
> *como voz de trompeta que hablara conmigo,*
> *me decía:*
> *«Sube acá,*
> *que te voy a enseñar lo que ha de suceder después».*

La nueva visión (visual/auditiva) comienza con una "puerta abierta en el cielo" y una "voz como de trompeta". Juan no ve el cielo abierto sino solo "una puerta". Para ver lo que hay más allá de ella, el Vidente necesita la explícita intervención divina ("sube acá"), pues solamente Dios puede elevar al hombre al conocimiento sobrenatural.

Esta visión es absolutamente central en el esquema del libro. Todo el resto de lo que verá Juan cobra sentido a partir de ella y a su luz. La describiré, pues, primero, y luego explicaré de dónde deriva tamaña importancia.

Estamos, pues, en un nuevo escenario que es el cielo. La mentalidad antigua consideraba que el trono o palacio divino se alzaba por encima de "las aguas del cielo", línea divisoria de lo terreno y lo celestial. La puerta de esa nueva región se abre ante Juan y se le invita a subir y entrar para ver allí *los sucesos futuros*. Una voz, que no se precisa de quién es, pero que algunos suponen del ángel del *Apocalipsis* y otros del mismo Cristo resucitado, le habla con cortesía pero de manera apremiante, como en un sonido de trompeta, o amplificado. El cambio de escenario, pasar de la tierra al cielo, indica que se le dará a conocer a Juan el *sentido divino de los hechos históricos*. Juan no va a recibir meras revelaciones de los hechos futuros, como podría tenerlos una sibila, o una vidente capaz de premoniciones. A él le será enseñado *el sentido* de estos hechos; la *trama* que hace de los acontecimientos una *historia* y un *proyecto* divino que tiene por centro el Cordero a quien conocerá en estas mismas visiones. Por eso, el *Apocalipsis* contiene una auténtica teología de la historia y no meras visiones inconexas de las realidades futuras.

² Al instante fui arrebatado en espíritu.

La visión de Juan es extática. El "arrebato en espíritu" es traducido por muchos como "caer en éxtasis".

Vi que un trono estaba erigido en el cielo,
y Uno sentado en el trono.
³ El que estaba sentado
era de aspecto semejante al jaspe
y a la cornalina;
y un arcoíris alrededor del trono,
de aspecto semejante a la esmeralda.

El centro de la visión es Dios sentado en su trono. Dios reina, puesto que está en un trono. Su reinado es, sin embargo, reposado, por eso está sentado. El Dios que ve Juan es al mismo tiempo Señor y Dominador de la Historia y es Inmutable; no es un dios en devenir, sino el ser Perfecto. Es "Uno". Es a Dios Padre a quien ve; toda la Trinidad se revela en el *Apocalipsis*, pero aquí ve al que es Principio sin principio.

No hay rasgos antropomórficos en esta descripción, pero es solemne. Dios Padre, descrito a la luz de los colores de piedras preciosas, se percibe más trascendente que cercano. Son colores lo que ve Juan: traslúcido es el jaspe, rojo fuego o sangre la sardónica, verde la esmeralda; y además rodeado de un arcoíris. En definitiva, Juan ve luz intensa y coloreada. Pero ese Dios no tiene rasgos que nos permitan imaginarlo al modo humano. Subraya, pues, la trascendencia divina.

> *⁴ Vi veinticuatro tronos alrededor del trono
> y, sentados en los tronos,
> a veinticuatro Ancianos
> con vestiduras blancas
> y coronas de oro sobre sus cabezas.*

Los veinticuatro ancianos que rodean en sendos sitiales al Trono divino, son misteriosos. Algunos han querido identificarlos con ángeles que serían como un senado de Dios; otros, con seres puramente idealizados, como símbolos de los veinticuatro órdenes sacerdotales bíblicos (cf. 1Cro 24,7-18; 25, 1.9-31), pero los demás personajes de la visión no son realidades idealizadas sino personajes reales cargados, sí, de simbolismo; finalmente, otros exégetas, cuya interpretación nos parece la más correcta, los ven como hombres glorificados. Para los Santos Padres son los doce patriarcas y los doce apóstoles. Para otros autores es el Israel de Dios, con los representantes y Reyes de la historia religiosa del mundo (Castellani). Ciertamente son seres ya salvados (por sus vestiduras y sus coronas) y Dios los ha asociado a su obra de gobierno sobre los acontecimientos del mundo.

> *⁵ Del trono salen relámpagos
> y fragor y truenos;
> delante del trono arden siete antorchas de fuego,
> que son los siete espíritus de Dios.*

Volviendo nuevamente su atención al Trono, este es descrito como el Sinaí en el momento en que Dios promulga su ley (cf. Ex 19,16). En el Antiguo Testamento la tormenta con rayos y truenos simboliza generalmente la potencia y majestad de Dios al revelarse.

Las siete antorchas de fuego que son siete espíritus divinos, según Aretas de Cesarea son "los ángeles de la presencia", suprema jerarquía angélica. Pero pueden ser simplemente el símbolo del Espíritu Santo, como lo entienden otros. Estar delante del Padre indicaría que procede de Él, según algunos, como los Comentadores de Salamanca: "Creemos que son expresiones para designar al Espíritu Santo. De este modo, San Juan contemplaría a la Trinidad beatísima: junto al Padre, sentado sobre el trono, estarían Jesucristo, el Cordero, y el Espíritu Santo".

> *6a Delante del trono como un mar transparente semejante al cristal.*

El cielo en el que está el Trono divino es descrito como un mar trasparente, semejante al cristal, es decir, Juan no puede dar más que una metáfora del mismo. Quizá esté aludiendo a las "aguas celestes" que en la mentalidad del Antiguo Testamento separaban el cielo de la tierra. Para Wikenhauser subraya la trascendencia de Dios y la distancia con el vidente. Vanni dice que son las fuerzas enemigas de Dios (porque el mar en los demás textos del *Apocalipsis* designa a estas) neutralizadas en favor de su pueblo; pero me parece que esta interpretación no hace mucho al sentido porque se está describiendo el cielo, no la tierra sometida.

> *6b En medio del trono, y alrededor del trono, cuatro Vivientes llenos de ojos por delante y por detrás.*
> *7 El primer Viviente, como un león; el segundo Viviente, como un novillo; el tercer Viviente tiene un rostro como de hombre; el cuarto Viviente es como un águila en vuelo.*
> *8a Los cuatro Vivientes tienen cada uno seis alas, están llenos de ojos todo alrededor y por dentro,*

De toda la grandiosa visión, los personajes más llamativos son los cuatro vivientes que Juan ve "en medio del trono y alrededor del trono". Se piensa que la mejor interpretación es la que los ve enfrentados entre sí cada uno en un ángulo del trono, como formando un círculo en torno a la sede divina. Quizá sean casi como las patas sobre las que se asienta el trono. Se trata de cuatro Querubes.

La traducción literal de la frase que sigue, "llenos de ojos por delante y por detrás" indicaría que poseen el conocimiento universal. En tal caso, esto haría referencia, según Salguero, a que estos cuatro seres tienen algo que ver en el gobierno del mundo, pues los ojos son para ver y se asocian a la providencia y al gobierno. Pero Bartina prefiere traducir "lentejuelas" en lugar de ojos, porque la palabra "ojo", tanto en griego como en hebreo, puede entenderse de una piedra preciosa que dé destellos.

Además de los ojos o piedras brillantes, tienen seis alas cada uno.

En cuanto a su fisonomía, el primero asemeja un león, el segundo un toro joven o novillo, el tercero un hombre, el cuarto un águila en vuelo. ¿Qué son o qué representan? Algunos dicen –y parece ser lo más fundado– que la creación en su totalidad; otros, que lo más fuerte de ella, según la fauna bíblica: el más fuerte de los animales salvajes (león), el más fuerte de los animales domésticos (toro), la más fuerte de las aves (águila), la más fuerte de todas las creaturas (hombre). Una larga tradición (san Ireneo, Victorino, san Agustín) también ha querido ver allí los símbolos de los evangelistas, pero se trata más bien de una "acomodación" del texto y no de una interpretación.

8b y repiten sin descanso día y noche:
«Santo, Santo, Santo,
Señor, Dios Todopoderoso,
Aquel que era, que es y que va a venir».
9 Y cada vez que los Vivientes dan gloria,
honor y acción de gracias
al que está sentado en el trono
y vive por los siglos de los siglos,
10 los veinticuatro Ancianos se postran

ante el que está sentado en el trono
y adoran al que vive por los siglos de los siglos,
y arrojan sus coronas delante del trono diciendo:
¹¹ «Eres digno, Señor y Dios nuestro,
de recibir la gloria, el honor y el poder,
porque tú has creado el universo;
por tu voluntad, existe y fue creado».

La ocupación de toda esta corte, de los cuatro vivientes y de los veinticuatro ancianos es la alabanza divina, solemne y continua. Cantan el trisagio reportado por Isaías (Is 6,3). La triple repetición de la palabra es un aumentativo o superlativo hebreo ("barba, barba, barba" quiere decir gran barba: cf. Sal 133,22). Aquí, pues, se dice de Dios que es "supersantísimo", la "santidad esencial". A este trisagio se añaden tres títulos: Κύριος (*Kyrios*), Señor; ὁ Θεὸς ὁ παντοκράτωρ (*ho Theos ho pantokrátor*), Dios todopoderoso, y ὁ ἦν καὶ ὁ ὢν καὶ ὁ ἐρχόμενος (*ho en kai hon òn kai ho erjómenos*), el *Era-Es-Viniente* (o en traducción literalísima de Castellani: "El Era el Siendo y el Viniéndose"). Todo subraya el doble carácter de Trascendente absoluto y de Señor de los acontecimientos históricos. Precisamente porque se va a revelar todo lo que Él ha dispuesto sobre la historia de los hombres.

Y en esta liturgia celeste, a la alabanza de los cuatro vivientes los veinticuatro ancianos responden postrándose en señal de adoración y arrojando sus coronas delante del trono y cantando también ellos un himno de alabanza. Es el reconocimiento de Dios como Señor absoluto y de que sus mismas coronas (su correinar) se lo deben a Él. El himno entonado lo pone de manifiesto de forma indubitable, porque atribuye a Dios la razón de que exista todo lo que existe. Dios es "la razón de todo".

Dije más arriba que esta visión del *trono divino* –que se completa con lo que viene a continuación en el capítulo 5– es central para la comprensión de todo el *Apocalipsis*. De hecho uno de los cuatro títulos más importantes que Juan refiere de Dios es "El que se sienta en el trono", el cual aparece 7 veces en su forma exacta (4,9; 5,1.7.13; 6,16; 7,15; 21,5) y de otros modos equivalentes (4,2; 4,3; 7,10; 19,4; etc.).

La importancia de este capítulo en el conjunto del libro radica en que presenta la visión de la *realidad* tal como la ve Dios: la verdad sobre Dios, sobre la Creación, sobre los actos y la historia de los hombres. Y muestra que esta terminará por imponerse sobre la patraña creada por los poderes del mal en la tierra. El *Apocalipsis* se puede resumir, como señala Bauckham, como el cumplimiento de las tres primeras peticiones del Padrenuestro: que tu Nombre sea santificado, que venga tu Reino, que tu Voluntad se realice en la tierra como en el cielo. La verdad de todas las cosas es lo que estas son a los ojos de Dios. No lo que los hombres quieren convencerse – o hacer creer– que ellas son. Dios es el principio y el fin de todo, como ya lo ha dicho el *Apocalipsis* con toda claridad; por tanto, es la visión que hay en el cielo, la que revela la verdad de todo. La verdad reina en el cielo, donde las cosas son lo que son, y todo gira en torno a Dios, reconocido como único señor de todo. Y esta misma verdad deberá triunfar también en la tierra, puesto que Dios es el único Señor de todo. En otras palabras, la Voluntad divina es que su Nombre sea glorificado en la tierra, y su soberanía absoluta reconocida, del mismo modo que Juan lo ve en su visión celestial. Por ahora la tierra se rige en el caos de la opresión, del pecado y de la injusticia; y los poderes mundanos creen dirigir la historia según sus propios planes y gobernar las voluntades de los hombres según designios terrenales. En la tierra los hombres, creyendo manejar la historia, intentan fabricarse un reino a su medida. Es la antigua tentación de Babel, que jamás ha cesado: crear un reino en la tierra prescindiendo de Dios. Pero esa no es la verdad, la cual se le muestra de modo patente a

Juan a los pies del trono divino. El único señor es Dios, quien le muestra sus designios de comenzar su Juicio para encadenar definitivamente el mal y sus poderes, y establecer así su Justicia y su Reinado. De ahí que las tres series de juicios que comenzará a narrar el apocalepta en los capítulos siguientes (sellos, trompetas, copas) se conecten directamente con esta visión del trono: cada una de ellas es descripta como proviniendo del trono. Así, son los cuatro vivientes los que llaman a los jinetes (6,1); las siete trompetas son sonadas por los ángeles que están ante el trono (8,2.6); y es el mismo trono el que se abre para que salgan los ángeles que derramarán las copas de la ira divina sobre la tierra (15,1.6), entregadas por uno de los vivientes que rodean el trono (15,7). Dios, pues, es el único eterno, y el mal debe perecer bajo su juicio.

Más significativo todavía resulta el entronque del séptimo juicio de cada serie con lo que dice 4,5: "del trono salen relámpagos y fragor y truenos", que es el modo en que el Antiguo Testamento alude a los fenómenos que manifiestan la Gloria divina. Precisamente, la fórmula se repite al describir cada séptimo juicio: en la apertura del 7° sello (8,5), en el sonar de la 7ª trompeta (11,19); al derramarse la 7ª copa (16,18). Significa que la Gloria de Dios se manifiesta en el juicio sobre al mal y que será aplastante para los malos que han tratado de imponerlo. La realidad divina se hará real también en la Creación de Dios, de la que los impíos han querido expulsarla.

[Capítulo 5]

Segunda Parte de la visión: el Cordero y los sellos

Entra ahora en escena Cristo Redentor victorioso. A Él delega Dios Padre el gobierno de los acontecimientos futuros, que están, en consecuencia, en sus manos.

*¹ Vi también en la mano derecha
del que está sentado en el trono un libro,
escrito por el anverso y el reverso,
sellado con siete sellos.*

Juan ve un rollo *opistógrafo*, es decir, un papiro de una sola tira, enrollado sobre una varilla central y escrito por los dos lados. Es el "libro del Señor" donde están escritos los designios de Dios sobre el mundo. Pero está sellado con siete sellos, lo que significa que su contenido es secretísimo. Su lectura, como dice un comentador, desencadenará los acontecimientos antirreligiosos (la gran persecución) y su derrota en el mundo. Los siete sellos podían estar todos juntos cerrando todo el rollo, o bien, como parece más probable, cerrarlo de a partes por una serie complicada de hilos, de modo que al abrir uno de los sellos se permite leer una parte hasta toparse con el siguiente sello. Algunos comentadores entienden este libro sellado como los inefables y altos decretos y disposiciones de la Providencia divina. San Pedro Damián lo llama "los siete misterios de la divina dispensación", y san Bernardo "los siete sellos que ocultan la divina Sabiduría". Es el códice que encierra los planes de Dios para guiar los acontecimientos humanos, que resultan herméticos a nuestra paupérrima inteligencia. Es para nosotros un libro inviolable por excelencia, como dice Dolindo Ruotolo a propósito de este pasaje; el libro que contiene el secreto del dolor y de los decretos providenciales que lo distribuyen y regulan en cada creatura, sobre todo en el hombre. Ninguna creatura puede abrirnos este misterio, y por eso todo hombre se siente acuciado y angustiado frente a él.

*² Y vi a un ángel poderoso
que proclamaba con fuerte voz:
«¿Quién es digno de abrir el libro
y soltar sus sellos?»*

Juan describe a un ángel fuerte que grita a grandes voces, porque su mensaje se dirige no solo a los hombres de la tierra, los que existen, los que han existido y los que vendrán, sino también a los cielos. Su pregunta se refiere a las credenciales (el *currículum vitae*) de todos los seres creados: ¿quién puede ostentar mérito o dignidad tal que le haga apto para abrir el libro y desatar los sellos, es decir, para *presidir los destinos religiosos del universo*?

> *³ Pero nadie era capaz,*
> *ni en el cielo ni en la tierra ni bajo tierra,*
> *de abrir el libro ni de leerlo.*
> *⁴ Y yo lloraba mucho*
> *porque no se había encontrado a nadie*
> *digno de abrir el libro ni de leerlo.*

Nadie es capaz de tal hazaña, ni entre los hombres ni entre los ángeles. Y Juan llora mucho porque esto significa que los destinos de los hombres parecen quedar definitivamente velados a nuestros ojos. Esta es una verdad muy poco tenida en cuenta por todos los que se sienten autorizados a intentar develar los hechos futuros. No solo los adivinos y nigromantes, sino los presuntos teólogos futuristas que hablan del porvenir como si lo tuvieran descrito sobre una bola de cristal ante sus ojos: "¡No babeéis profecías!", les dice Miqueas (2,6) a tales vaticinadores.

> *⁵ Pero uno de los Ancianos me dice:*
> *«No llores; mira,*
> *ha triunfado el León de la tribu de Judá,*
> *el Retoño de David;*
> *él podrá abrir el libro y sus siete sellos».*
> *⁶ Entonces vi, de pie,*
> *en medio del trono*
> *y de los cuatro Vivientes y de los Ancianos,*
> *un Cordero, como degollado;*
> *tenía siete cuernos y siete ojos,*

*que son los siete espíritus de Dios,
enviados a toda la tierra.*

Uno de los Ancianos consuela al vidente y le presenta a Aquel que será el centro de las revelaciones del *Apocalipsis*, el Cordero divino.

El Cordero es Jesucristo. El Anciano lo llama León descendiente de Judá y Retoño de David, porque es verdadero hombre y las credenciales que muestra tienen que ver con su divinidad pero también con su humanidad redentora. Dice que ha triunfado; ese triunfo es la Cruz, por eso es un Cordero "como" degollado, es decir, lleva en sí los signos de su sacrificio, de su pasión, pero está vivo. Es, pues, un resucitado.

De todos modos, Juan no ve, como a veces se lo representa pictóricamente, un animal-cordero. Ve ante sí a Jesucristo Muerto y Resucitado. Lo llama ἀρνίον (*arnion*), cordero, 29 veces en el *Apocalipsis*, que es el mismo nombre que le dio Juan el Bautista cuando lo presentó por vez primera al mismo Juan y a Andrés: "Este es el Cordero de Dios" (Jn 1, 29.36). Dice al respecto Bartina: "Ha sido un grave error del arte representar a Jesucristo como simple cordero (a no ser que se pretenda un simbolismo puro), sobre todo en el aspecto monstruoso de un animal con siete cuernos y siete ojos. No hay nada más ajeno a la mentalidad plástica oriental ni que vaya más contra el mismo sentido literal del *Apocalipsis* (...) Juan ve en el marco celeste al verdadero Cristo en figura humana. Los siete cuernos no se han de imaginar, y mucho menos representar, de manera real monstruosa (...)". Significan, pues, su máxima graduación como Guerrero Victorioso. Otro tanto vale para los siete ojos que indican no solo su omnisciencia sino los *siete espíritus*, es decir, el Espíritu Santo que procede del Padre y del Hijo[28]. Se señala que el Espíritu Santo viene designado con símbolos que son múltiples para designar su presencia universal en el mundo y sus muchos dones.

> [7] *Y se acercó*
> *y tomó el libro de la mano derecha*
> *del que está sentado en el trono.*

Para demostrar la veracidad de cuando había sido anunciado por el anciano, el Cordero toma el libro *directamente* de la mano derecha de Dios. Hay una comunicación personal o confianza filial entre el Cordero y el Soberano universal que está sentado en el trono que solo es explicable por la relación Padre-Hijo que los une.

> [8] *Cuando lo tomó,*
> *los cuatro Vivientes y los veinticuatro Ancianos*
> *se postraron delante del Cordero.*
> *Tenía cada uno una cítara*
> *y copas de oro llenas de perfumes,*
> *que son las oraciones de los santos.*

Ante este hecho todos los seres celestiales se postran ante el Cordero en un gesto de adoración. Y le ofrecen al Cordero su música y las oraciones de los santos, porque Él es el centro de todo. En lugar de copas de perfume se suele entender, en algunas versiones, incensarios. Que las oraciones de los santos suben hasta Dios por medio de los ángeles, es algo que se encuentra repetidamente en el Antiguo Testamento (por ejemplo, en Dn 8,3; Sal 141,2). Esto indudablemente habla de un oficio de intercesión, como tendremos oportunidad de ver más de una vez en el *Apocalipsis*. Es, esta, una dificultad muy incómoda para el protestantismo que rechaza todo tipo de mediación que no sea la del mismo Jesucristo, ni siquiera subordinada a

---

[28] Cf. Bartina, 660-661.

la de Este, como enseña el catolicismo. Por eso incluso algunos comentadores, habitualmente discretos y mesurados, fuerzan los textos para no ceder en este punto clave de su doctrina. Así, por ejemplo, Jamiesson-Faucet-Brown dicen: "Esto no da la más mínima sanción al dogma de Roma con respecto a la oración a los santos... (nada se dice acerca de que ellos intercedan por nosotros), con todo se nos dice que oremos a Dios solo". El mismo Barclay, tan atinado generalmente, en este punto reconoce que se apela a la idea de los intermediarios, mas da la impresión de entenderla como una idea judía tardía motivada por el enorme peso que tenía para ellos la trascendencia divina; y añade que es una idea innecesaria pues tenemos una puerta directa abierta para dirigirnos a Dios, y por eso Jesucristo se habría tomado la misión precisamente de desterrar tal idea. Por tanto, ¡el *Apocalipsis* en el momento quizá más solemne de su revelación... transmitiría una concepción al menos *poco correcta* y contaminada de judaísmo cultural (el mismo libro que clama contra la *Sinagoga de Satanás*)! ¡Lo que pueden los preconceptos!

> *⁹ Y cantan un cántico nuevo diciendo:*
> *«Eres digno de tomar el libro y abrir sus sellos*
> *porque fuiste degollado*
> *y compraste para Dios con tu sangre*
> *hombres de toda raza, lengua, pueblo y nación;*
> *¹⁰ y has hecho de ellos para nuestro Dios*
> *un Reino de sacerdotes, y reinan sobre la tierra».*

El canto es un himno de alabanza al Cordero que canta sus hazañas, resumiendo magníficamente la obra redentora. Es un cántico "nuevo" porque tiene un comienzo histórico con la obra redentora de Jesucristo.

Ha sido degollado. Es el Cordero sacrificado, muerto, crucificado.

Pero la sangre de ese sacrificio es el precio que ha pagado por un pueblo universal, formado por hombres de todas las razas, lenguas y lugares de origen.

Y no solo ha comprado ese pueblo sino que lo ha convertido, *para Dios*, en un "reino sacerdotal", es decir, un reino de hombres y mujeres que pueden participar de los misterios divinos y que pueden interceder por los demás hombres con una misión mediadora y sacerdotal. Este sacerdocio debe entenderse como un sacerdocio de fieles, no ministerial (cf. 1Pe 2,5.9)[29].

> *11 Y en la visión*
> *oí la voz de una multitud de ángeles*
> *alrededor del trono,*
> *de los Vivientes y de los Ancianos.*
> *Su número era miríadas de miríadas*
> *y millares de millares,*

---

[29] En el texto de San Pedro (1Pe 2,5-9), que puede ser considerado como equivalente a esta expresión de *Apocalipsis*, queda bien claro que no se afirma que todos los fieles sean sacerdotes en sentido propio. Tanto por el contexto, cuanto por el término pasivo empleado (ἱεράτευμα, *hieráteyma*) "se deduce que el apóstol considera los fieles como un sacerdocio pasivo, o sea una sociedad gobernada por el sacerdocio propiamente dicho. En efecto, 1Pe 5,1-4 supone la existencia de un clero bien distinto de la masa de los fieles. Los fieles, de frente al sacerdocio activo, al sacerdocio propiamente dicho, son, pues, simplemente un sacerdocio pasivo, súbditos de la autoridad sacerdotal y gobernados por ella; pero íntimamente unidos al sacerdocio activo de Cristo y al de los sacerdotes propiamente dichos" (Salguero, J., *Primera Epístola de San Pedro*, en: *Biblia Comentada. VII. Epístolas Católicas*, 114). W. Vine, por su parte (*Diccionario Expositivo de Palabras del Nuevo Testamento*) explica: "*hierateuma* (ἱεράτευμα), denota sacerdocio (relacionado con *hierateuo*), un cuerpo de sacerdotes que consiste en todos los creyentes, toda la iglesia (y no un orden especial entre ellos), que recibe el nombre de «sacerdocio santo» (1Pe 2,5); «real sacerdocio» (1Pe 2,9). La primera designación está asociada con la ofrenda de sacrificios espirituales, la segunda con la dignidad regia de proclamar las excelencias del Señor".

> *¹² y decían con fuerte voz:*
> *«Digno es el Cordero degollado*
> *de recibir el poder, la riqueza, la sabiduría,*
> *la fuerza, el honor, la gloria y la alabanza».*
> *¹³ Y toda criatura, del cielo, de la tierra,*
> *de debajo de la tierra y del mar,*
> *y todo lo que hay en ellos, oí que respondían:*
> *«Al que está sentado en el trono y al Cordero,*
> *alabanza, honor, gloria y poder*
> *por los siglos de los siglos».*
> *¹⁴ Y los cuatro Vivientes decían: «Amén»;*
> *y los Ancianos se postraron para adorar.*

Al cántico nuevo que venimos de escuchar –que parece pronunciado exclusivamente por ese entorno íntimo de Dios (los cuatro vivientes y los veinticuatro ancianos)– se asocia ahora todo el cielo: se unen los ángeles en un número que Juan dice "miríadas de miríadas", es decir, incontable, y luego todo cuanto hay en el universo, en una especie de canto coral.

El cántico entonado es el mismo pero ampliado. Se atribuye al Cordero todo cuanto de valor hay en la creación, según la estimación de los hombres: el poder, la riqueza, la sabiduría...

Y se añade una expresión de grandísima importancia: se unen en una misma dignidad "el que está sentado en el trono y el Cordero", mostrando que Este es Dios como Aquel. Es la revelación del Padre y del Hijo, a la que debe añadirse la del Espíritu Santo que aletea por doquier en el *Apocalipsis*.

Como dice Castellani: "Con esta gran ceremonia latréutica inaugura Juan la lectura del libro del Destino, su propia Revelación o Apokalypsis".

Así termina, pues, este prólogo celestial a las profecías que vendrán a continuación en forma de extrañas visiones.

Visión de los siete sellos

[Capítulo 6[

Comienza ahora la visión de las diversas plagas que se han de precipitar sobre los hombres. En el *Apocalipsis* encontramos tres series de siete plagas, que se producen al abrir siete sellos, al hacer sonar siete trompetas y al derramar siete copas. Cada una de estas series aventaja a la anterior en intensidad; pero aun dentro de cada serie es evidente que se da cierto progreso de una plaga a la siguiente. Las tres series están conectadas unas a otras, dado que la apertura del séptimo sello señala el momento de tocar las trompetas, y el toque de la séptima trompeta es la señal para empezar a derramar las copas de la ira de Dios.

Para algunos autores, como Castellani, inspirado en Holzhauser y otros comentaristas, los siete sellos contienen la profecía de la historia de la Iglesia: su ascensión y caída desde los tiempos apostólicos hasta la parusía[30]. Otros comentan las plagas sin tomar partido sobre a qué realidad aplicarlas, inclinándose, en todo caso, por hechos dramáticos ocurridos en tiempos próximos al vidente del *Apocalipsis*, es decir, sin ningún valor profético. Salguero ve en estas visiones simbólicas el exterminio del Imperio romano, tipo a su vez de todos los imperios paganos que se oponen y que se opondrán a la Iglesia en el transcurso de los siglos. Algo semejante propone Bartina. Admiten, pues, varios niveles de profecía, pero haciendo mucho hincapié en sucesos próximos al apóstol san Juan. Otros, en fin, entienden que se trata de los males que desencadena la locura humana (la cuatro primeras calamidades tienen, en efecto, una estrecha

---

[30] "El primer sello muestra la Monarquía Cristiana, o sea la Cristiandad Europea; los tres siguientes, la caída desa Cristiandad; los dos después, la proximidad de la Parusía" (Castellani).

relación, pues representan a la codicia conquistadora y los tres males que acarrea: guerra, hambre y peste), que se repiten sin cesar en la historia humana, presentadas aquí como juicios divinos por los pecados de los hombres y anticipo del juicio final. Personalmente me inclino a pensar que las visiones de san Juan se van cumpliendo parcialmente en algunos acontecimientos de la historia y terminarán por plasmarse de modo pleno en los momentos finales de la humanidad. Me parece admisible la interpretación que sostiene que los siete sellos descubren las tribulaciones causadas en su mayor parte por el hombre (guerras, hambres, persecuciones) pero bajo el control divino, que no deja de enseñorear la historia; las siete trompetas, en cambio, son desastres enviados por Dios para persuadir al hombre de que se arrepienta; las siete copas son el derramamiento final de la ira de Dios sobre la humanidad impenitente.

Los cuatro jinetes, con cuyo relato comienza esta visión, desencadenan plagas tremendas sobre la tierra. Jesucristo, en Mt 24,8, las mencionó como "los comienzos del parto". Pero ¿el parto de qué? ¿De una nueva era histórica, libres de la tiranía pagana, es decir, el nacimiento del tiempo cristiano? ¿O el parto del mundo venidero? Las interpretaciones han sido muy diversas –y discrepantes– a lo largo de los siglos.

Lo más adecuado es pensar que las profecías en parte se han cumplido, y en parte deben cumplirse todavía. Se han cumplido en numerosos "partos" históricos que son, a su vez, figura de una realidad todavía no llegada, que es el parto final, el que debe darse al final del tiempo. Por tanto, si quieren buscarse aplicaciones históricas, incluso de tiempos cercanos al vidente, se las encontrará, pero esto no quiere decir que se agoten allí.

Primer sello

[1] Y seguí viendo:
Cuando el Cordero abrió el primero de los siete sellos,

> *oí al primero de los cuatro Vivientes*
> *que decía con voz como de trueno: «Ven».*

Es el Cordero quien abre cada uno de los sellos, mostrándose señor de la historia y de los acontecimientos futuros; pero no Él quien lee el libro, sino Juan (aunque no se habla de *lectura* sino que el vidente contempla su contenido en visiones) porque el Cordero ya sabe lo que el rollo encierra, pues todo es patente a sus ojos divinos. Él es el Revelador, el que nos hace conocer esas verdades a nosotros. El pasado y el futuro son incomprensibles sin Jesucristo.

> [2] *Miré y había un caballo blanco;*
> *y el que lo montaba tenía un arco;*
> *se le dio una corona,*
> *y salió como vencedor y para seguir venciendo.*

La apertura del primer sello deja ver un jinete, el primero de cuatro, que viene montado en caballo blanco, el cual obtiene corona y es un vencedor; lleva en su mano un arco, porque es guerrero y conquistador. Pienso que no es Jesucristo, como algunos han sostenido, aunque más adelante Jesús aparezca también montado como este jinete; no todos los que cabalgan en un caballo blanco tienen que representar al Señor. Además, lo que muestra la disolución de los sellos son calamidades, y Jesucristo no es una calamidad ni un hacedor de ellas. Aquí simboliza el imperialismo guerrero y conquistador, causa y raíz de los flagelos siguientes. El jinete está coronado, indicando que es vencedor, que ha obtenido ya victoria y riqueza. Pero lleva el arco en la mano, manifestando que su ambición, su orgullo, su sed de poder y dominio, es insaciable. La sed de dominio no es una grandeza para una nación, sino su flagelo y su muerte. Este jinete parece rey, pero es esclavo de su ambición. De todos modos, destaco que interpretarlo como una fuerza maligna –como me inclino aquí–, si bien parece mantener la armonía con el resto de los jinetes, no carece, sin embargo, de dificultades. Algunos rasgos parecen más adecuados a una fuerza buena; razón por la cual algunos, como Victorino de Petau, han visto en él el símbolo de la predicación victoriosa del Evangelio, la Palabra de Dios que sale venciendo y para vencer[31]. Pero esta me parece, sin embargo, una acomodación espiritual, lícita y útil si se quiere, aunque no ajustada al sentido literal.

El primero de los Vivientes se dirige a este jinete indicándole que se adelante ("¡ven!"), mostrando que es Dios quien dirige la historia de los hombres, incluso en la permisión de las calamidades. En todo el *Apocalipsis* late la idea semítica de adjudicar a Dios, causa Primera, lo que es propio de las causas segundas. Este es el modo de expresarse que tiene la Biblia. Parece ser Dios quien vierte los males sobre el mundo, cuando su verdadera causa es, en realidad, el pecado humano. Son los hombres, resistiéndose a la voluntad divina, quienes abren las compuertas del mal. Dios lo permite, porque deja obrar las causas segundas en la medida en que de sus torcidos pasos decide sacar bienes más grandes. Téngase siempre en cuenta esta gran verdad al leer los textos inspirados.

Hay quienes interpretan este jinete como una profecía de la futura monarquía cristiana (más precisamente de Constantino a Carlos V). Humildemente considero que esto es una apropiación[32] y, hasta

---

[31] Cf. Kistemaker, Simon, *New Testament Commentary: Revelation*, 252.

[32] Por apropiación o acomodación entiendo el recurso mediante el cual se busca en algunos pasajes bíblicos ejemplos útiles para ilustrar acontecimientos o realidades ciertas (en este caso ciertos sucesos que conocemos por la historia). Creo legítimo que un historiador, intentando exponer la historia de la humanidad, se sirva de algunos pasajes bíblicos para ilustrar lo que describe; como quien dijera: "veo simbolizado el período monárquico en el jinete blanco del Apocalipsis". Pero de ahí a sostener con seguridad que se trate de una auténtica profecía hay un largo trecho. La principal dificultad que encuentro es el hecho de que una profecía se demuestra verdadera al realizarse su cumplimento. Precisamente, la teología enseña que no se

cierto punto, forzada, porque la visión, si bien modificada un tanto por Juan, se inspira en la de Zacarías (6,1-3), y allí todos los carros o jinetes simbolizan azotes. Además, una profecía de buenas nuevas no parece cuadrar con los demás sellos, que indican malas nuevas. Los jinetes montados en caballos blancos y armados con arcos, eran, en tiempos del apóstol, los partos, que venían de oriente y habían vencido ya, junto al Tigris, a los ejércitos romanos, en el 62 d.C., y todo presagiaba que seguirían venciendo y sembrando el terror. Es más lógico entender esta visión como la profecía de la invasión victoriosa de los bárbaros orientales o lo que estos pudieran simbolizar en orden a un futuro más remoto para los lectores del *Apocalipsis* (o sea, todas las guerras y ambiciones conquistadoras desatadas por la insaciable codicia humana... o geopolítica, como se dice eufemísticamente hoy).

Segundo sello

> ³ *Cuando abrió el segundo sello,*
> *oí al segundo Viviente que decía: «Ven».*
> ⁴ *Entonces salió otro caballo, rojo;*
> *al que lo montaba se le concedió quitar de la tierra*
> *la paz para que se degollaran unos a otros;*
> *se le dio una espada grande.*

---

requiere que cuando se hace la predicción se conozca plenamente la profecía, pero basta con que se entienda una vez que se ha seguido el efecto. Aunque la profecía sea oscura, de suyo, se esclarece en su cumplimiento. Esto supone que el hecho que realiza lo profetizado se cumpla según la predicción, porque la profecía en tanto prueba, en cuanto el acontecimiento anunciado la justifica. Las escuelas exegéticas que ven diversos pasajes del Apocalipsis como profecías de hechos posteriores al vidente, pero ya cumplidos respecto de nosotros (por ejemplo, monarquía cristiana, herejía protestante, revolución francesa...) encuentran varios obstáculos muy fuertes que no he visto adecuadamente resueltos; uno de los no menos importantes es el hecho de que –a pesar de considerar algunas de estas profecías ya cumplidas– unos la ven cumplidas en unos hechos y otros en otros.

El segundo sello se abre y entra en escena la guerra; la amenaza del primer sello se convierte en realidad. Me parece que no se puede circunscribir el simbolismo de este personaje a una guerra en particular. Algunos han querido hacer de él una referencia a las luchas posteriores a la monarquía cristiana (¿por qué no las anteriores donde podríamos contar los siglos oscuros, las cruzadas, la invasión del islam, la reconquista española, los estragos entre príncipes cristianos...?). Más reductiva –porque despojada de todo carácter profético– me parece la explicación de Salguero quien sugiere que "la espada, arma de las legiones romanas, simboliza las guerras intestinas del Imperio romano, que tuvieron lugar el año 69 d.C. En dicho año, las legiones del Rhin, de las Galias, de la Grecia y del Asia, capitaneadas por Galba, Otón, Vitelio y Vespasiano, se enfrentaron entre sí".

No son solo estas guerras sino todas, y la espada –incluso si Juan tenía en mente el *gladius* romano– solo es un símbolo de los instrumentos de muerte. ¿Cuándo ha habido paz? Este jinete designa la plaga constante de la guerra sobre la humanidad que es fruto de las transgresiones de los hombres, los cuales no dejan de degollarse unos a otros, ni bajo príncipes paganos ni bajo cristianos. Y, a su vez, quizá no sean sino pálidos reflejos del gran degüello que los hombres preparan antes de la Segunda Venida de Cristo. Dios permite este mal para que los hombres tomen conciencia de la fuerza destructora que supone el vivir al margen o en contra de la ley divina. Sin embargo, a menudo –demasiado– en vez de ver en el odio, en la destrucción y en la muerte, el rostro macabro de nuestras culpas, responsabilizamos a Dios por aquello que hemos creado exclusivamente nosotros. Echamos a Dios la culpa por no habernos atado las manos... al tiempo que le exigimos que no se entrometa con nuestra absoluta libertad de edificar un mundo sin Dios. Este nos ofrece la paz a cambio de reinar en los corazones y en las sociedades. Nosotros queremos, en cambio, la paz bajo el reinado del Príncipe de la Guerra, que es la Libertad Absoluta. Pedimos aguas mansas al Diluvio Destructor.

Pero no es solo la guerra lo que simboliza este corcel bermejo, sino el descontrol homicida. La furia llega a tales cotas que, bajo su tórrido aliento, se "degüellan unos a otros". Tanto como el homicidio, Juan subraya la completa ausencia de compasión. La guerra puede tener como fin la conquista del enemigo; pero este jinete desata la aniquilación, el exterminio, la carnicería. Es la guerra en su núcleo más patéticamente diabólico.

Tercer sello

⁵ Cuando abrió el tercer sello,
oí al tercer Viviente que decía: «Ven».
Miré entonces y había un caballo negro;
el que lo montaba tenía en la mano una balanza,
⁶ y oí como una voz
en medio de los cuatro Vivientes que decía:
«Un litro de trigo por denario,
tres litros de cebada por denario.
Pero no causes daño al aceite y al vino».

El tercer jinete trae la escasez y la carestía, es decir, el *Hambre*, causadas por las malas cosechas y quizá por las calamidades climáticas; pero también por la guerra que todo arruina y deja perecer. En la guerra todos pierden, especialmente los pobres que se vuelven más pobres. ¡Ay de los que desatan guerras y tienen que presentarse luego ante el juicio de Dios con la masa de todos los dolores y sufrimientos de los inocentes y de los pobres sobre sus hombros! ¡Los ambiciosos, los iracundos, los ávidos de un pedazo de tierra que solo les servirá para taparlos en la hora de la muerte y de riquezas que no podrán bajar con ellos a la sepultura donde solo se desciende desnudo! Su caballo es negro, porque siembra la desesperación y la destrucción. El jinete lleva en la mano una balanza porque la escasez lleva a la especulación y a la medida de todas las cosas. Sin embargo, la palabra que traducimos por balanza es ζυγός (*zygós*), que también significa el yugo de la esclavitud (cf. Hch 15,10; Gál 5,1).

Los precios del trigo y de la cebada son exorbitantes. En tiempos normales el precio del χοῖνιξ (*joínix*) o *quénice* que aquí se traduce por "un litro" porque son casi equivalentes, era muy inferior: con un denario, que el vidente dice que ahora solo alcanza para un litro de trigo, se compraban habitualmente doce; y por el mismo precio se conseguían veinticuatro litros de cebada y ahora solo tres. Un denario era, en tiempos apostólicos, el salario diario de un obrero.

Sin embargo el vino y el aceite no sufren detrimento alguno, lo cual *también* puede ser parte de la penuria, porque el imperio compraba generalmente el trigo en Egipto, abaratando los precios, razón por la cual los agricultores romanos dedicaban sus tierras a las viñas y a los olivos, habiendo, así, sobreabundancia de estos productos (Domiciano llegó incluso a regular esta producción prohibiendo plantar más viñas y olivares), lo que en una carestía bajaba su precio y obligaba a venderlas por nada. También puede significar, según otros, una protección de Dios que aprieta pero no ahoga.

Cuarto sello

> [7] *Cuando abrió el cuarto sello,*
> *oí la voz del cuarto Viviente que decía: «Ven».*
> [8] *Miré entonces y había un caballo bayo;*
> *el que lo montaba se llamaba Muerte,*
> *y el Hades le seguía.*
> *Se les dio poder sobre la cuarta parte de la tierra,*
> *para matar con la espada, con el hambre,*
> *con la peste y con las fieras de la tierra.*

El cuarto jinete viene montado en un caballo bayo, es decir, verdoso, el color de la corrupción y de la *Muerte*, que además es su nombre. Algunos dicen que no se trata de la muerte sino de la *Peste*, ya que los *LXX* suelen traducir la palabra hebrea que indica la peste por θάνατος (*thánatos*), muerte, y de ahí que se haya vertido así. Las pestes eran, de hecho, las consecuencias inevitables de las guerras, como la que describe admirablemente Manzoni en *I promessi sposi*, que devastó el Milanesado en 1630 tras el paso del ejército de los lansquenetes. Pero a continuación se mencionan los medios por los que la muerte hace su cosecha y allí la pestilencia es solo uno de ellos, junto a la espada, al hambre y a las fieras salvajes. La Parca lleva en sus ancas al ᾅδης (*Hades*) o infierno, para recibir los muertos que ella le va consiguiendo.

El oficio de los cuatro jinetes es dañar, pero necesitan la permisión divina para hacerlo, que aquí reciben, aunque de modo limitado: solo a la cuarta parte de la tierra. Los cuatro instrumentos corresponden a los que Dios llama, por boca de Ezequiel, sus "cuatro juicios terribles": "espada, hambre, fieras y pestilencia" (cf. Ez 14,21).

Quinto sello

> *⁹ Cuando abrió el quinto sello,*
> *vi debajo del altar las almas de los degollados*
> *a causa de la palabra de Dios*
> *y del testimonio que mantuvieron.*
> *¹⁰ Se pusieron a gritar con fuerte voz:*
> *«¿Hasta cuándo, Dueño santo y veraz,*
> *vas a estar sin hacer justicia*
> *y sin tomar venganza por nuestra sangre*
> *de los habitantes de la tierra?»*
> *¹¹ Entonces se le dio a cada uno un vestido blanco*
> *y se les dijo que esperasen todavía un poco,*
> *hasta que se completara el número*
> *de sus consiervos y hermanos*
> *que iban a ser asesinados como ellos.*

La apertura del quinto sello pone de manifiesto la multitud de los mártires. No se trata de todas las víctimas de la violencia sino los asesinados por causa de la Palabra de Dios, es decir, de la revelación de Jesucristo. Son los verdaderos mártires. Este sello pone al descubierto las grandes injusticias contra los inocentes, la sangre derramada que clama al cielo desde las gotas del justo Abel. Están debajo del altar porque se equipara su muerte a la de los sacrificios rituales del Antiguo Testamento (cf. Lv 4,7) y porque su sacrificio es un sacrificio agradable a Dios en lo que toca a los que dan su vida, aunque aborrecible por parte de quienes lo perpetran. También significa que por su modo de muerte se unen de manera especialísima al sacrificio del Cordero Pascual, es decir, a la Eucaristía y a la Misa. El segundo jinete traía la guerra, pero aquí no se habla de los muertos en una confrontación, sino de las grandes persecuciones y masacres de inocentes. Toda la historia está surcada por este río de sangre y de suprema injusticia que constituye una de las grandes calamidades históricas; de esas que los hombres están dispuestos a olvidar más fácilmente que una guerra. Quizá debamos considerar la expresión "por causa de la palabra de Dios" en el sentido más amplio que podamos darle, entendiéndola como "por causa de todo lo que es refulgencia divina". Así hay hombres y mujeres que han sido perseguidos por encarnar una verdad que no se quiere oír, como el Bautista; otros por hacer el bien o por ser misericordiosos, otros por no querer transigir con la impiedad o la injusticia; otros por rebozar una vida que incomoda a alguien sin piedad, como los niños exterminados en el seno de sus madres. De Dios proviene toda justicia, vida, verdad, bien, piedad. Y el Enemigo de Dios es el perseguidor de toda piedad, bien, verdad, vida y justicia.

El grito angustiado de los degollados ("¿Hasta cuándo vas a estar sin hacer justicia y sin tomar venganza por nuestra sangre?") exige hacer dos importantes precisiones. La primera tiene que ver con el sentido del término "venganza" aquí empleado. Es indudable que son estos mismos elegidos los que más adelante, ante el castigo de los pecados de la Gran Ramera exclamarán: "sus juicios son verdaderos y justos; porque ha juzgado a la Gran Ramera que corrompía la tierra con su prostitución, y ha vengado en ella la sangre de sus siervos". Aunque aquí solo se mencione la venganza y no el juicio, la idea es la misma. Los elegidos piden a Dios el restablecimiento de la justicia cósmica, que entraña, como parte esencial, la *vindicta*, que es "la justicia en el castigo"[33], que no se confunde con la venganza pasional ni, menos, con la venganza pecaminosa (devolver un mal a cambio del mal recibido). La segunda aclaración se refiere a la expresión "¿Hasta cuándo?", es decir, a la angustia relacionada con la *dilación* de la manifestación de la justicia divina. Esto muestra, a mi parecer, un sentido profundo de esta plaga. No es el dolor físico o la sangre derramada, sino la tremenda prueba de la fe que han soportado los mártires: la prueba del "silencio de Dios" a lo largo de la historia del martirio. ¿Existe Dios? ¿Es bueno Dios? Si existe y es bueno, ¿por qué sufren los inocentes? La pregunta que pone en máxima tensión la fe de los hombres también ha resonado en el corazón de los mártires. Y ellos han vencido principalmente porque han superado esa prueba del dolor espiritual más que la del dolor físico. Han dado su vida por un Dios que no han visto ni han oído personalmente, pero en el que han creído basados en el testimonio de ese mismo Dios que otros les han legado.

Se les pide un poco más de paciencia, hasta que se complete el número de los mártires, los que deben ser degollados como ellos. Quizá esta expresión no deba restringirse solo a los que han de morir de muerte violenta, sino a los salvados en general. La historia tiene un tiempo determinado por Dios, y ese tiempo es el que se necesita

---

[33] Santo Tomás, *Suma Teológica*, II-II, 108, 2.

para que se salven los que se tienen que salvar. Cuando el último predestinado al cielo nazca, se santifique y se ponga a salvo, la historia cesará. El movimiento del universo ya no tendrá sentido porque habrá alcanzado su misión, que es, parir a los santos. Es el pensamiento de Santo Tomás en un pasaje de sus obras muy poco citado: "el movimiento del cielo [*la existencia del universo*] tiene como propósito completar el número de los elegidos...; de ahí que el intento del curso celestial sea [alcanzar] una determinada multitud de almas racionales, de modo que una vez lograda esta, el movimiento del cielo cesará" (*"motus caeli est propter implendum numerum electorum...; unde... determinata multitudo animarum rationalium sit finis motus caeli; unde ea habita motus caeli cessabit"*)[34]. Muchos científicos descreídos ríen de semejantes razonamientos teológicos. Pero no existe carcajada humana capaz de alterar el más pequeño de los planes divinos.

Sexto sello

> [12] *Y seguí viendo.*
> *Cuando abrió el sexto sello,*
> *se produjo un violento terremoto;*
> *y el sol se puso negro como un sayal de crin,*
> *y la luna toda como sangre,*
> [13] *y las estrellas del cielo cayeron sobre la tierra,*
> *como la higuera suelta sus higos verdes*
> *al ser sacudida por un viento fuerte;*
> [14] *y el cielo fue retirado como un libro que se enrolla,*
> *y todos los montes y las islas*
> *fueron removidos de sus asientos;*
> [15] *y los reyes de la tierra, los magnates,*
> *los tribunos, los ricos, los poderosos,*
> *y todos, esclavos o libres,*

---

[34] Santo Tomás, *De potentia*, q. 5, a. 5 ad 13um.

> *se ocultaron en las cuevas y en las peñas de los montes.*
> [16] *Y dicen a los montes y a las peñas:*
> *«Caed sobre nosotros y ocultadnos de la vista*
> *del que está sentado en el trono*
> *y de la ira del Cordero.*
> [17] *Porque ha llegado el gran Día de su ira*
> *y ¿quién podrá sostenerse?»*

El sexto sello es el Día de la cólera divina. Se describe aquí lo que sucede a los enemigos de Dios, así como en el próximo se dirá lo que sucede al pueblo de Dios. Esta cólera está descrita por Juan con arte y pasión y sus palabras guían nuestra imaginación con mano firme. Su descripción no es nueva; más bien retoma las narraciones catastróficas de los antiguos profetas como Joel (por ejemplo, 2,10; 3,4), Isaías (véase el pasaje de 13, 9-10 en el que parece inspirarse casi literalmente este de Juan) y Sofonías (entre otros: 1, 14-18). Incluso coincide substancialmente con el lenguaje empleado por Nuestro Señor en el llamado "apocalipsis sinóptico" (Mt 24; Lc 21).

Pero los profetas no describen trastornos cósmicos exclusivamente en relación con el Juicio Final, sino como preámbulo de muchas otras gestas divinas (algunos de los textos que acabamos de indicar se refieren precisamente a otras intervenciones), razón por la cual algunos exégetas (por ejemplo Bartina y Salguero) afirman que no se refiere aquí a la última actuación divina, el Juicio definitivo de los hombres, sino a diversas acciones de Dios a favor de su Iglesia perseguida y contra los enemigos humanos de esta, para que la dejen en paz; lo que, a su vez sería, sí, una prefiguración del Juicio último. Para afirmar esto se basan en que tal obra de Dios se da como respuesta al clamor de los mártires. Pero otros la entienden directamente de "la Parusía o sus comienzos" (Castellani), especialmente por el uso de término técnico "Día grande de la ira de Dios".

Puede ser que se refiera a los dos hechos: a alguna acción divina en favor de su Iglesia en tiempos de calamidad, intervención tan extraordinaria e inesperada para los malos que puede ser presentada como una intromisión judicial en sus planes; y también puede referirse –al mismo tiempo– al Juicio final.

Pero contiene una nota espiritualmente trágica en la que casi nadie repara. Los cataclismos asolan la tierra pecadora cuando Dios llama a penitencia a sus habitantes, pero estos, grandes y pequeños, solo atinan a esconderse de Dios. No lloran sus pecados, ni piden perdón, ni reconocen que son ellos, con sus crímenes, con sus ofensas y con su olvido de Dios, los que han ocasionado, como verdadera fuente, los males que atribuyen a Dios. Somos como los malos niños que culpan al padre del castigo que ellos mismos han merecido por sus malos hechos.

Los malos gritan aterrados y tratan de esconderse inútilmente "de la ira del Cordero". ¡Admirable y trágica expresión que encierra una profunda paradoja! El Cordero es símbolo universal de mansedumbre, paciencia, serenidad. Pero aquí se teme de modo aterrador su *ira*. Porque se trata de la otra cara del Amor no correspondido. Es el Cordero que los ha amado y se ha dejado degollar por ellos. Pero ellos lo han despreciado y ahora temen enfrentarse a la sola vista de su Rostro.

* * *

A la apertura del sexto sello no sigue la del séptimo sino dos intervalos con dos visiones que preparan lo que ha de venir y que completan lo ya observado por el vidente. Esto quizá abogue a favor de la interpretación del sexto sello como referido a las intervenciones históricas a favor de la Iglesia anteriores a la Parusía.

Visión de la signación de los Elegidos

[Capítulo 7]

Este capítulo describe la actitud de Dios respecto de sus elegidos: la catástrofe definitiva que se cierne sobre la humanidad, a diferencia de todas las anteriores que se han dado en la historia y que no han hecho distinción entre los siervos de Dios y los impíos, no caerá sobre los fieles del mismo modo que sobre los que se oponen a Dios.

Por eso, antes de abrirse el último sello, el séptimo, Dios manda a los ángeles guardianes de la tierra que refrenen los vientos, es decir, la causa de las tormentas, por un tiempo, el necesario para que los elegidos sean marcados y puedan distinguirse, en el día de la cólera, de aquellos que han rechazado a Dios:

¹ Después de esto,
vi a cuatro ángeles de pie
en los cuatro extremos de la tierra,
que sujetaban los cuatro vientos de la tierra,
para que no soplara el viento
ni sobre la tierra ni sobre el mar
ni sobre ningún árbol.
² Luego vi a otro ángel
que subía del Oriente
y tenía el sello de Dios vivo;
y gritó con fuerte voz a los cuatro ángeles
a quienes se había encomendado
causar daño a la tierra y al mar:
³ «No causéis daño
ni a la tierra ni al mar
ni a los árboles,
hasta que marquemos con el sello
la frente de los siervos de nuestro Dios».

La visión es simplemente simbólica. Es de suponer que no habrá, materialmente hablando, una tregua en las persecuciones de la Iglesia o en las calamidades que azotan el mundo, con la intención de dar tiempo a los Ángeles para que marquen a los elegidos. A Dios no le hace falta ninguna marca externa, ni el sellar a los suyos le ha de tomar ningún tiempo particular. El símbolo va dado como un consuelo y una promesa de protección para los suyos. No quiere decir esto que el sello recibido los exima de la persecución y del sufrimiento. Por el contrario, los fieles a Dios están "casi prometidos al martirio", como dice Prigent. Indica, en cambio, que no serán abandonados y que no deben desconfiar de su suerte eterna.

Los reyes orientales llevaban colgado del cuello un anillo de sellar cuya marca autenticaba los documentos y en muchos casos significaba también el dominio y posesión de una cosa, como hoy las marcas al rojo vivo que se ponen sobre algunos animales. Juan habla de un "sello de Dios vivo" pero no dice en qué consiste. Es una marca, indudablemente de orden espiritual, que indica que quien lo porta pertenece a Dios. En el Antiguo Testamento encontramos algunos ejemplos de este tipo: la placa o diadema que llevaba el sumo sacerdote sobre su turbante con la inscripción "propiedad de Yahveh" o "consagrado a Yahveh" (Ex 39,30), la inscripción que según Isaías pondrán sobre su mano los convertidos ("de Yahveh" o "propiedad de Yahveh": Is 44,5); pero de modo especial la imagen del *Apocalipsis* parece aludir al relato de Ezequiel 9,4-6 según la cual, antes del gran castigo Dios mandaría a su ángel a marcar en la frente con una "tau" es decir, con una "cruz", a todos los hombres que no se habían contaminado ni habían consentido las idolatrías que se cometían en Jerusalén; a estos marcados Dios no los abandonará el día de la prueba y del castigo.

Este sello de Dios es probablemente el "Nombre del Cordero y del Padre del Cordero", pues este es el signo que distingue a los predestinados según se dirá algunos capítulos más adelante (Ap 14,1).

¿Es este sello el indeleble que se recibe en el bautismo o en la confirmación? Pienso que no, porque no necesariamente el llevar el carácter bautismal implica la predestinación. El carácter sacramental consagra a la persona para Dios, pero esta puede llevar ese carácter en el alma y estar enemistada con Dios por el pecado. Además, Dios puede tener sus elegidos entre los no bautizados. ¿Es la gracia, entonces? Es más probable que sea la configuración con Jesucristo que imprime el Espíritu Santo mediante la gracia y sus dones teologales.

El número de los marcados en la frente es de 144.000:

> [4] *Y oí el número de los marcados con el sello:*
> *ciento cuarenta y cuatro mil sellados,*
> *de todas las tribus de los hijos de Israel.*
> [5] *De la tribu de Judá doce mil sellados;*
> *de la tribu de Rubén doce mil;*
> *de la tribu de Gad doce mil;*
> [6] *de la tribu de Aser doce mil;*
> *de la tribu de Neftalí doce mil;*
> *de la tribu de Manasés doce mil;*
> [7] *de la tribu de Simeón doce mil;*
> *de la tribu de Leví doce mil;*
> *de la tribu de Isacar doce mil;*
> [8] *de la tribu de Zabulón doce mil;*
> *de la tribu de José doce mil;*
> *de la tribu de Benjamín doce mil sellados.*

Se han dado muchas interpretaciones de este número. La más crasa es la materialista, defendida por algunas sectas modernas, que lo toma como un número exacto: solo se salvan 144.000 personas; tesis más que pesimista y totalmente derrotista, pues una cantidad tal no representa siquiera la ínfima parte de la humanidad que en varios miles de millones ya ha pisado el polvo de esta tierra nuestra. Además no toma en cuenta ni siquiera la misma letra del libro que dirá solo cuatro versículos más adelante que los salvados son una multitud que "nadie podría contar"; y hasta 144.000, con un poco de esfuerzo, paciencia y concentración, podríamos contar sin perdernos.

Se trata, pues, de un número simbólico que indica una multitud inmensa, pero cuyo número Dios conoce perfectamente. O simplemente un número perfecto. 144.000 es el cuadrado de 12 (12 x 12) a su vez multiplicado por 1.000. Como acabo de decir, casi a continuación se habla de una "muchedumbre inmensa, incontable", y más adelante, en el capítulo 14 se vuelve a mencionar el número de 144.000 pero referido a personas "vírgenes". Se ha discutido mucho, por este motivo, sobre dos cosas: si se está hablando en todos los casos del mismo grupo de personas y a quiénes se refiere.

Las interpretaciones han sido diversas.

Algunos sostienen que estos primeros 144.000, doce mil de cada tribu, son la totalidad de los cristianos, y por eso vienen sellados, pues hacerse cristiano implica el recibir el sello de pertenencia a Cristo. En cambio la multitud que viene a continuación serían los santos salvados; y los 144.000 vírgenes de Ap 14, correspondería a los elegidos, algunos ya salvados y otros todavía militantes.

Orígenes, Primasio, San Beda, Beato de Liébana, y autores de los últimos siglos, como Renán, Swete..., ven simbolizada en esta cifra la multitud de los fieles de Cristo, que serán librados de los azotes en el día de la cólera de Dios contra los impíos.

Holzmann, Calmes, Bousset..., siguiendo a Victorino de Pettau y a Andrés de Cesarea, creen más bien que el número 144.000 representa a los judíos convertidos al cristianismo, desde los días apostólicos hasta la entrada en masa de Israel en la Iglesia.

Hay quienes consideran que los 144.000 y la muchedumbre inmensa a la que se alude inmediatamente a continuación son las mismas personas; mientras que otros, como Bartina, los identifican con un grupo escogido que sería eximido de las calamidades que se abatirán sobre la tierra, prolongando, así, la Iglesia en la historia.

Teniendo en cuenta que Dios parece demorar la última calamidad que ha de cernirse sobre la humanidad hasta tanto no sean sellados todos los siervos de Dios, considero dos interpretaciones como las más fundadas. La primera es la que señala que estos 144.000 parecen corresponder a todos los que han de entrar en la Iglesia a lo largo de los tiempos. La Parusía, que es el tema del séptimo sello, pone fin al tiempo de la Iglesia. Antes de su momento, pues, deben entrar en la Iglesia todos los que han sido llamados a Ella. Esto no significa que todos estos se salven luego de las calamidades, ni que sean, de suyo, salvados. Todavía pueden usar mal de su libertad y el sello que llevan en sus frentes no los hace impecables. El hecho de que se diga que están tomados de las diversas tribus de Israel no hace referencia, me parece, a su origen racialmente judío, sino que intenta subrayar la idea de que la Iglesia es el Israel de Dios.

Una segunda, que veo incluso con mejores ojos, es la de Bauckham, que considera que esta muchedumbre es el ejército del Cordero. La mención de 12.000 de cada tribu no es otra cosa que un censo; y en el Antiguo Testamento los censos tenían siempre el propósito de evaluar la fuerza militar de la nación. Aquí se mencionan doce contingentes iguales, provenientes de las doce tribus de Israel, reunidas bajo el mando del León de Judá. Lo confirma el que estos 144.000 vuelvan a aparecer en Ap 14,1-5 rodeando al Cordero; y precisamente los capítulos 12-14 ilustran a los combatientes en la guerra mesiánica (los capítulos 12-13 presentan al contingente de los enemigos de Dios; y el 14 hace lo propio con el ejército del Cordero).

La mirada de Juan se dirige luego al cielo donde tiene la segunda visión de este intervalo entre el sexto y el séptimo sello.

> ⁹ *Después miré*
> *y había una muchedumbre inmensa,*
> *que nadie podría contar,*
> *de toda nación, razas, pueblos y lenguas,*
> *de pie delante del trono*
> *y delante del Cordero,*
> *vestidos con vestiduras blancas*
> *y con palmas en sus manos.*

¿Quiénes son estos? Las opiniones de los exégetas se dividen aquí notablemente; en particular al intentar relacionarlos o distinguirlos de los que han sido objeto de la visión anterior. Personalmente me inclino a pensar que no son los mismos 144.000 ya aludidos, a quienes tiendo a identificar con la Iglesia militante toda y, singularmente, con los que deben presentar batalla junto al Cordero. Esta nueva muchedumbre ya está salvada. Pero tampoco son *todos* los salvados, porque aún no se ha abierto el séptimo sello y la última tribulación y persecución no ha tenido lugar, ni tampoco el Juicio final. Son, entonces, los que ya han triunfado, aunque todavía falten muchos. Quizá se trate de los mismos que vio Juan al abrirse el quinto sello, incluso aumentados con nuevas vendimias de mártires, a los cuales se dijo precisamente que "esperasen todavía un tiempo hasta que se completase el número de los que habían de ser muertos como ellos". Estos vienen "de la gran tribulación", como explica a continuación uno de los Ancianos, que no tiene por qué ser la definitiva; puede ser cualquiera o todas las que preceden la visión anterior de Juan. Son triunfadores. Parece tratarse de mártires por la alusión a la sangre del Cordero que ha blanqueado sus vestiduras.

Opino que se los menciona para dar ánimo a los 144.000 a mantenerse firmes en los dolores que han de suceder a continuación. Ahí pueden ver estos lo que les espera a quienes permanezcan fieles, un final realmente deseable. Esta interpretación, por tanto, supone que la signación de los 144.000 no se ordena a que a los sellados se les ahorre las calamidades que vienen, sino que también ellos habrán de pasar por ellas (son censados para la lucha), pero no se perderán.

> *^{10} Y gritan con fuerte voz:*
> *«La salvación es de nuestro Dios,*
> *que está sentado en el trono,*
> *y del Cordero».*
> *^{11} Y todos los ángeles que estaban en pie*
> *alrededor del trono de los Ancianos*
> *y de los cuatro Vivientes,*
> *se postraron delante del trono, rostro en tierra,*
> *y adoraron a Dios*
> *^{12} diciendo:*
> *«Amén. Alabanza, gloria, sabiduría,*
> *acción de gracias, honor, poder y fuerza,*
> *a nuestro Dios por los siglos de los siglos. Amén».*

La salvación es de Dios y de nadie más. No salva el valor, ni el poder, ni el dinero, ni los ejércitos, ni la fuerza. La batalla que habrán de librar, pues, no tendrá el aspecto de las victorias humanas, en que el enemigo termina muerto. Aquí es el vencedor quien parece derrotado (por eso son mártires: han perecido), pero su muerte será su victoria, como se dirá en el capítulo 12. Y se equipara el poder salvífico de Dios (= Padre) con el del Cordero (= Hijo), lo que debemos entender como extensivo al Espíritu Santo (no nombrado aquí, pero sí presente en todo el *Apocalipsis*), en una confesión magníficamente trinitaria. Por eso en respuesta a este canto, el coro de todos los seres que Juan nos ha ya presentado como parte de la corte celestial responden haciendo un acto de adoración que tiene por destinatarios tanto a Dios Padre como al Cordero.

> *¹³ Uno de los Ancianos tomó la palabra y me dijo:*
> *«Esos que están vestidos con vestiduras blancas*
> *¿quiénes son y de dónde han venido?»*
> *¹⁴ Yo le respondí:*
> *«Señor mío, tú lo sabrás».*
> *Me respondió:*
> *«Esos son los que vienen de la gran tribulación;*
> *han lavado sus vestiduras*
> *y las han blanqueado con la sangre del Cordero.*

Barclay hace notar el sentido activo de esta expresión: son los mismos bienaventurados los que han lavado sus vestiduras en la sangre del Cordero. La redención es de Cristo, pero su efecto no se produce automáticamente, sino que la persona tiene que apropiárselo. Su sangre y su sacrificio, precio no solo suficiente sino desbordante de nuestra redención, está a nuestra disposición; pero resulta ineficaz para el que no quiere beneficiarse de él. Pensando en los que mueren de sed estando junto al manantial salvífico es que la Escritura pone en boca del Mesías las dolorosas palabras: "¿Qué utilidad hay en mi sangre?" (Sal 30,10). El Mesías sufre mayormente por aquellos que no quieren que su Sacrificio los beneficie a ellos... y dejan correr su Sangre sin purificarse en ella.

Dejamos que su sacrificio nos purifique mediante nuestro dolor por los pecados, en la aceptación de Cristo por la fe y en la configuración con Él por medio de la caridad transformadora.

> *¹⁵ Por eso están delante del trono de Dios,*
> *dándole culto día y noche en su Santuario;*
> *y el que está sentado en el trono*
> *extenderá su tienda sobre ellos.*
> *¹⁶ Ya no tendrán hambre ni sed;*
> *ya no les molestará el sol ni bochorno alguno.*
> *¹⁷ Porque el Cordero*
> *que está en medio del trono*

*los apacentará y los guiará
a los manantiales de las aguas de la vida.
Y Dios enjugará toda lágrima de sus ojos».*

Se describe, pues, la bienaventuranza celestial ya actuante en los salvados (y por tanto, no destinada a comenzar después del Juicio Final de los hombres). Son pocos rasgos que indican elementos bíblicos comunes para definir la gloria eterna: la *saciedad* y *plenitud* (ni hambre ni sed); la *seguridad* (no los molestará nada); la *actividad* y no pura pasividad (ellos dan culto y adoran, y esto día y noche); la *ausencia de todo mal y dolor* (Dios consolador de toda lágrima); el *deleite* (los manantiales de agua de vida). La causa formal de todo este estado es que Dios "extiende sobre ellos su tienda", es decir pone su morada en ellos, o dicho más propiamente, los santos están dentro de la morada divina, no entendida, esta, como un lugar sino como mutua inhesión: ellos están dentro de Dios y Dios está dentro de ellos (como había prometido Jesús en la última cena: "vendremos a ellos y haremos morada en ellos").

Es el cumplimiento perfectísimo de la promesa de Cristo de ser el Buen Pastor de su rebaño, lo que no vale solamente para el tiempo de este mundo, sino también para la eternidad: "el Cordero... los apacienta".

El séptimo sello

[Capítulo 8]

El séptimo sello contiene también un septenario de calamidades. Ha dado mucho que discutir este elemento respecto de la estructura del *Apocalipsis*. ¿De qué se trata? ¿Son *sub*-calamidades, todas relacionadas entre sí y que conformarían como diversos momentos de este último sello?; ¿son calamidades nuevas, distintas de las ya señaladas en la visión de los sellos?; ¿o son las mismas pero vistas desde otro ángulo? Todas las explicaciones parecen posibles porque la mentalidad oriental, por un lado, y el oscuro género apocalíptico, por otro, lo hacen plausible. Algunos autores, a partir de Victorino de Pettau (quien escribió a caballo entre el 200 y el 300) han sostenido que el *Apocalipsis* no describe acontecimientos sucesivos, sino que en ciertas partes recapitula lo ya dicho; esta intuición ha sido retomada por algunos exégetas posteriores; según esta perspectiva, se estaría volviendo atrás pero subrayando algún aspecto todavía no resaltado por el apocaleta, o "aspectos diferentes de la misma realidad", como dice Kistemaker. Pero otros defienden que el relato es más bien lineal y con cierta continuidad; de aceptarse esta interpretación, debe admitirse que el Día del Señor se prepara a modo de siete plagas graduales, que se producen al toque simbólico de siete trompetas. También hay quienes afirman que se trata de males *simultáneos*.

El Preludio

[1] Cuando el Cordero abrió el séptimo sello,
se hizo silencio en el cielo, como una media hora...

Castellani dice haber penado sobremanera para entender este "silencio" celestial. Indicaría, según él, un espacio breve de paz en la historia; quizá de la duración de una generación (25-30 años). Lo mismo afirman San Beda, Andrés de Cesarea, y San Alberto Magno con muchos medievales.

Para otros solo se intenta subrayar la solemnidad del momento; es una manifestación de ansiedad y expectativa por lo que se va a revelar. Dolindo Ruotolo entiende que aquello que manifestaba la apertura de este sello era tan impresionante que los mismos santos quedan estupefactos y callan.

Yo pienso que *también* –es decir, sin quitar alguno de esos otros sentidos– puede hacer referencia al "silencio de Dios". Las calamidades que se avecinan están sobrecargadas de dolor especialmente porque el cielo no deja oír su voz. Hasta los mismos santos parecen haber dejado de orar por la tierra pecadora. Dios parece haber callado y olvidado a los hombres, razón de la que muchos se agarran para dudar o negar que Él exista. ¿No se tratará, pues, de este silencio divino, que es, de hecho, la prueba más angustiante para los elegidos? "Mis opresores se burlan de mí, diciéndome continuamente: ¿Dónde está tu Dios?" (Sl 42,11). El silencio de Dios ante el sufrimiento del inocente es el "escándalo" más duro que oprime al hombre. "*¿No ve* Dios lo que sucede? *¿No escucha* el gemido del pobre? Si no ve ni escucha, no parece Dios. Entonces ¿ve y oye pero *no puede* hacer nada? Si nada puede hacer, tampoco es Dios. ¿Ve y puede, pero *no quiere* actuar? Si no quiere ayudar al pobre que clama a Él, no puede ser Dios..." Convengamos que ninguna de estas alternativas es correcta; pero ¿cuál es la verdadera respuesta al drama del silencio de Dios, tan misteriosa que no podemos expresarla con claridad? También esto es parte de ese silencio que pesa sobre la pálida luz de nuestro intelecto herido.

Pero si el silencio del cielo al que Juan se refiere es de esta naturaleza, no debemos olvidar que tiene un límite de *media hora*. Es un silencio preñado de dolor, pero no es eterno; es breve aunque parezca infinito para los que sufren; pero cuando se oiga el hablar divino se disiparán todas las angustias que su afonía haya causado por razones providenciales que ahora no nos es dado penetrar.

> [2] *Vi entonces a los siete ángeles*
> *que están en pie delante de Dios;*
> *les fueron entregadas siete trompetas.*
> [3] *Otro ángel vino y se puso junto al altar*
> *con un incensario de oro.*
> *Se le dieron muchos perfumes para que,*
> *con las oraciones de todos los santos,*
> *los ofreciera sobre el altar de oro*
> *colocado delante del trono.*

*⁴ Y por mano del ángel subió delante de Dios
el humo de los perfumes
con las oraciones de los santos.
⁵ Y el ángel tomó el incensario
y lo llenó con brasas del altar
y las arrojó sobre la tierra.
Entonces hubo truenos, fragor,
relámpagos y temblor de tierra.*

Juan presenta a los siete "ángeles de la faz" o "de la presencia". La tradición judía los conocía bien. Este septenario está al servicio especial de Dios; los tres arcángeles más conocidos por los cristianos (Miguel, Rafael y Gabriel) pertenecen al grupo. A cada uno se le da una trompeta porque anunciará una intervención particular y grandiosa de Dios en la historia de los hombres. El Antiguo Testamento asocia a menudo el toque de trompetas con las actuaciones divinas en la historia humana. Quizá porque el sonido de la trompeta está relacionado, como señala Barclay con tres ideas muy comunes entre los hombres: el toque de alarma para advertir de un peligro, la fanfarria para anunciar la llegada del rey, y el zafarrancho de combate.

Interviene un nuevo ángel, distinto de los trompeteros: es el ángel del incienso. Este recibe perfumes diversos para ser ofrecidos sobre el altar de los perfumes. La escena supone, según los exégetas, dos altares delante del trono divino: el de los perfumes y el de los holocaustos. El humo del incienso fue mezclado, entonces, con las oraciones de los santos. Juan no explica qué peticiones llevan estas oraciones hasta el trono de Dios, pero podemos conjeturarlo por la reacción del ángel que parece estar relacionada con la respuesta divina a estas oraciones: el ángel toma nuevamente el incensario, lo llena de brasas del altar y las arroja sobre la tierra produciéndose trastornos cósmicos y el comienzo del sonar de las trompetas. Es indudable, pues, que las oraciones de los santos aceleran la intervención de Dios en la historia para frenar la ola de injusticia y de persecución de los malos o para castigarlos. Es también, en este sentido, un llamado a la confianza en la oración y en su eficacia, sobre la que el *silencio divino* puede arrojar una capa de dudas para muchos que sienten que las aguas les llegan al cuello. Dios actúa ante la solicitud apenada de los hombres, al menos cuando los que oran son sus hijos por la gracia, y más si son santos, porque solo con tales condiciones sus oraciones suben realmente como *incienso*, esto es, perfumando el trono divino y volviendo agradables las peticiones. Pero no se dice aquí nada acerca de si la respuesta de Dios es *inmediata* o *retardada*. A veces actúa de un modo y otras de otro, sin que podamos predecirlo en cada caso. Los tiempos de las intervenciones divinas están regulados por los planes providentes de Dios quien busca el bien de los hombres por caminos que a estos resultan incomprensibles, al ser incapaces de desentrañar el futuro desenvolvimiento de los acontecimientos humanos. A nosotros nos debería bastar el convencimiento de que *omnia cooperantur in bonum diligentibus Deum*: "todo coopera para el bien de los que aman a Dios" (Rm 8,28).

Visión de las siete trompetas

⁶ Los siete ángeles de las siete trompetas se dispusieron a tocar.

Las calamidades que desatan las siete trompetas se inspiran en las plagas de Egipto, como hizo notar san Ireneo, aunque no en el número ni en el orden, lo que puede orientar la interpretación.

Las diez plagas de Egipto son: 1. Las aguas se convierten en sangre. 2. Las ranas invaden la tierra. 3. El tormento de los mosquitos. 4. La invasión de los tábanos. 5. La epidemia que mata el ganado. 6. Las úlceras sobre hombres y bestias. 7. La pavorosa tormenta de granizo. 8. La plaga de langostas. 9. La oscuridad que se instala en la tierra. 10. La muerte de los primogénitos.

Las siete trompetas anuncian las siguientes catástrofes: 1. Lluvia de pedrisco, fuego y sangre y el fuego que hace arder la tierra. 2. Un tercio de las aguas se vuelven sangre. 3. Las fuentes de las aguas se vuelven amargas. 4. Los astros son heridos y se oscurece un tercio del cielo. 5. El tormento de las langostas. 6. La caballería demoníaca mata un tercio de los hombres. 7. El Juicio divino.

Las plagas de Egipto son castigos contra el dominador idólatra y se ordenan a conmover su corazón, al menos por el miedo, para que deje en libertad al pueblo de Dios. También las trompetas indican castigos divinos por los que Dios hace misericordia, como cuando al niño que ha tomado algo con lo que puede hacerse daño, le pegamos en la mano hasta que la abra y suelte lo que es peligroso para él.

Son las oraciones de los santos, que suben como incienso hasta Dios, las que desatan, en favor de aquellos, la ira justa de Dios contra los tiranos. Se trata de las oraciones que piden el auxilio divino. No son necesariamente oraciones pidiendo venganza sino clamando protección; también se deben entender como oraciones más vividas que rezadas, es decir: son los mismos padecimientos de los santos, quizá silenciosos y ofrecidos con infinita paciencia en favor de sus mismos verdugos ("Padre, perdónalos, porque no saben lo que hacen"), pero que no por ello dejan de conmover el corazón del Padre eterno. Los mismos castigos son actos de justicia *y de misericordia divina*, pues no se ordenan a la destrucción vengadora sino, en primer término, a la conversión de los pecadores, y solo cuando esta ha sido despreciada por la dureza de los corazones, a la condenación. Como se dice explícitamente en la sexta trompeta: "Pero los demás hombres, los no exterminados por estas plagas, no se convirtieron de las obras de sus manos; no dejaron de adorar a los demonios y a los ídolos... No se convirtieron de sus asesinatos ni de sus hechicerías ni de sus fornicaciones ni de sus rapiñas". Lo cual indica que los males que les llovieron encima tenían esa finalidad y la capacidad de producirla; solo el endurecimiento del corazón es la causa de su condenación.

Algunos autores (Castellani entre otros), entienden las siete trompetas, como profecía de las herejías que azotarían la Iglesia desde los primeros hasta los postreros tiempos. El dramatismo del relato va en aumento como la gravedad de las herejías según se aproxima el tiempo final. Las trompetas aludirían, desde esta perspectiva: al arrianismo, al Islam, al cisma griego, al protestantismo, a la revolución francesa y el enciclopedismo, a la guerra de los continentes o la guerra como institución permanente, y al odio formal a Dios como pecado y herejía del Anticristo. Admito que es una versión tentadora y posible. De todos modos, no creo que pueda decirse que sea ni la única, ni la más segura lectura del tema. Me parece que la visión puede y debe entenderse en otra dirección que expondré a continuación. De todos modos, como no puede descartarse la mencionada exégesis, y ha tenido cierta divulgación en su momento, aludiré a ellas al presentar cada trompeta.

Las cuatro primeras trompetas

Las trompetas se dividen en dos series: una de cuatro y otra de tres. Las primeras cuatro no golpean directamente a los hombres sino a la naturaleza, y solo indirectamente afectan a los hombres que se sirven de ella. El juicio divino, en estas primeras calamidades, no ha llegado a su momento máximo, lo que viene significado en el hecho de que en casi todos los casos indicados, solo es dañada la *tercera parte*, mientras que las otras dos terceras partes siempre se salvan. Son, pues, anuncios, amenazas y admoniciones, que dejan todavía la posibilidad de seguir viviendo.

Primera trompeta

> [7] *Tocó el primero...*
> *Hubo entonces pedrisco y fuego*
> *mezclados con sangre,*
> *que fueron arrojados sobre la tierra:*
> *la tercera parte de la tierra quedó incendiada,*
> *la tercera parte de los árboles quedó incendiada,*
> *toda hierba verde quedó incendiada.*

La primera trompeta arroja un turbión sobre la *tierra* en el que se mezcla granizo, fuego y sangre, aunque el efecto de la quemazón nos debe hacer pensar más bien a una lluvia de piedras encendidas, al modo de los meteoritos, y no al granizo helado. La imagen del fuego mezclado con sangre está tomada del profeta Joel (12,30). Afecta la tercera parte de las propiedades humanas y de la agricultura e, indirectamente, a los hombres que se sirven de ellas. Tiene resonancias de la séptima plaga de Egipto, y como esta, también se ordena a *conmover* a los hombres para que se vuelvan a Dios. Castellani ve en esta catástrofe la herejía arriana, la primera de las herejías "mundiales", es decir, de las que tienen una repercusión dilatada (en casi todo el Imperio Romano). Sin embargo, me parece que lo relatado por san Juan se refiere más bien a acontecimientos trágicos vividos por la Iglesia en muchas épocas, algunas todavía por venir. Vale también para los trágicos sucesos del arrianismo, pero no puede reducirse a solo estos.

Segunda trompeta

> *⁸ Tocó el segundo ángel...*
> *Entonces fue arrojado al mar*
> *algo como una enorme montaña ardiendo,*
> *y la tercera parte del mar se convirtió en sangre.*
> *⁹ Pereció la tercera parte de las criaturas del mar*
> *que tienen vida,*
> *y la tercera parte de las naves*
> *fue destruida.*

La segunda trompeta hiere el *mar* de una manera muy singular pues cae sobre él "algo como una montaña ardiendo". Es una masa de fuego, tan grande que parece una montaña. La imagen también puede aludir a una montaña de fuego que se arroja al mar, como ocurrió en la erupción del Vesubio cuyas explosiones de piedra, ceniza y fuego se derramaron hasta el mar, arrasando Pompeya y Herculano, y hundiendo incluso parte de la flota que se aproximaba a evacuar a los damnificados. También esta plaga golpea la tercera parte de las aguas, de sus criaturas vivientes y de las naves que la surcan. Al igual que en el caso anterior, que se trate de una herejía (los seguidores de la teoría lo aplican al Islam) y no de calamidades puramente materiales, es posible pero no puede aseverarse apodícticamente. Estas fatalidades pueden acomodarse a distintos movimientos ideológicos fatídicos porque las pinceladas de san Juan son demasiado generales.

Tercera trompeta

> *¹⁰ Tocó el tercer ángel...*
> *Entonces cayó del cielo una estrella grande,*
> *ardiendo como una antorcha.*

Cayó sobre la tercera parte de los ríos
y sobre los manantiales de agua.
^{11} La estrella se llama Ajenjo.
La tercera parte de las aguas
se convirtió en ajenjo,
y mucha gente murió por las aguas,
que se habían vuelto amargas.

La tercera trompeta tiene semejanzas con la primera plaga de Egipto, y como esta hiere las aguas dulces (ríos y manantiales) volviendo amargas y venenosas la tercera parte de ellas. Con esta plaga se hace referencia por vez primera a un daño hecho directamente a los hombres, pues las aguas envenenadas producen la muerte de muchos (no se dice aquí, en cambio, que se trate de la tercera parte de estos, como en los casos anteriores).

La causa del ponzoñoso amargor es un "astro" caído del cielo, al cual Juan da el nombre de *Ajenjo* (ἄψινθος, *ápsinthos*), la *artemisia absinthium*, que era considerada en aquellos tiempos como la más amarga de todas las plantas y sus efectos ponzoñosos (aunque, en realidad, no son mortales).

El texto puede referirse lisa y llanamente a la caída de un aerolito, pero indudablemente, de todas las calamidades mencionadas por Juan en esta serie, esta es la que más tienta a explicarla como un envenenamiento espiritual, ya que poco más adelante (9,1) se hará alusión a otra estrella caída del cielo que alude explícitamente al diablo. Destaquemos que la voz ἄψινθος (*ápsinthos*), ajenjo, solo aparece dos veces en el Nuevo Testamento, ambas en este versículo. Pero en el Antiguo la encontramos siete veces, como metáfora del gusto que tiene la apostasía (Dt 29,17), del sabor propio del acto sexual prohibido (Pr 5,4; y en general del dejo que tiene el pecado una vez esfumado su primer dulzor engañoso), del gusto de las consecuencias de la idolatría y del falso profetismo (Jr 9,14 y 23,15), del gusto de las pruebas divinas (Lm 3,15 y 19), y del sabor de la justicia que se vuelve injusta (Am 5,7). El ajenjo es, pues, símbolo de la iniquidad, del extravío, de las falsedades pseudo-proféticas, de la infidelidad...; y a veces, también del juicio de Dios, que es amargo para el que tiene la conciencia torcida y espíritu rebelde.

Esta estrella amarga puede ser, pues, el demonio, y en tal caso se aludiría a él en esta tercera y en la quinta trompeta, o bien algún personaje encumbrado, quizá por su autoridad doctrinal. El envenenamiento, en cualquiera de estos casos, afectaría al alma sea por el pecado o el error. Algunos dicen que se refiere al cisma de Oriente (Focio primero, y luego Cerulario), porque con sus errores no pervirtieron la doctrina sino que la volvieron amarga. Sin embargo, bien puede significar, como lo entiende, por ejemplo Kistemaker, el pecado en cuanto juzgado por Dios: Dios arroja de sí el pecado, y con él, al pecador que no acepta distanciarse de su impiedad por el arrepentimiento y la conversión. El pecado, amarga todo cuanto toca.

Sea cual fuere la explicación, es seguro que se trata de una calamidad que afecta amargando a los hombres con la intención de que se arrepientan de sus pecados.

Cuarta trompeta

> [12] *Tocó el cuarto ángel...*
> *Entonces fue herida la tercera parte del sol,*
> *la tercera parte de la luna*
> *y la tercera parte de las estrellas;*
> *quedó en sombra la tercera parte de ellos;*
> *el día perdió una tercera parte de su claridad*
> *y lo mismo la noche.*

Con la cuarta trompeta se azota el mundo astral, oscureciendo la tercera parte del sol, de la luna y de las estrellas, a semejanza de la novena plaga de Egipto, en que las tinieblas cubrieron la tierra por tres días. Parece describir, y así lo han entendido muchos, eclipses parciales, signos de mal augurio para los antiguos. En este sentido, la calamidad que desata el sonar de esta tuba parece ser el *miedo* causado por el *presagio*. El presagio, como su nombre lo indica es un *olfatear* o *gustar* (sagire) por *antelación* (prae); y cuando uno olfatea anticipadamente un peligro teme y sufre mucho más que cuando el mal ya está presente, porque el miedo actúa sobre nuestra fantasía reduplicando el temor –tornándolo pavor– y la imaginación desbocada puede desembocar en locura. Todos los hombres que imaginan futuros catastróficos viven dominados por la angustia y la aprensión, que puede llegar al grado del pánico. Ha habido muchas épocas dominadas por el miedo; en particular por el temor al fin del mundo, que es un pavor netamente mundano, enraizado en el amor desordenado a esta vida terrena. Son períodos dominados por la superstición, el pesimismo, el catastrofismo y el sentimiento de muerte.

Castellani piensa que san Juan profetiza la herejía del protestantismo. Cree que a esto alude la mención de las estrellas, que el Antiguo Testamento algunas veces usa como imagen de los maestros y doctores ("brillarán como estrellas por la eternidad", dice de ellos Daniel: cf. Dn 12,3). El sayo le calza bien al movimiento iniciado por Lutero, que fue herejía de doctores, teólogos y sacerdotes. Pero, a decir verdad, esta es una nota de casi todas las herejías. Porque también fueron teólogos Focio, y antes Arrio y Nestorio... El protestantismo, sin embargo, mancomunó como nunca antes a muchísimos teólogos, quienes luego supieron mover hábilmente las masas, y más que a estas, a los ricos y a los políticos ambiciosos. Aquellos reventaron como pústulas porque las ideas corrompidas de una teología decadente y espuria habían echado raíces desde hacía tiempo en las principales universidades europeas. La idea de entender los trompetazos angélicos como herejías también ha tentado a los exégetas protestantes. Por ejemplo John Gill ve en esta tuba la herejía de Eutiques, monje monofisita que, confundiendo las dos naturalezas de Cristo en una tercera mezclada, ni humana ni divina, "trajo gran oscuridad sobre la doctrina de la persona de Cristo, el sol de la justicia, y a la Iglesia, significada por la luna, y entre los ministros del mundo, las estrellas" (también, devolviendo la piedra tiradas por los exégetas católicos, propone entenderla de la oscuridad que precedió "el surgimiento del Papado"). El que un mismo texto pueda entenderse de realidades históricas distintas –e incluso contradictorias– sin que podamos determinar con certeza cuál es la correcta, creo que muestra que este no es el camino apropiado. Quizá haríamos mejor en entender los daños aquí profetizados como los causados en la Iglesia por todas las malas enseñanzas juntas.

El intermedio del águila

> [13] *Y seguí viendo: Oí un águila*
> *que volaba por lo alto del cielo*
> *y decía con fuerte voz:*
> *«¡Ay, ay, ay de los habitantes de la tierra,*
> *cuando suenen las voces*
> *que quedan de las trompetas*
> *de los tres ángeles que van a tocar!»*

Los tres ayes indican que las calamidades que están por venir son peores que las anteriores. "Lo que viene ya es del Anticristo", dice Castellani.

Hasta ahora los daños han afectado directamente la naturaleza e indirectamente a los hombres; pero las tres trompetas que vienen serán tormentos directamente dirigidos contra estos últimos. La expresión "los habitantes de la tierra" se refiere a la humanidad no cristiana; porque estos males afectan negativamente a los hombres que viven al margen de Dios, mientras que los auténticos cristianos, aun padeciendo, se sirven de los sufrimientos para purificarse y perfeccionarse. En efecto, no todos los males deben ser vistos como puniciones; los santos, sin dejar de lado que tenemos tantas cosas que purgar en esta vida o en la otra, muchas veces han subrayado más el sentido catártico.

Por tanto, la voz amenazante del águila es una admonición para que se vuelvan atrás, con tiempo, de sus pecados; son llamadas al arrepentimiento. De ahí que se mande un águila, que representa al enviado de Dios, que intenta cambiar los corazones para que se eviten los males, y no un búho que es pájaro de mal agüero y cuya función no es invitar a la conversión sino anunciar los males inevitables (cf. Sof 2,14).

Las trompetas de los ayes

Las últimas trompetas coinciden con tres tremendos lamentos o ayes pronunciados por los ángeles sobre el mundo.

[Capítulo 9]

Quinta trompeta

[1] Tocó el quinto ángel...
Entonces vi una estrella
que había caído del cielo a la tierra.
Se le dio la llave del pozo del abismo.
[2] Abrió el pozo del abismo
y subió del pozo una humareda
como la de un horno grande,
y el sol y el aire se oscurecieron
con la humareda del pozo.
[3] De la humareda salieron langostas sobre la tierra,
y se les dio un poder
como el que tienen los escorpiones de la tierra.
[4] Se les dijo que no causaran daño
a la hierba de la tierra, ni a nada verde,

ni a ningún árbol;
solo a los hombres
que no llevaran en la frente el sello de Dios.
⁵ Se les dio poder,
no para matarlos,
sino para atormentarlos
durante cinco meses.
El tormento que producen
es como el del escorpión
cuando pica a alguien.
⁶ En aquellos días,
buscarán los hombres la muerte
y no la encontrarán;
desearán morir
y la muerte huirá de ellos.
⁷ La apariencia de estas langostas
era como caballos
preparados para la guerra;
sobre sus cabezas tenían como coronas
que parecían de oro;
sus rostros eran como rostros humanos;
⁸ tenían cabellos como de mujer,
y dientes como de león;
⁹ tenían corazas como de hierro,
y el ruido de sus alas
como el estrépito de carros
de muchos caballos
que corren al combate;
¹⁰ tienen colas con aguijones,
como los escorpiones,
y en ellas el poder de dañar a los hombres
durante cinco meses.
¹¹ Tienen sobre sí, como rey,
al ángel del abismo,
llamado en hebreo «Abaddón»,

y en griego «Apolíon».
¹² El primer ¡Ay! ha pasado.
Mira que detrás vienen todavía otros dos.

La quinta trompeta, que corresponde al primer "¡Ay!", desata directamente los poderes de Satanás, como dicen los versículos finales: su rey es el ángel del abismo, Ἀβαδδών (*Abaddón*) en hebreo, Ἀπολλύων (*Apollýon*) en griego. *Abaddón* en hebreo significa "destrucción"; la palabra aparece frecuentemente en expresiones como "muerte y destrucción", "infierno y destrucción" (Job 26,6; 28,22; 31,12; Sal 88,11; Pr 15,11; 27,20). *Apollýon* es el participio de presente del verbo griego ἀπόλλυμι (*apóllymi*), destruir, y por tanto quiere decir *El Destructor*. Es la antítesis del nombre de Jesús, que significa *El Salvador*.

Esta plaga, que se inspira en el octavo azote de Egipto (la manga de langostas), es atribuida directamente a una acción diabólica. Puede ser entendida, por tanto, de dos maneras, una más espiritual y otra más atada a la materialidad de la letra.

Tomada del modo más literal que permite el texto, se habla aquí de una *infestación diabólica* (actividad maléfica del demonio sobre la naturaleza inanimada inferior). Esto se pone de manifiesto en el hecho de que las devastadoras langostas *suben del abismo* por obra de la *Estrella caída*, es decir, del demonio. Él las manda sobre la tierra y es su rey. El diablo se sirve para atormentar al hombre de la acción de las cosas naturales rebeladas contra el hombre. Las infestaciones diabólicas de alacranes, roedores, langostas, gusanos... y lo que seamos capaces de imaginar, es posible y, mediando la permisión divina, se ven de tanto en tanto; por eso la Iglesia provee a sus exorcistas de oraciones para defenderse de estos males. Si la mayoría de estos, habiendo perdido la fe en la existencia o en la acción del demonio, no usan de los instrumentos que la Providencia pone a su alcance para defender a los vejados, dejándolos indefensos en manos del Atormentador, eso ya es otro cantar; pero el *Ritual* de los exorcismos nos provee de oraciones para luchar contra este tipo de molestias y contra las persecuciones diabólicas contra la Iglesia. Decimos que el texto puede ser entendido en este sentido (como plaga material e insaciable de langostas exterminadoras de toda vida). Los orientales saben bien a lo que se refiere; y el profeta Joel dedica dos capítulos de su libro a la descripción de una plaga de langostas (en los que probablemente se inspira a descripción de san Juan). En el episodio relatado por el profeta, los acrídidos arruinaron las viñas y desnudaron los árboles de su corteza, destruyeron los campos y las cosechas de cereales; como resultado se secaron todos los árboles y murieron las ovejas y las cabras que quedaron sin pasto para comer (Joel 1,7-18). Las describe como un gran ejército que oscurece el mismo cielo; tan destructivas como un incendio del que no se salva nada; a modo de caballos y carros de combate, con un ruido como el del fuego cuando prende en la hojarasca; en formación como hombres de guerra; escalan montañas, suben a las casas y entran por las ventanas haciendo temblar de miedo a toda la tierra (Joel 2,1-11). Esas langostas de las que hablan Joel y san Juan tienen unos cinco centímetros de largo, y una envergadura en las alas de diez a doce, viajan en columnas de treinta metros de profundidad y hasta siete kilómetros de frente. Cuando aparece una nube de langostas, es como si se produjera un eclipse de sol, haciéndose imposible observar un gran edificio a una distancia de cincuenta metros. Su cabeza se asemeja a la de un caballo en miniatura, por lo que los italianos la llaman *cavaletta* y los alemanes *heupferd*; pero en el texto se dice que su rostro es como de hombre, y su cuerpo parecido a un caballo. Su capacidad de destrucción se pudo apreciar perfectamente cuando Argelia fue invadida, en 1866, por una manga de estos destructores, dejando tal aniquilación de la naturaleza que 200.000 personas murieron de hambre en los días sucesivos.

Esta interpretación puramente literal tiene, sin embargo, varios obstáculos: las langostas que describe el vidente de Patmos actúan *contra su propia naturaleza*, pues no afectan "ni a la hierba ni a nada verde", "solo a los hombres", y poseen lo que no es propio de las langostas: *aguijones como los escorpiones*. ¿Qué tipo de langostas serían estas, entonces? De hecho Juan las llama langostas, pero actúan como escorpiones: como estos pican a los hombres y los efectos de sus picaduras son dolorosísimos aunque rara vez mortales. Que el demonio puede causar daños semejantes e inventar estas mezclas inverosímiles, no puede dudarse, pero esta explicación es insatisfactoria.

Hay quienes, como W. Hardorn, han señalado, en línea parecida a esta, que podría tratarse más bien de una epidemia de origen directamente diabólico, no mortal pero sí muy dolorosa.

La segunda interpretación, más espiritual, tiene en cuenta otros rasgos señalados por el vidente. Ante todo, parecería tratarse de una *doctrina* falsa y falsísima, atribuible o al mismo Lucifer (la *Estrella* despeñada) o a algún hereje de solemnidad. Y las langostas que él arroja sobre el mundo para hacer estragos son sus epígonos, tan venenosos como el maestro. Lo deja entrever el hecho de poseer "rostro humano" y "cabellos como de mujer", que más que aludir al sexo femenino, parece tener relación con los cabellos largos y descuidados de los bárbaros feroces. Son, pues, seres inteligentes. Llevan "como coronas de oro", que puede indicar su fuerza victoriosa, es decir, la aceptación indiscutida –de sus enseñanzas– por parte de los necios, de los superficiales y de los despistados. Los protestantes (por ejemplo Gill y Brightman) aprovechan la imagen para endosársela al Papa o, cuanto más a Mahoma; pero más al primero que al último, pues este no fue doctor y el primero sí (y la mención de la *estrella caída* sugiere la idea de un doctor o maestro). Los católicos, por su parte, la aplican a los reformadores protestantes (si no identificaron esta herejía con alguna trompeta anterior) o a los sofistas y enciclopedistas librepensadores (así, por ejemplo, Castellani). La disquisición es tentadora, especialmente esta última, pero debemos reconocer que tampoco cierra del todo. Ciertamente que las doctrinas liberales y masónicas, con todo lo que han acarreado, pueden simbolizarse maravillosamente en estas langostas infernales, pues se trata de una realidad, sea cual fuere, belicosa, perseguidora y combativa, como lo demuestran las corazas de acero que protegen sus pechos. Pero Juan dice que estos bicharracos demoníacos dañan pero no matan, y que su efecto venenoso dura un tiempo, aunque su daño es tan cruel que los hombres llegan a desear la muerte. Si hubiera de entenderse de los errores revolucionarios y liberales, no entiendo en qué sentido "no causan muerte", pues si algo hacen estos es pudrir y condenar las inteligencias a errores de los que solo un milagro puede salvar; ni tampoco por qué sus errores tendrían una duración limitada, simbolizada en los cinco meses que menciona el vidente; los errores doctrinales no se disipan por sí solos pasado un tiempo (todo lo contrario, por lo general producen mayores enmarañamientos mentales). Quizá este modo de herida *cuasi mortal* se refiera, no a la perversión de los principios intelectuales, sino a la *desesperación* que se ha convertido en uno de los signos distintivos de este pensamiento. El romanticismo fue una herejía de la desesperación y en sus plasmaciones literarias el pesimismo es la nota más persistente y el suicido y la muerte pasional los desenlaces que se dan por descontados. La inmoralidad es desalentadora y toda la doctrina que se ha desparramado como una manga de langostas desde la eclosión de los iluministas, que parecen brotados de una rajadura del infierno, viene cargada de desánimo y culmina en epígonos de nuestro siglo como Sartre o el amargo Ciorán que escribía: "Mi misión es matar el tiempo, y la del tiempo es matarme a su vez a mí. Qué cómodo se encuentra uno entre asesinos". Y una frase como esta, que parece haberla tenido el mismísimo Juan ante sus ojos al describir esta tuba:

"El deseo de morir era mi interés excluyente; a él le sacrifiqué todo, hasta la muerte".

Cualquiera de las dos explicaciones, o ambas combinadas, indudablemente hacen referencia a una acción diabólica sobre los hombres, muy superior a todo lo sufrido en las trompetas anteriores. Es el primer *¡Ay!*

Reparemos, sin embargo, en un rasgo importantísimo: el Destructor no posee ni dispone de las llaves del Abismo, sino que las recibe. ¿De quién? De Dios, el único que es Dueño de todo. Solo Dios puede otorgar este poder, y lo concede al demonio *por un tiempo*. Es Dios quien decreta el momento de abrir y de cerrar el Abismo. Del mismo modo, es Dios quien, pocos versículos después, da nuevamente el poder de torturar sin matar. Él permite y a la vez limita el poder. Es, en definitiva, Dueño absoluto. El que causa el daño es Satanás. Dios es el que lo permite, usando el odio del diablo para sus designios salvíficos: castigar a los malos, llamarlos a la conversión y purificar a los buenos.

Sexta trompeta

^{13} Tocó el sexto ángel...
Entonces oí una voz que salía
de los cuatro cuernos del altar de oro
que está delante de Dios;
^{14} y decía al sexto ángel
que tenía la trompeta:
«Suelta a los cuatro ángeles
atados junto al gran río Éufrates».
^{15} Y fueron soltados los cuatro ángeles
que estaban preparados
para la hora, el día, el mes y el año,
para matar a la tercera parte de los hombres.
^{16} El número de su tropa de caballería

era de doscientos millones;
pude oír su número.
¹⁷ Así vi en la visión los caballos
y a los que los montaban:
  tenían corazas de color de fuego,
de jacinto y de azufre;
las cabezas de los caballos
como cabezas de león
y de sus bocas salía fuego y humo y azufre.
¹⁸ Y fue exterminada
la tercera parte de los hombres
por estas tres plagas:
por el fuego, el humo y el azufre
que salían de sus bocas.
¹⁹ Porque el poder de los caballos
está en su boca y en sus colas;
pues sus colas, semejantes a serpientes,
tienen cabezas y con ellas causan daño.
²⁰ Pero los demás hombres,
los no exterminados por estas plagas,
no se convirtieron de las obras de sus manos;
no dejaron de adorar a los demonios
y a los ídolos de oro, de plata,
de bronce, de piedra y de madera,
que no pueden ver ni oír ni caminar.
²¹ No se convirtieron de sus asesinatos
ni de sus hechicerías
ni de sus fornicaciones
ni de sus rapiñas.

La sexta trompeta recrudece los castigos y causa estrago mortal entre los hombres.

Viene atribuida a ángeles exterminadores, es decir, vengadores y aplicadores de la justicia divina. ¿Son ángeles buenos o son demonios verdugos? Más bien parece tratarse de estos últimos, pues hasta este momento estaban sujetos, para que no hicieran daño antes del tiempo prefijado por la sabiduría divina.

El castigo se desata a raíz de la voz que sale de los ángulos del altar que se alza delante de Dios. Por tanto, no es Dios quien la pronuncia sino quienes están bajo su altar, y se ha dicho ya que son los mártires (cf. 6,9) cuya sangre clama la intervención divina para frenar tanta injusticia. La respuesta de Dios es esta masacre que tiene, sin embargo, una finalidad misericordiosa: conmover a los hombres para que se arrepientan de sus pecados. Que este sea el objetivo queda patente en el lamento final del vidente que atesta que, a pesar de todo el dolor recibido, los hombres no aprendieron la lección y siguieron aferrados a sus maldades y vicios. Apreciemos este fundamental rasgo moral que se repite aquí y en 16,9-11: cada vez que Dios llama, en este libro, al arrepentimiento, los santos obedecen pero los pecadores se obstinan más en su pecado.

La descripción de este ejército debía resultar, para los tiempos del vidente, completamente fantástica. Para los nuestros, en cambio, posible –y posibilísima. Su ejército de doscientos millones de soldados puede no significar otra cosa que *una fuerza irresistible*, pero no es, tampoco, una imposibilidad en nuestro tiempo y menos en el futuro, aunque una masa bélica tan extraordinariamente grande parecería quizá innecesaria, porque los hombres han desarrollado la capacidad de hacer daños tan grandes como los descriptos por Juan con menos hombres, como lo han demostrado Hiroshima y Nagasaki... pero ¿quién puede descartar que, llegado el caso, también se echen a rodar por las calles números de este tipo? La descripción de los caballos que montan estos jinetes infernales y el modo de hacer daño puede tomarse como un juego de la imaginación por quien quiera ver en el *Apocalipsis* metáforas escabrosas; y quien quiera explicarla como profecía de las modernas maquinarias de guerra, también puede hacerlo. Ambas interpretaciones son posibles porque el poder de daño residente en las cabezas y en las colas se asemeja mucho a las armas de destrucción de la moderna caballería blindada, fruto de una técnica que se ha puesto, por lo general, al servicio de los mismos demonios que conducen el ejército descrito por san Juan.

Hardorn dice que se trata, en realidad, de una epidemia más grave que la anterior, y esta vez mortal; Castellani dice que es una guerra continental. Se trataría de un castigo no ya de una herejía sino de la idolatría y de la hechicería a la que alude san Juan, que es el mal de nuestro tiempo, el cual ha vuelto a lo peor del paganismo, a saber: al ocultismo y a la adoración –o al menos búsqueda morbosa– de las fuerzas demoníacas, a la adivinación, a la invocación de los muertos y al poder de los brujos. El ejército mortífero es ciertamente un poder infernal, aunque no tiene por qué tratarse ni de demonios propiamente dichos ni de un ejército; basta con que esté inspirado por el rey del Abismo y que venga teñido de su odio, de su crueldad y de su inmisericordia. Y esto se da en todas las guerras porque "a las armas las carga el diablo", o, al menos, ayuda a inventarlas. Todo esto podría ser, igualmente, la consecuencia de haber conjurado el poder de Abajo, porque como dijo Goethe: "no me puedo librar de los demonios que una vez invoqué".

[Capítulo 10]

Intervalo antes de la séptima trompeta

San Juan no pasa inmediatamente a la última trompeta sino que interrumpe la narración para introducir dos visiones (la del libro devorado por el vidente y la medición del templo con la misión de los testigos que preparan el Reino final del Mesías), o tres, si se toman por separado las dos últimas que parecen más bien escenas de una misma visión. Al parecer, estas visiones tienen como fin, tras haber descrito tantas calamidades y enunciar las que faltan, levantar los ánimos y reafirmar a los fieles en su convicción de que Dios permite todo esto para su salvación y el triunfo final de Cristo. Para algunos autores, incluso, van más allá, ofreciéndonos algunas de las principales claves del mensaje de este libro.

Visión del libro devorado

El ángel vigoroso

¹ Vi también a otro ángel vigoroso,
que bajaba del cielo vestido de una nube,
con el arcoíris sobre su cabeza,
su rostro como el sol
y sus piernas como columnas de fuego.
² En su mano tenía un librito abierto.

Un nuevo ángel entra en escena. La palabra que lo caracteriza (ἰσχυρὸν, *isjyròn*), que probablemente refleja el término semítico *gibbôr*, significa potente, valiente, héroe, gigante, y es calificativo que se aplica a los guerreros. Algunos dicen que, por la descripción que se da (que guarda semejanza con lo que el mismo vidente dice al comienzo de la visión de las siete iglesias) es el mismo Jesucristo. No parece sólida tal interpretación. Es simplemente "otro ángel", distinto del que tocó la sexta trompeta. Otros dicen que puede identificarse con Gabriel por su mensaje consolador y mesiánico y sobre todo por su nombre, pues *gabri'el* significa "fuerza de Dios" o "varón –de vir– de Dios", o "Dios se manifiesta fuerte"; pero tampoco esto puede asegurarse.

Más que sus rasgos importa el detalle de que lleva en su mano un *librito*. Es un rollo pequeño (βιβλαρίδιον, *biblarídion*), del que, además, se dice que está abierto (ηνεωγμενον, *eneogmenon*). El término usado *bliblarídion* es un diminutivo de un diminutivo, *biblárion*, de la palabra *biblíon*. Indica un rollito muy pequeño. No es, pues, el libro siete veces sellado que abrió el Cordero (como cree John Gill, el cual dice que ahora es pequeño porque la mayoría de sus profecías han sido ya declaradas en los capítulos precedentes). Castellani dice que es el *Apocalipsis* terrenal (el libro que escribe el mismo Juan), distinto del Libro celestial en que están los planes de

Dios sobre el mundo y el resumen de su Presciencia y Providencia. Este último es la causa de las visiones del profeta, y aquel, pequeñito, su expresión terrena. Esta interpretación me parece mejor que la de los profesores de Salamanca que entienden que su tamaño significa que contiene pocos oráculos, que está abierto porque dichos oráculos son relativamente claros o bien porque ya han sido revelados bajo alguna forma en la visión de las siete trompetas, y que su contenido debía referirse a los destinos del Imperio romano, considerado en sus relaciones con la Iglesia y como prototipo de las potencias que han de ser vencidas por Cristo. Tampoco me parece plausible la de Barclay para quien indica "una revelación limitada acerca de un período bastante pequeño de tiempo".

> *Puso el pie derecho sobre el mar*
> *y el izquierdo sobre la tierra,*
> *³ y gritó con fuerte voz,*
> *como ruge el león.*
> *Y cuando gritó,*
> *siete truenos hicieron oír su fragor.*

Un pie sobre el mar y otro sobre la tierra, designan probablemente su misión universal, la cual abarcará al mundo en su totalidad y también tiene un sentido respecto del juramento que hará a continuación, en el que pone de testigo al mar y a la tierra; y su voz poderosa también, pues lo hace para ser escuchado en toda la tierra. La voz, sin embargo, es más bien un sonido parecido al rugido de un león (aunque Juan usa la expresión "mugido").

La profecía silenciada

Al gritar el ángel, "hablaron sus voces los siete truenos", dice literalmente el texto griego; como si ese rugido se prolongase en un eco inmenso semejante a siete truenos.

> *⁴ Apenas los siete truenos hicieron oír su voz,*
> *me disponía a escribir,*

cuando oí una voz del cielo que decía:
«Sella lo que han dicho los siete truenos
y no lo escribas».

Los siete truenos son siete mensajes, que Juan entiende correctamente, por lo que se dispone a ponerlos por escrito, como venía haciendo por mandato de Dios con todo lo que veía y escuchaba; pero aquí, por el contrario, recibe la orden de no consignarlo a la escritura; debe mantener secreto lo que acaba de oír. Y como queda sellado no sabemos qué es lo que oyó Juan. Algunos creen que se trata de cierto número de revelaciones o mensajes sobre los designios divinos respecto de la humanidad, otros piensan que se refiere al sentido de las siete trompetas proféticas, otros que se trata de nuevas calamidades... El hecho es que se le manda que guarde velado lo oído, como también a Daniel se le había mandado: "Tú, Daniel, ten en secreto estas palabras y sella el libro hasta el tiempo del fin" (Dn 8,26).

Probablemente se trata de una nueva serie de castigos que Dios, sin embargo, suspende. El motivo de la interrupción lo hallamos en lo que se afirma en 9,20-21: a pesar de las calamidades sufridas, los hombres no se arrepienten de sus pecados. El paulatino *in crescendo* de los juicios destinados a conmover la humanidad pecadora no va más allá, porque aquellos no han logrado su propósito de sacudir a los impenitentes. Este parece ser el motivo de que, los juicios que han afectado a un *cuarto* de la tierra (los sellos), y los que han herido a un *tercio* de ella (las tubas), no sean seguidos de otros que afecten a la *mitad* de la tierra (como habría ocurrido, quizá, con los simbolizados en estos truenos), pasándose directamente a al juicio final (las siete copas) cuyas angustias y dolores afligen a *toda* la tierra, el mar, los ríos y los hombres... Estos últimos, son, efectivamente, juicios *totales*, no limitados (Ap 16,2-21). Pero Dios mostrará, con la visión de los *Dos testigos* (Ap 11) otro camino por el que buscará la conversión de los hombres.

El juramento y el mensaje de victoria

> ⁵ Entonces el ángel que había visto yo
> de pie sobre el mar y la tierra,
> levantó al cielo su mano derecha
> ⁶ y juró por el que vive por los siglos de los siglos,
> el que creó el cielo y cuanto hay en él,
> la tierra y cuanto hay en ella,
> el mar y cuanto hay en él:
> «¡Ya no habrá dilación!
> ⁷ sino que en los días
> en que se oiga la voz del séptimo ángel,
> cuando se ponga a tocar la trompeta,
> se habrá consumado el misterio de Dios,
> según lo había anunciado
> como buena nueva
> a sus siervos los profetas».

El solemnísimo juramento del mensajero certifica la absoluta verdad de lo que va a decir. Pone, pues, de testigo al mismo Ser Eterno y Creador del cielo, hacia el que levanta su mano derecha, de la tierra y del mar, sobre las cuales pone sus pies, como en nuestros juramentos se nos hace tocar la Biblia o los Evangelios.

El contenido del juramento angélico es doble: 1º "que no habrá más dilación"; 2º que al sonido de la séptima trompeta se cumplirán los juicios divinos, es decir, "el misterio de Dios". Bartina dice que, teniendo en cuenta que se menciona como algo próximo, debe referirse al triunfo de la Iglesia, al conjunto de los designios providenciales sobre la Iglesia, y a la exaltación de la Iglesia, asegurando así la fe de los cristianos quienes, hacia el final de la época apostólica, desconfiaban de las promesas divinas por la dilación de su cumplimiento, como señala san Pedro (1Pe 3,3-4). Los profesores de Salamanca coinciden con él: se afirmaría aquí el establecimiento definitivo del reino de Dios y de su Cristo, que tendrá lugar con la destrucción de las naciones paganas.

Pero Castellani lo ve referido a la Parusía y al final del tiempo mortal; y con él coincide Barclay: "Es más probable que lo que quiere decir es que ya no queda tiempo, que no puede haber más retraso, que el Anticristo está a punto de irrumpir en la escena con todo su poder destructivo. Como decía el autor de Hebreos: «Porque aún un poco, y el que ha de venir vendrá, y no se demorará» (Hb 10,37). Ha sonado la hora cuando el hombre de pecado se manifestará (2Te 2,3). Cualquiera que sea el significado de la frase, no cabe duda que el mensaje es que el Anticristo está a punto de invadir la Tierra; el escenario está listo para la contienda final. Cuando esto suceda «el misterio de Dios se consumará». Esto significa que todo el propósito de Dios en la Historia humana será revelado. Hay mucho en la vida que es difícil de entender; la maldad parece triunfar siempre. Pero, según lo vio Juan, va a haber una manifestación final. Dios y el Anticristo, el bien y el mal, se enfrentarán; se obtendrá una victoria definitiva, las preguntas recibirán respuesta y los tuertos se enderezarán". Esta aceleración se confirma poco más adelante, cuando el vidente exclama: "¡Ay de la tierra y del mar! porque el Diablo ha bajado donde vosotros con gran furor, sabiendo que le queda poco tiempo" (12,12b). Entiéndase que si el anuncio tiene que ver con la Parusía y con la llegada del Anticristo, el contenido del mismo mira centralmente a la destrucción de este por obra del Cristo viniente; es un mensaje de la victoria y de la paz definitiva que vendrá luego; solo accidentalmente se alude a la guerra y a la persecución final, pues explícitamente se dice que es el mensaje que ya se había dado a los profetas *como buena nueva*. Esos profetas son los del Antiguo Testamento, y también los del Nuevo, pues varias veces los escritos neotestamentarios preanuncian estas realidades.

Por tanto, el ángel asegura tres cosas: primero, la certeza absoluta del fin; segundo, que será glorioso; tercero, su proximidad. Todo lo cual es un mensaje de consuelo para los que sufren.

La deglución del libro

> ⁸ *Y la voz de cielo que yo había oído*
> *me habló otra vez y me dijo:*
> *«Vete, toma el librito*
> *que está abierto en la mano del ángel,*
> *el que está de pie sobre el mar y sobre la tierra».*
> ⁹ *Fui hacia el ángel*
> *y le dije que me diera el librito.*
> *Y me dice: «Toma, devóralo;*
> *te amargará las entrañas,*
> *pero en tu boca será dulce como la miel».*
> ¹⁰ *Tomé el librito de la mano del ángel*
> *y lo devoré;*
> *y fue en mi boca dulce como la miel;*
> *pero, cuando lo comí,*
> *se me amargaron las entrañas.*
> ¹¹ *Entonces me dicen:*
> *«Tienes que profetizar otra vez*
> *contra muchos pueblos,*
> *naciones, lenguas y reyes».*

La escena del librito devorado es muy semejante a la de Ez 2,8 - 3,3, aunque el profeta no dice que le haya sabido amargo en el estómago.

Comienza como algo dulce pero termina como algo amargo. Es dulce el recibir la revelación de los misterios de Dios y de sus designios sobre los hombres, pero amargo el profetizarlos, porque la tarea del profeta es, generalmente, mal recibida. Debe hablar públicamente (profetizar) contra muchos hombres, pueblos y magnates, lo que significa experimentar rechazo, persecución, aislamiento y, sobre todo, indiferencia y sordera de los más. Los profetas del Antiguo Testamento manifiestan repetidamente el sufrimiento que les causaba la obligación de predicar la mayor parte de las veces anuncios de calamidades; y algunos, como Jonás, llegan a huir de Dios para no hacerlo. Pero Dios cuenta con ballenas que constriñen a los profetas díscolos a retomar sus amargas obligaciones.

El librito no le es entregado directamente a Juan, sino que este debe tomarlo con sus propias manos, lo que significa, si no me equivoco, que Dios no le impone sino que le pide su libre colaboración en esta misión, contiene las visiones que aún faltan consignar, y quizá todas las ya mencionadas, pues el librito parece ser, como nos ha enseñado Castellani, el mismo *Apocalipsis*. Y la acción de devorarlo debe indicar, seguramente, que el vidente debe asimilar, él primero, todo cuanto contiene el mensaje divino; hacerlo suyo, su pasión y, en un cierto sentido, su obsesión. Si la mayoría de sus oyentes permanece impasible y apática, el vidente-mensajero, en cambio, vive y camina dominado por el realismo y la inminencia de sus visiones.

El ángel indica que el vidente debe profetizar "otra vez". Bauckham sostiene que esta "otra" se dice en relación con la aludida en 10,7, es decir, la de los profetas del Antiguo y del Nuevo Testamento. Estos ya develaron el establecimiento del Reino de Dios y el triunfo divino. Pero solo se limitaron a insinuar –y ahora a Juan le toca exponerlo con claridad– el papel que han de cumplir los seguidores de Jesús en tal establecimiento, lo cual tiene lugar en la visión de los *Dos testigos*, como expondremos a continuación.

Visión de la medición del Templo y de los dos testigos

[Capítulo 11]

El Templo medido

Bartina dice, y con razón, que este es uno de los pasajes más difíciles de todo el libro. Lo mismo sostiene "la mayor parte de los comentadores", afirma por su parte Prigent. Es, sin embargo, uno de los fragmentos más importantes del *Apocalipsis* que contiene "in nuce" el mensaje central de la profecía de Juan. La interpretación que sigo en este punto es la que propone, creo que acertadamente, R. Bauckham, esbozada antaño por otros autores que señalaré en su momento[35].

> *¹ Luego me fue dada una caña de medir*
> *parecida a una vara, diciéndome:*
> *«Levántate y mide el Santuario de Dios y el altar,*
> *y a los que adoran en él.*
> *² El patio exterior del Santuario,*
> *déjalo aparte, no lo midas,*
> *porque ha sido entregado a los gentiles,*
> *que pisotearán la Ciudad Santa*
> *cuarenta y dos meses.*

En el Antiguo Testamento la alusión a "mediciones" se relaciona unas veces con la idea de castigo y destrucción; otras veces, en cambio, con las de restauración y de preservación (cf. Ez 40,3; Zac 2,1; Am 7,7-9). Esta última es la que tiene aquí, pues la medición del

---

[35] Cf. Bauckham, R., *The Theology of the Book of Revelation*, 84-88. No tomo todo lo que dice este autor sino algunas de sus ideas principales. Estas inspiran, sin embargo, lo esencial de esta interpretación.

templo se ordena a indicar las partes que han de quedar inmunes de toda profanación cuando los paganos lo asalten; de paso profetiza también la futura violación del lugar santo de Dios.

Para cuando Juan tiene esta visión, el templo de Jerusalén ya llevaba arrasado a cero más de dos décadas, por lo que la imagen profética no puede referirse a ese templo sino a la Iglesia de Dios, el santuario espiritual. Esta visión anuncia que en los últimos tiempos, los de la séptima trompeta que está por sonar y los de la victoria final que viene de ser anunciada como consuelo, serán tiempos de una tremenda profanación de la Iglesia de Dios, pero también que en esa profanación Dios preservará intacta una parte de su *templo espiritual*. También se apunta que el terror tiene una duración limitada. Castellani señala que los Santos Padres han visto en esta visión el estado de la Iglesia en el tiempo de la Gran Apostasía, en el que quedará probablemente reducida a un grupo de fieles (en el sentido técnico de la palabra: los que permanecen verdaderamente fieles, es decir, firmes en su adhesión a la Esposa). Creo que no se reduce a este tiempo finalísimo, sino al "tiempo de la Iglesia" en general, el que inaugura el Mesías al nacer de la Mujer en el siguiente capítulo (Ap 12). Es el tiempo, como bien dice Prigent, "de la fidelidad amenazada", de la persecución de la Iglesia, que es *todo* el tiempo de la Iglesia, como veremos, aunque acentuado en sus dificultades hacia el final de la historia.

Los *paganos* que entrarán en el templo no tienen por qué ser entendidos como personas provenientes del paganismo oficial, sino todos sus enemigos, incluidos los pseudocristianos y pseudocatólicos que pretenderán alzarse con la Iglesia, incluso con parte de su sacerdocio y jerarquía. Ellos *pisotearán*, pero sin destruir totalmente, es decir, mancharán y adulterarán la religión y el culto.

Lo que se mide es *el santuario de Dios y el altar y los que adoran en él*. Esto es lo que se preserva y nadie puede tocarlo. Se profetiza que quedará intacto, incluso en el peor momento, lo esencial de la fe. La medición recae, pues, sobre cosas y personas: el santuario que es el lugar de la presencia de Dios, y en particular el altar que está en él; lo que significa que no serán sustancialmente adulterados ni el sacerdocio ni el sacrificio en sí mismo (aunque sí puede ser mal vivido el primero, e indignamente ofrecido el segundo), ni tampoco las personas que adoran allí, es decir, los que ponen su corazón en el sacrificio espiritual y los que no dejan de adorar a Dios. No hay nada más esencial. Todo lo demás, lo que es periférico a este núcleo mínimo, podrá ser en cierto modo falsificado o deformado. Aun sometiendo al martirio a los adoradores de Dios no arrancarán la fe de sus corazones.

La mención del paganismo puede ser legítimamente tomada como alusión a que esa falsificación del templo –el pisoteo desacralizante– será una herejía cuyo núcleo es la paganización de la fe. Quizá una visión mundana, es decir, inmanente, de Dios y de la Iglesia, como la que ensayó el modernismo y luego el progresismo, pues el inmanentismo es la esencia del paganismo. Será, en este sentido, una concepción de Dios y de la Iglesia temporalista, mundanizada, horizontal, secular. En tal sentido, la profecía se refiere a la herejía de nuestro tiempo, o al menos la que ya está presente en nuestro tiempo y que puede durar, endureciéndose cada vez más, hasta que Dios diga ¡basta!

La profanación de la Ciudad no ha de durar indeterminadamente, sino un tiempo definido que aquí viene indicado en 42 meses; durante el mismo tiempo (1260 días) los dos testigos de Dios desempeñarán su misión. Esta es la cifra que una y otra vez se repite en el *Apocalipsis*: es el tiempo que dura el refugio de la Mujer del capítulo 12 en el desierto (tres años y medio, es decir, equivalente a cuarenta y dos meses), el tiempo que esa misma Mujer, que representa a la Iglesia, será protegida por Dios en el desierto ("un tiempo, dos tiempos y medio tiempo", o sea por tres años y medio o cuarenta y dos meses), y es el tiempo que estará blasfemando la Bestia contra Dios y los santos. La cifra es totalmente simbólica y está tomada del libro de Daniel a quien se le menciona la duración de la persecución del pueblo de Dios como tres años y medio (Dn 7,25). Esta cifra ha pasado a indicar, desde entonces, la duración de toda persecución y calamidad aunque no corresponda con la duración real (por ejemplo en Lc 4,25 y St 5,17 se menciona como de tres años y medio la sequía en tiempos de Elías, aunque en realidad duró solo tres años según 1Re 18,1). Tres años y medio es la mitad de siete años (una semana de años), que es el número de la perfección en el *Apocalipsis*; por tanto, se indica que la persecución (toda persecución) no será perfecta, será frenada por Dios cuando vaya por la mitad, impidiendo que los enemigos del pueblo de Dios cumplan sus deseos de destruir totalmente la Iglesia.

Los dos testigos y la clave del Libro

> *³ Pero haré que mis dos testigos profeticen durante mil doscientos sesenta días, cubiertos de sayal».*

La visión de los dos testigos no parece ser una visión distinta de la medición del templo sino parte integrante de aquella. En ella se describe a dos mensajeros de penitencia que Dios envía como acto de misericordia para anunciar el inminente final del mundo y, por tanto, la necesidad y urgencia de convertirse a Dios. Por eso vienen vestidos del penitente sayal (tela de lana burda) y su misión es como la de Jonás con los ninivitas. Estos cumplen su misión con poder de palabra y signos extraordinarios, sin que nadie pueda estorbarlos. Solo acabada su obra, la Bestia los martirizará y ostentará sus cadáveres ante las gentes que festejarán el hecho. Pero después de tres días y medio (o sea, antes de que comience la natural descomposición) Dios los devolverá a la vida y los hará ascender al cielo, al tiempo que una catástrofe cósmica destruye una parte de la ciudad y de los hombres, ante lo cual el resto que sobrevive se convierte a Dios.

Todos estos elementos tienen un valor singular que muchos no llegan a captar, pero que explican parte del mensaje central del *Apocalipsis*.

Desde de los primeros tiempos patrísticos se ha buscado apasionadamente identificar estos personajes. El mismo texto, dice Prigent, parece invitarnos a hacerlo, ofreciéndonos algunos rasgos. Algunos han visto en ellos a Enoch y Elías; otros –como Barclay– a Moisés y Elías; Mariana opinaba que se trata de San Pedro y San Pablo; para otros serán dos profetas que Dios suscitará en los últimos tiempos; una amplia corriente ve en ellos personificaciones alegóricas: el Antiguo y el Nuevo Testamento, la Ley y los Profetas, la Ley y el Evangelio... Nos parece más acertada la interpretación (presentada por vez primera por Tyconius, seguido luego por muchos, como Alcázar, Bossuet, Swete, Allo, los Comentadores de Salamanca, Bauckham...) según la cual estos dos testigos representan a la Iglesia en su misión de dar testimonio ante el mundo (las *naciones*). El que sean dos responde a la exigencia bíblica de que un testimonio solo es aceptable cuando es sostenido por dos testigos (cf. Dt 19,15). El Ángel los describe con estas palabras:

> [4] *Ellos son los dos olivos*
> *y los dos candeleros que están en pie*
> *delante del Señor de la tierra.*

Que deba entenderse de la Iglesia como testigo, puede deducirse de su identificación como "candeleros", símbolo usado en este mismo libro para hablar de las Iglesias a las que se envía nuestro libro profético (Ap 1). La expresión que alude a los dos olivos y los dos candeleros está tomada de Zac 4,3-14, quien la aplicaba a dos ungidos de Dios, un príncipe y un sumo sacerdote. San Juan la adapta para expresar la misión de la Iglesia en la obra de la redención.

> *⁵ Si alguien pretendiera hacerles mal,*
> *saldría fuego de su boca*
> *y devoraría a sus enemigos;*
> *si alguien pretendiera hacerles mal,*
> *así tendría que morir.*
> *⁶ Estos tienen poder de cerrar el cielo*
> *para que no llueva los días en que profeticen;*
> *tienen también poder sobre las aguas*
> *para convertirlas en sangre,*
> *y poder de herir la tierra*
> *con toda clase de plagas,*
> *todas las veces que quieran.*

Juan les atribuye simbólicamente un gran poder con rasgos que los hace semejantes a Moisés y Elías, pero que, a su vez, impiden identificarlos plenamente con ellos. Más bien mezcla y atribuye a ambos rasgos individuales de uno y de otro, pero ni Elías hirió la tierra con plagas (como Moisés), ni Moisés cerró el cielo (como Elías), y ninguno de los dos padeció el martirio. Juan no busca una identificación total con ellos.

> *⁷ Pero cuando hayan terminado de dar testimonio,*
> *la Bestia que surja del abismo*
> *les hará la guerra,*
> *los vencerá y los matará.*

Estos, pues, caerán víctimas de "la Bestia que surge del abismo", es decir, del mar, de la que se hablará en Ap 13,1, que la mayoría de los exégetas antiguos entienden como el Anticristo, aunque otros, como Bartina, dicen que es el poder imperial –¿el poder político ateo?– que persigue a la Iglesia. El hecho es que se ensañará particularmente con ellos causándoles la muerte.

> *⁸ Y sus cadáveres,*
> *en la plaza de la gran ciudad,*
> *que simbólicamente se llama Sodoma o Egipto,*
> *allí donde también su Señor fue crucificado.*
> *⁹ Y gentes de los pueblos,*
> *razas, lenguas y naciones,*
> *contemplarán sus cadáveres*
> *tres días y medio;*
> *no está permitido sepultar sus cadáveres.*

Una nueva dificultad se presenta con la mención del lugar del martirio. Juan ubica estos hechos en "la gran ciudad", que designa en el *Apocalipsis* a Roma. A continuación se nos dice que esta recibe nombres simbólicos que parecen remarcar o su carácter pecaminoso (Sodoma) o su sesgo perseguidor (Egipto). Para despistarnos más termina por añadir que allí fue crucificado el Señor (lo que correspondería a Jerusalén). En realidad, este cruce de datos, como señala Bauckham, no tiene como objeto señalar una localidad concreta, sino ayudarnos a entender que se trata de cada ciudad en que la Iglesia perseguida y martirizada da testimonio ante las naciones del mundo.

> *¹⁰ Los habitantes de la tierra*
> *se alegran y se regocijan por causa de ellos,*
> *y se intercambian regalos,*
> *porque estos dos profetas habían atormentado*
> *a los habitantes de la tierra.*

Todos se alegrarán de su muerte, como se alegran los pueblos cuando les quitan del medio algún enemigo público o un pájaro de mal agüero. Y es que la predicación de estos será muy mal recibida por las gentes del mundo, que se sentirán "atormentadas" por su predicación, como ocurre hoy mismo con la doctrina de la Iglesia, que suena retrógrada y mortificante para los mundanos y sembradora de culpa e intranquilidad de conciencia. Se pondrán, así, muy felices de que les saquen de encima estos predicadores de calamidades y de normas angustiantes.

> *¹¹ Pero, pasados los tres días y medio,*
> *un aliento de vida procedente de Dios*
> *entró en ellos y se pusieron de pie,*
> *y un gran espanto se apoderó*
> *de quienes los contemplaban.*
> *¹² Oí entonces una fuerte voz*
> *que les decía desde el cielo:*
> *«Subid acá».*
> *Y subieron al cielo en la nube,*
> *a la vista de sus enemigos.*

Como señala Bartina, el tiempo de la derrota de los dos testigos es 360 veces menor de cuanto duró su ministerio, lo que indica lo efímero del triunfo del mal y cómo se burla Dios de los planes de los *hombres-sin-Dios*, pues estos, para mostrar su desprecio, no permitieron sepultar sus cadáveres, para que se corrompieran a la vista de todos, pero, por el contrario, estos se levantan antes del tiempo natural de corrupción, *y a la vista de todos*, porque así los habían dejado deliberadamente sus enemigos. Los adversarios de Dios, sin saberlo, siempre terminan trabajando para el final apoteósico del único Señor de la historia. Desafinan para arruinar el concierto divino, olvidando que Dios prevé esas notas discordantes para terminar con un final inesperado para el que sus mismos enemigos darán –*nolens volens*– la "entrada".

Lo más notable es que la suerte de estos dos testigos guarda un perfecto paralelismo con la de Cristo: muerte, resurrección y glorificación. Por tanto, continúan el testimonio de Jesucristo y participan en la obra redentora del Cordero.

> *¹³ En aquella hora*
> *se produjo un violento terremoto,*

*y la décima parte de la ciudad se derrumbó,
y con el terremoto perecieron
siete mil personas.
Los supervivientes,
presa de espanto,
dieron gloria al Dios del cielo.*

El punto final de esta escena lo marca un sacudón telúrico que Dios envía como castigo del pecado cometido contra sus testigos, pero que, a pesar de su violencia, solo se cobra la vida de pocas personas y con daños acotados solo a la décima parte de la ciudad. Y el efecto sobre los sobrevivientes es benéfico, pues estos *dan gloria al Dios del cielo*. La mayoría de los autores dicen que la expresión implica la conversión de la incredulidad a la fe (como en 14,7 y 16,9), porque solo puede darse gloria a Dios con el arrepentimiento de los pecados. Se estaría, así, subrayando que lo que no lograron las plagas anteriores, lo consiguió la sangre de los mártires, y esto es parte del mensaje último de esta visión y le otorga una centralidad en el libro.

En efecto, como acabamos de decir, los juicios conminatorios de las plagas parciales contenidas en los sellos y en las trompetas (que afectan respectivamente a un cuarto y a un tercio de la tierra) no han conseguido el arrepentimiento de los hombres. Al contrario, estos se endurecieron más, blasfemando contra Dios por los castigos padecidos. Dios, pues, suspende los juicios parciales, que deberían haber continuado lógicamente escalando a una nueva serie que afectase a la mitad de la tierra y de sus moradores (lo que suponemos que correspondería a los siete truenos que Juan oye, pero que se le manda que no ponga por escrito), saltando directamente a los juicios totales, los que afectan a toda la tierra (las fialas o copas), que simbolizan el Juicio final de Dios. Pero en lugar de los castigos de los truenos, Dios hace intervenir otro factor que sí ha de convertir a los pecadores: el testimonio martirial de los seguidores del Cordero Mártir. En efecto, el texto no dice cuál es el contenido de la predicación de los dos testigos, pero da a entender, como ya dijimos, que es un llamado a la conversión, pues van vestidos de sayal, símbolo de los profetas que invitan a penitencia (cf. Jonás 3,4-10; Mt 11,21; Lc 10,13). Inicialmente su predicación parece condenada al fracaso, pero ante el desenlace de sus vidas (resurrección y glorificación) y los signos del cielo (el terremoto y el derrumbe de la ciudad), los sobrevivientes terminan por adorar a Dios, debemos pensar que previo arrepentimiento. Notemos que los sobrevivientes (*hoi loipoi*) son numerosísimos. Esto marca una diferencia esencial entre los dos testigos (la Iglesia perseguida y sufriente) y los profetas del Antiguo Testamento. Ante los juicios anunciados por estos últimos, la Escritura dice que solo se mantiene fiel una décima parte (cf. Is 6,13: Am 5,3) o siete mil personas (1Re 19,18), que es la décima parte del número que simboliza la totalidad (setenta mil: 7 x 1000 x 1000; de modo análogo a cuando Jesús en vez de "siempre" dice "setenta veces siete"). En nuestro caso, por el contrario, los que perecen son siete mil, es decir, la décima parte. Los sobrevivientes, pues, son el resto; el noventa por ciento. Aunque todos estos números no sean más que simbólicos, el mensaje del *Apocalipsis* es de esperanza: los frutos de conversión del sangriento testimonio de la Iglesia es, a la postre, abundantísimo.

En síntesis: el *Apocalipsis* liga la conversión de las gentes, no a los castigos (al contrario, estos, por la malicia enquistada en los corazones, parecen no tener efectos morales notables), sino al testimonio de fidelidad de la Iglesia que continúa la obra comenzada por el Testigo principal, el Cordero degollado. Martirio, aquí, no debe ser entendido exclusivamente de la efusión de sangre, sino del conjunto de las pruebas y sufrimientos de los hermanos de Cristo.

Esto es lo que Juan enseña a las Iglesias de Asia, simbólicas destinatarias del *Apocalipsis*, alentándolas a la fidelidad y paciencia.

* * *

Recién con esto termina la sexta trompeta y el segundo ¡Ay!:

（14） El segundo ¡Ay! ha pasado.
Mira que viene en seguida el tercero.

Visión de la séptima trompeta

A diferencia de las seis trompetas anteriores, la séptima comienza con un cántico triunfal, de acción de gracias. ¿Qué es lo que anuncia? Bossuet y otros dicen que es la Parusía; lo mismo Castellani, añadiendo que es la Parusía vista desde el cielo, como triunfo divino. Vanni afirma que el tercer "¡ay!" abarca el resto del libro. Según Barclay, en el pasaje que transcribimos a continuación, se compendian todos los acontecimientos que faltan: una victoria en la que los reinos del mundo llegan a ser los reinos del Señor y de su Ungido; esta victoria introduce el tiempo en que Dios asume su autoridad suprema (v. 17), es decir, el reinado de Dios de mil años (el *milenio*); y al final de este se produce el ataque final de todos los poderes hostiles (v. 18), que serán derrotados finalmente, y entonces tendrá lugar el Juicio Final.

Para Wikenhauser, cuya opinión comparto en este punto, la séptima trompeta indica el momento en que Dios pone de manifiesto su plan sobre el mundo, como había sido anunciado más arriba, en 10,7 ("en los días en que se oiga la voz del séptimo Ángel, cuando se ponga a tocar la trompeta, se habrá consumado el Misterio de Dios, según lo había anunciado como buena nueva a sus siervos los profetas"). Se anuncia, pues, el final-final de todo, aunque a continuación se prosiga con el discurso del modo en que ese final-final, glorioso y triunfante, se irá desglosando hasta llegar al compás final anticipado en este cántico. En efecto, Bauckham señala –creo que ajustadamente– que en el *Apocalipsis* hay tres grandes temas simbólicos: "la guerra mesiánica" (que Juan toma del Antiguo Testamento, trasladándola a un plano espiritual, como una lucha no ya contra los enemigos de Israel sino contra el Demonio y el Mal); "el éxodo escatológico" (que adapta la idea veterotestamentaria del *éxodo egipcio* a un plano cristiano en el que el *nuevo pueblo* es el pueblo de testigos del Cordero que atraviesa el mar del tormento: véase Ap 15,2-4); y "el testimonio martirial" (Jesús es el Testigo Fiel, y sus seguidores son "sus testigos": Ap 17,6; 2,13; 12,17...). Los tres temas están especialmente presentes en el significativo relato de los *Dos testigos*, con predominio del tercero; y se continúan en los capítulos 12 al 15, que tratan del papel que cumplen los fieles de Cristo en la venida del Reino de Dios. En particular los capítulos 12-14 presentarán el escenario de la guerra mesiánica –o de la Gran Batalla Escatológica–, para pasar, luego, a su desenlace con el triunfo de Dios, de su Mesías y de sus seguidores.

La divina Novela que Dios ha trazado como historia de los hombres, entretejida de los actos libres, incluso rebeldes, de sus creaturas, es una narración con final anticipado. Dios siempre nos ha dicho en qué pararán todas las cosas; no hay un final inesperado, porque las cosas de Dios siempre terminan con el triunfo de Dios, Principio y Fin de todo.

El final anticipado

> *^{15} Tocó el séptimo ángel...*
> *Entonces sonaron en el cielo*
> *fuertes voces que decían:*
> *«Ha llegado el reinado sobre el mundo*
> *de nuestro Señor y de su Cristo;*
> *y reinará por los siglos de los siglos».*

Algunos hacen notar que Juan no refiere cuanto aquí se dice como una *visión* sino como *voces* que oye, lo que haría referencia al sentido futuro de cuanto se anuncia. Ese "ha llegado el reinado" se refiere, por tanto, al definitivo establecimiento del reinado de Dios y de Cristo, el que es inaugurado con la Parusía, aunque se haya incoado desde la Encarnación. La expresión, señala Prigent, recuerda al relato de la tentación (cf. Mt 4,8), en que el diablo se proclama señor del mundo y ofrece su reino al Mesías. Las voces cantan aquí la vitoria de Dios y de su Cristo sobre este usurpador y el establecimiento, pues, de un nuevo reino, que no tendrá ya fin.

> *16 Y los veinticuatro Ancianos*
> *que estaban sentados en sus tronos*
> *delante de Dios,*
> *se postraron rostro en tierra*
> *y adoraron a Dios diciendo:*
> *17 «Te damos gracias,*
> *Señor Dios Todopoderoso,*
> *'Aquel que es y que era'*
> *porque has asumido tu inmenso poder*
> *para establecer tu reinado.*

Los veinticuatro Ancianos, de los que no se hablaba desde varios capítulos atrás, vuelven a desempeñar su oficio latréutico. Pero en su himno ya no se nombra a Dios –y a su Cristo– como "El que es, y que era, *y que vendrá*", sino solamente como "El que es y que era", porque la *audición* se refiere al momento en que *ya ha venido*, en un Reinado Presente y Eterno.

Se dice que Dios ha *asumido* su inmenso poder, en cuanto ahora ese poder infinito e irrestricto se manifiesta sobre todas –y ante todas– las creaturas, mientras que antes se ocultaba a los ojos de los hombres, dando pie a que los impíos pensasen que podían algo contra Dios, o que podían independizarse de Él, o que podían levantar su puño amenazante contra el Todopoderoso sin ser destruidos.

> *18 Las naciones se habían encolerizado;*
> *pero ha llegado tu ira*
> *y el tiempo de que los muertos sean juzgados,*
> *el tiempo de dar la recompensa*
> *a tus siervos los profetas,*
> *a los santos y a los que temen tu nombre,*
> *pequeños y grandes,*
> *y de destruir a los que destruyen la tierra».*

La "cólera de las naciones" (probable alusión a los Salmos 2 y 99) puede hacer referencia a esa "hora de las tinieblas" que hacia el final de los tiempos parecerá adueñarse del mundo de los hombres, como se apoderó de los corazones de la mayoría de los habitantes de Jerusalén el viernes de Pasión: "esta es vuestra hora y la del poder de las tinieblas". Quizá aluda a un cenit del mal y del pecado, un envalentonarse de los impíos y una cresta de impiedad, como el punto cumbre de una progresiva *encarnación* del pecado que tendrá su máxima representación en aquel que san Pablo llama "el hombre de pecado" u "hombre impío" (2Ts 2,3). De hecho, década a década, lustro a lustro, año a año, vemos el avance implacable de la impiedad y el descaro con que la perversión se afianza incluso institucionalmente, destruyendo todas las instituciones naturales y divinas con el triunfo aparentemente imparable de la cultura de la muerte y la prostitución del amor (aborto, eutanasia, abandono de los hijos, proscripción del matrimonio, imposición de la homosexualidad, experimentación contra la vida, abuso de la inocencia, mercantilización del hombre, denigración de la mujer, libertad gangrenada en libertinaje...). Reiteradamente, los hombres honestos de cada generación creen haber llegado al colmo del mal, más allá del cual no pueden pensarse perversiones mayores, hasta que la generación siguiente descubre el modo de hundir más aún esta pobre raza humana, cada vez más esclava y cada vez más ciega de sus cadenas que a ella le parecen *suma libertad*. ¿Hasta dónde llegará esta ola? Hasta ese pico de "furia pagana" contra Dios, al que se dirigen casi inconscientemente la mayoría de los mismos encolerizados, a quienes los teófobos llevan de las narices como a corderos borrachos.

O quizá esa cólera pagana designe una persecución final contra los *de Cristo*, más dura y cruel que todas las anteriores juntas. O, tal vez, las dos cosas: la última y más dura de las persecuciones en un mundo casi absolutamente olvidado de Dios y enroscado en su propia inmanencia.

El "tiempo de la ira" divina es el tiempo de arreglar las cuentas con la Justicia. Indica, como bien sabemos, el Día del Juicio, que el pecador necesariamente ve como día temible y sombrío, porque todo el que tiene cargas pesadas en su conciencia teme el momento en que esta pierda definitivamente el secreto que ha protegido de los otros, aunque no del Otro, que todo lo ve.

La Historia culmina con el juicio universal de los hombres, por eso se alude a los muertos, y tiene dos caras: es "tiempo de galardón" y "de destrucción". Se premiará a tres clases de personas, según Juan: los profetas que han sido siervos, los santos y los temerosos del nombre de Dios, sean pequeños como grandes. Los profetas son los predicadores del evangelio, los que han *hablado ante los demás* sin avergonzarse, pues ese es el sentido primario del "profeta" bíblico: el manifestador público de la verdad. La predicción de cosas futuras es solo su acepción secundaria y ocasional, y no se da en todos los profetas. Los *santos* son, en el lenguaje de los tiempos apostólicos, los simples cristianos, los que se han segregado del mundo para servir a Cristo, y más a menudo, los que el mundo ha segregado de sí –excomulgándolos como a leprosos, raros, oscurantistas, pesimistas, aguafiestas y pelmazos– por venir a tocarle campanas de velorio en mitad de la jarana. Los *temerosos de Dios* son los que observan con reverencia los mandamientos divinos, los que respetan a Dios. Y se aclara que esto vale tanto para los pequeños como para los grandes de las tres categorías. Menos mal, porque la mayoría de nosotros, si caemos en alguna de ellas, será como aprendices y enanos.

Como contrapartida se dice escuetamente "y [el tiempo] de destruir a los que destruyen la tierra", lo que no tiene nada de ecológico a menos que pensemos en ecología divina. El verbo griego διαφθείρω (*diaftheíro*) significa "podrir por completo", "arruinar", en el sentido de "descomponer totalmente" y, figurativamente, "pervertir". Se refiere a los que pudren la tierra con sus pecados y sus abominaciones; lo cual debemos entenderlo, sobre todo, de los que han podrido la tierra con sus ideas y filosofías sépticas y patógenas, con sus leyes que empujan al pecado o le dan franquicia. Estos han convertido la tierra en un inmenso cadáver que se pudre y descompone, generando no ya hombres sino gusanos morales. De estos, ¡justo castigo y *contrapaso* divino!, se dice simplemente que ellos mismos se pudrirán: podrir a los que pudren. Significa la condenación eterna. Dios nos conceda no encontrarnos en el lado pifiado de esta magna e ineludible batalla, que ha comenzado ya hace mucho.

Continúa la narración histórica del tercer ¡ay!

Creo que las palabras que vienen a continuación hacen de engarce entre la descripción del final parusíaco y el relato del desarrollo de las batallas que lo constituirán.

> [19] *Y se abrió el Santuario de Dios en el cielo,*
> *y apareció el arca de su alianza*
> *en el Santuario,*
> *y se produjeron relámpagos y fragor*
> *y truenos y temblor de tierra*
> *y fuerte granizada.*

¿Qué significan estas palabras? Ante todo, es claro que se trata de algo inaudito. El Santuario divino, el celestial, del que era figura el terreno que custodiaba el pueblo hebreo, se abre y deja ver el arca de la alianza. En el Antiguo Testamento, esto no acontecía jamás; al contrario, el *sancta sanctorum*, o santuario más íntimo, donde se guardaba el arca, permanecía siempre cerrado, como lugar el más sagrado de la tierra, donde solo Dios moraba. Únicamente el sumo sacerdote penetraba allí, y esto lo hacía una vez al año. Ahora es abierto de par en par, a los ojos de todos. ¿Qué simboliza el Arca?

¿Es el Verbo de Dios hecho carne, como suponen algunos? ¿Es María santísima, como han dicho otros? Quizá simplemente aluda a una tradición judía que afirmaba que el arca de la alianza volvería a aparecer cuando se restableciese el reino de Dios. De ser así, indicaría que ha llegado ese momento, y de ahí el acompañamiento meteorológico, que se parece a las trompetas y tambores que anuncian un gran acontecimiento.

Visión de la Mujer y el Dragón

[Capítulo 12]

Los capítulos 12 y 13 marcan el clímax del *Apocalipsis*; hasta cortan el libro en dos partes casi iguales en extensión (194 versículos una y 221 la otra).

Toda la sección que va de 12,1 hasta 14,20, describe a la Iglesia bajo el signo de la persecución y de la cruz, al mismo tiempo que bajo la protección incesante y amorosa de Dios. O bien, si se prefiere con Bauckham, "la guerra mesiánica" desde la encarnación (12,5) a la parusía (14,14-20), y el papel que cumplen los fieles de Cristo en la conquista y venida del Reino de Dios. Es lo que estaba contenido en el librito que Juan ha recibido en el capítulo 10.

Según algunos intérpretes (como Salguero, Bartina y otros) todo viene concebido a la luz de las luchas de la Iglesia "contra el Imperio romano, tipo del anticristo y de todos los poderes enemigos de Dios. El Dragón, es decir, el diablo, declara la guerra a la Iglesia sirviéndose de dos Bestias, que encarnan el poder de Roma y el sacerdocio pagano. Es la gran persecución de tres años y medio, que se terminará con el juicio de los perseguidores y con la inauguración del reino milenario de Cristo. El ejército celestial, teniendo por capitán al Cordero, infligirá al anticristo una derrota completa. La visión del capítulo 20 viene como a resumir todo esto, mostrando que Cristo no ha dejado de reinar nunca desde su encarnación, incluso en medio de las terribles contingencias de su pasión y muerte"[36].

No cabe duda de lo exacto de esta interpretación, pero quizá se quede corta. Expongamos, mejor, cada parte y luego hagamos un juicio valorativo de estas identificaciones.

---

[36] Salguero, *Apolcalipsis*, en: *Comentario de los profesores de Salamanca*, 425.

El gran signo

¹ Un gran signo apareció en el cielo:

La primera cosa que hacemos notar, con Bartina, es que Juan cambia estilo y no dice esta vez que vio una nueva visión, sino "apareció", lo que indica, junto a la apelación de "signo", σημεῖον (*semeion*), portento o milagro, que estamos ante un hecho extraordinario. ¡Como si lo que ha relatado hasta ahora no lo fuera! Pero esto parece superar, al entender del vidente, cuanto le ha sido mostrado anteriormente.

>*una Mujer, vestida del sol,*
>*con la luna bajo sus pies,*
>*y una corona de doce estrellas*
>*sobre su cabeza;*

Ve, Juan, una *Mujer*, ataviada de atributos radiantes: el sol le hace de manto y la luna de escabel, es decir, los dos símbolos de la luz, el del día y el de la noche. Es, por tanto, la cifra de la belleza celestial, como la luz es expresión de toda perfección. Además la coronan doce estrellas. Se trata de una corona de victoria y gozo (στέφανος, *stéfanos*), como la que se da al vencedor de los juegos atléticos, no una diadema, que es la corona política del rey. Los comentaristas están moralmente de acuerdo en que las doce estrellas simbolizan las doce tribus de Israel, o los doce apóstoles, o ambas cosas al mismo tiempo.

>*² está encinta,*
>*y grita con los dolores del parto*
>*y con el tormento de dar a luz.*

La mujer lleva un niño en su seno, y su parto es doloroso e inminente; más aún está entrando en los dolores del alumbramiento. "Esta mujer, dice Fillion en su comentario al pasaje, es la madre de Cristo, según el versículo 5. Sin embargo, no es a la Virgen María a quien se aplica la descripción, como se inclinaría uno a interpretar, y como muchos lo han creído de hecho. Una lectura atenta de este pasaje no tarda en mostrar que se trata de un personaje alegórico, de una madre mística, pues muchos rasgos señalados por el autor son evidentemente figurados. El nacimiento de Cristo del que se habla en el versículo 5 es, él mismo, del todo ideal. También debemos aplicar estas figuras a la Iglesia, sobre todo a la Iglesia del fin de los tiempos, que sufrirá más que nunca para hacer nacer a Jesucristo en las almas". Straubinger opina que las aplicaciones mariológicas de este capítulo se hacen solo "en sentido acomodaticio". Sin embargo, otros, como Bover, defienden que "la Mujer será o la colectividad patriarcal convergiendo y concentrándose en María, o bien María en cuanto recoge y sintetiza en sí la colectividad patriarcal, es decir, el Israel de la promesa. Cotejados todos los textos bíblicos en sus rasgos así reales como verbales, la conclusión es que la Mujer es María en cuanto lleva la representación de Israel. Además, el contraste entre la Mujer y el Dragón «serpiente antigua» (12,9), es una realización de las hostilidades enumeradas en el Génesis (3,15), donde la Mujer es María. Hay que notar, empero, que la maternidad de María es aquí, como lo fue en la realidad, no la pura generación física, sino la maternidad total del Redentor. Esto no impide, con todo, que, en sentido derivado, la Mujer pueda ser también de alguna manera la Iglesia, por cuanto es la prolongación de Israel"[37].

Que se trata –en el orden que sea– de la Iglesia, o sea, del nuevo Israel, queda patente en el v. 17, cuando se dirá que "los hijos de la Mujer" son "los que custodian el testimonio de Jesús". Pero hay momentos, como veremos más adelante, que desborda a la misma Iglesia en sentido histórico, es decir, en su fundamento apostólico, para exigir ser interpretada del Israel de Dios, de la Iglesia pero con-

---

[37] Bover-Cantera, nota a Ap 12, *Sagrada Biblia* (1958), 1638.

teniendo a los justos de todos los tiempos, desde Adán hasta el último justo, en el sentido de la *Civitas Dei* de san Agustín.

Para Pozo, el sentido primario de este texto tiene por sujeto a la Iglesia, lo que no impide que la figura de María aparezca a otro nivel. Más aún, sostiene que Juan ve a la Iglesia *con rasgos de María*. La exégesis mariológica de este pasaje aparece ya en el *Sermo 3 de symbolo*, de Quodvultdeus († 450), el cual entendía el pasaje de María quien, a su vez, sería tipo de la Iglesia. Indudablemente, no se pueden aplicar todos los detalles del texto a la Virgen, pero esto es algo muy característico del género alegórico-apocalíptico que permite una superposición de imágenes y el desborde de ciertos detalles respecto de la imagen principal[38].

Los "dolores del parto", que incomodan a muchos a la hora de aplicar esta imagen a María santísima, no tienen particular relevancia, pues pueden ser, como señala Cerfaux, un mero modo bíblico y poético de decir que verdaderamente la Mujer dio a luz: "una mujer en angustia de parto y que da a luz, quiere decir simplemente una mujer que trae un niño al mundo"[39]. Esto vale tanto de la lectura eclesiológica cuanto mariológica del texto. De todos modos, leído en su dimensión mariológica, puede indicar, como subraya Pozo, la participación dolorosa de María en el paso de Jesús de esta tierra al Padre (la Pasión).

Juan interrumpe la descripción de la mujer, porque en el escenario donde se proyecta su visión aparece otro σημεῖον (*semeion*).

---

[38] Cf. Pozo, Cándido, *María en la obra de la salvación*, 244-245.

[39] Cerfaux, L., *La visión de la femme et du dragon de l'Apocalypse en relation avec le Protévangile*, Eph.Theol.Lov. 31 (1955), 31.

El segundo signo

*³ Y apareció otro signo en el cielo:
un gran Dragón rojo-fuego,
con siete cabezas y diez cuernos,
y sobre sus cabezas siete diademas.
⁴⁻ᵃ Su cola arrastra
la tercera parte de las estrellas del cielo
y las precipitó sobre la tierra.*

Δράκων πυρρός μέγας (*drákon pirrós mégas*). Se trata de un *drákon mégas*, un dragón inmenso. La palabra dragón puede significar en la sagrada Escritura una serpiente, o un monstruo marino o fluvial (un cocodrilo), o un ser monstruoso fantástico. Este, además, es "grande", o quizá el calificativo solo quiera indicar que es "el" dragón, es decir, el monstruo por excelencia. Su color es rojo-fuego (el término *pirrós* o *pirós* es la palabra que designa el fuego), el mismo color con que Juan describió el caballo de la guerra (6,4: *híppos pirrós*, caballo fueguino), lo que indica aquí su carácter violento, cruel y rabioso. El monstruo tiene siete cabezas, coronadas con diademas y diez cuernos. A diferencia de la Mujer que lleva una *stefanós*, una corona victoriosa, las cabezas del Dragón están coronadas, en cambio, con diademas (διαδηματα, *diadémata*), es decir, coronas reales, de gobierno temporal, políticas. Para Bartina, la descripción se inspira en la demonología babilónica, y significa la plenitud de astucia; para Wikenhauser es el máximo despliegue de fuerza de las potencias hostiles a Dios. Las sendas diademas, subrayarían este poderío o bien que los reinos de este mundo están bajo su dominio; es "príncipe de este mundo". Los cuernos significan la fuerza, y el número de diez, su potencia no absoluta, según Bartina. Sobre este punto pueden hacerse innumerables exégesis, tratando de identificar, como Gill y Daubuz, en las cabezas, siete ciudades capitales del imperio Romano o las siete formas de gobierno que rigieron el imperio; o, por los cuernos, diez reyes o emperadores, o diez provincias del imperio, o... cuanto a uno se le ocurra. Todo es posible, pero basta con aceptar que se trata del Demonio y de su poderío mundano y de todo cuanto pone a su propio servicio respecto de las fuerzas terrenales, políticas, todos los medios de persecución e influencia (hoy en día toda la *propaganda* y medios de *influencia masiva*) y, si se quiere, también todo el aparato bélico militar; ninguna realidad intrínsecamente mala, es decir, perversa por sí misma, pero todas manipulables y ambiguas como son los entes de este mundo; en definitiva, todo aquello que el dragón pueda pudrir y transformar en manifestación de su rencor hostil hacia la Mujer a quien persigue a muerte.

El dragón arrastra con su cola "la tercera parte de las estrellas y las arroja sobre la tierra", como el cuerpo pequeño de Daniel, que crece hasta alcanzar el ejército del cielo, echando a tierra y pisoteando parte de las estrellas (cf. Dn 8,10). Este texto del profeta, se interpreta del rey Antíoco y de las divinidades de los pueblos por él conquistados. Respecto del uso de la misma imagen en el *Apocalipsis*, dice Salguero que "no sería de extrañar que el autor del *Apocalipsis* aludiese a la apostasía de altos representantes de la Iglesia de Cristo durante las persecuciones entonces desencadenadas. Sin embargo, según un simbolismo conocido en la literatura apocalíptica, las estrellas que caen del cielo representan a los ángeles prevaricadores. Con su poder de persuasión, el Dragón arrastra en pos de sí una buena porción de los ángeles del cielo, y con el mismo poder arrastrará también a muchísimos hombres, como arrastró a nuestros primeros padres en el paraíso". El poder demoníaco aquí aludido, entonces, no es necesariamente violento, sino que puede tratarse de una fuerza seductora, que hace caer del cielo sea a los ángeles, sea a los doctores, sea a lo más encumbrado de la Iglesia.

> [4-b] *El Dragón se detuvo*
> *delante de la Mujer que iba a dar a luz,*
> *para devorar a su Hijo en cuanto lo diera a luz.*

La figura de la Mujer vuelve a desbordar la persona concreta de María, e incluso de la misma Iglesia, para aplicarse en este punto concreto al Israel de Dios, a la Iglesia, si se quiere, en sentido agustiniano, que nace en los cielos con los ángeles buenos, y en la tierra con el primer hombre (*De civitate Dei,* XII). Por eso el Dragón está expectante del Mesías, cuyo nacimiento no puede impedir, pero a quien intenta devorar apenas sea dado a luz. ¿Es quizá este el motivo principal del nacimiento oculto del Mesías y de la desesperación de los demonios por esclarecer la identidad divina de Jesús ("Si eres el Hijo de Dios, échate de aquí abajo": Mt 4,6)? Porque el demonio no ha asechado puntualmente sobre María santísima, cuya maternidad divina le ha sido velada; tampoco puede tratarse de la Iglesia en cuanto fundada por Cristo, porque el nacimiento del Mesías es anterior a ella; pero sí ha asechado sobre el Israel de Dios en general, sabiendo mejor que nadie que "la salvación [el Salvador] procede de los judíos" (Jn 4,22).

> *⁵ La Mujer dio a luz un Hijo varón,*
> *el que ha de regir a todas las naciones*
> *con cetro de hierro;*
> *y su hijo fue arrebatado hasta Dios*
> *y hasta su trono.*

Dios burla, sin embargo, al dragón y el Mesías nace de la Mujer. Esta, nuevamente es la Iglesia supratemporal, el Israel de Dios y la Ciudad de Dios, pero descrita con rasgos de la histórica María, Madre del Redentor, como indica Pozo. No es posible leer este versículo sin tener presente el texto de san Lucas: "concebirás en tu seno y darás a luz un hijo...; el Señor Dios le dará el trono de David, su padre, reinará eternamente sobre la casa de Jacob y su Reino no tendrá fin" (Lc 1,31-33).

El Niño es identificado como el Mesías del Salmo 2, 7-9:

> "Voy a anunciar el decreto de Yahveh:

Él me ha dicho:

«Tú eres mi hijo; yo te he engendrado hoy.

Pídeme, *y te daré en herencia las naciones*,

en propiedad los confines de la tierra.

Con cetro de hierro, los quebrantarás,

los quebrarás como vaso de alfarero»".

El arrebato del Mesías alude a su Pasión, Muerte, Resurrección y Ascensión a los cielos; a lo que se añade su presencia ante el trono divino. Pero indica también la impotencia del dragón para lograr su cometido contra el Niño.

> ⁶ *Y la Mujer huyó al desierto,*
> *donde tiene un lugar preparado por Dios*
> *para ser allí alimentada*
> *mil doscientos sesenta días.*

La Mujer huye al desierto porque, como se dice más adelante (v. 13-17), el dragón, al verse burlado por el Hijo de la Mujer, dirige su cólera contra Ella. El desierto es lugar simbólico; siempre ha significado para Israel el lugar de refugio, como fue amparo en la persecución del Faraón. La imagen también puede haber sido inspirada por la huida de los cristianos, en tiempos de la invasión romana de Israel, a Pella, en el desierto transjordano (lo que estos hicieron, según Eusebio en su *Historia Eclesiástica*, al recordar las palabras del Señor que nos ha conservado san Mateo –Mt 24,6-16–: "Cuando oigáis hablar de guerras y rumores de guerras... entonces, los que estén en Judea, huyan a los montes"), lo que acarreó que aquellos no murieran masacrados junto a los judíos asediados en Jerusalén. De todos modos, cuanto más, este hecho histórico, previo a la caída de Jerusalén, solo sirve de símbolo a la huida aquí descrita; no es intención de Juan narrar un hecho pasado o dar a entender que esto ya tuvo lugar, como interpreta, equivocadamente, Barclay. La huida de la Mujer al desierto es algo que tiene lugar o a lo largo de toda la historia de la Iglesia y en particular ocurrirá en los últimos tiempos. En tal sentido, sería mejor interpretarlo de la separación y enfrentamiento entre la Iglesia y el mundo *mundano*, es decir, en su aspecto diabólico, que enfrenta desde siempre a la Iglesia y al *Mundo*.

El espacio de tiempo indicado (1260 días) es, como ya hemos dicho, media semana de años (tres años y medio) e indica un tiempo no perfecto de persecución, o sea un tiempo acortado por la misericordia de Dios. Durante este tiempo Dios mismo alimenta a la Mujer, imagen que alude al modo en que Israel fue alimentado con el maná durante su éxodo; aquí probablemente deba entenderse del nuevo maná, la Eucaristía, que es lo que sostiene a la Iglesia durante el tiempo de la prueba, hasta el retorno del Niño-Mesías.

La batalla celeste

> *[7] Entonces se entabló una batalla en el cielo:*
> *Miguel y sus ángeles combatieron con el Dragón.*
> *También el Dragón y sus ángeles combatieron,*
> *[8] pero no prevalecieron*
> *y no hubo ya en el cielo lugar para ellos.*
> *[9] Y fue arrojado el gran Dragón,*
> *la Serpiente antigua,*
> *el llamado diablo y Satanás,*
> *el seductor del mundo entero;*
> *fue arrojado a la tierra*
> *y sus ángeles fueron arrojados con él.*

La ascensión del Mesías al cielo parece desencadenar una batalla entre ángeles. ¿A qué batalla de ángeles y demonios se refiere aquí Juan? ¿Es una visión de la lucha ante-histórica, histórica o parusíaca?

Algunos Padres de la Iglesia sostuvieron que se trata de la lucha que Satanás sostiene contra la Iglesia a lo largo de toda la historia, que se radicalizará al final de los tiempos.

Otros Padres la interpretan de la primera rebelión angélica que selló la caída de los ángeles rebeldes. A esto parece inclinarse el comentario de la Biblia de Navarra: "hacen pensar en el origen del demonio".

W. Barclay, sin proponer ninguna interpretación del pasaje en cuestión, lo aprovecha para traer a colación todo cuanto la Escritura enseña sobre el demonio. Pero respecto de nuestro texto, nos deja en ayunas. Quizá no lo entendió y siguió la vía cómoda de desentenderse de él.

Bartina habla de la lucha, pero no dice a qué batalla se refiere, si a la primigenia o a la última.

Menciono también el comentario que hace John Gill por lo disparatado de llevar la exégesis historicista del *Apocalipsis* hasta los últimos detalles. Afirma que la batalla en cuestión tiene lugar "más bien en el imperio Romano, que fue el cielo de Satanás, dios de este mundo, y de sus ángeles; y esta guerra ni se refiere a la disputa entre Miguel arcángel y el demonio por el cuerpo de Moisés (cf. Jd 1,9), ni la que se libró cuando los ángeles se rebelaron contra Dios... (Jd 1,6), ni la antigua y asentada enemistad entre la semilla de la serpiente y la semilla de la mujer (Gn 3,15)...; ni los combates que Cristo libró personalmente durante su vida terrena con Satanás y sus poderes...; sino más bien al conflicto que Cristo y su pueblo ha mantenido con los gobernantes de las tinieblas de este mundo, con los poderes romanos, y con los falsos maestros durante los tres primeros siglos; aunque parece mejor entenderlo de la guerra comenzada por Constantino contra el paganismo y terminada por Teodosio". Así, de un plumazo, hace añicos la mayoría de las interpretaciones tradicionales del texto y propone una del todo parcial e improbable.

Pero si el texto tiene un carácter fundamentalmente parusíaco, deberíamos pensar que se refiere entonces a otra batalla, una *antes del final*, y así lo entiende Castellani. Lo mismo sostienen Ballester Nieto y Straubinger.

Salguero parece pensar que esta victoria atribuida a Miguel, es la victoria que Cristo obtiene en la cruz: "La batalla que se entabla entre ambos bandos parece como si fuera ocasionada por la ascensión de Cristo al cielo. Jesucristo, sentado en el trono de Dios, recibe de este la soberanía sobre toda la creación. Satanás y los suyos no quieren aceptarla. Y entonces Cristo, obrando como rey, lanza contra el Dragón el ejército angélico, poniéndole en fuga. Esta desbandada simboliza la derrota de las fuerzas diabólicas por la cruz de Cristo. Las fuerzas del Dragón con su jefe son arrojadas a la tierra, teniendo que abandonar su propia morada del cielo (v.8). Pero en la tierra no dejarán de seguir la lucha, que habían comenzado con tan felices resultados en el paraíso terrenal".

Lo mismo piensa Wikenhauser: "este combate entre Miguel y Satán... se lleva a cabo en el lapso entre la glorificación de Cristo y la aparición del Anticristo". A esto parecen aludir las palabras de Cristo al comienzo de su Pasión: "Yo estaba viendo a Satán caer del cielo como un rayo" (Lc 10,18); y: "Ahora tiene lugar el juicio de este mundo; ahora el príncipe de este mundo será arrojado fuera" (Jn 12,31). También Prigent es de la misma opinión y señala atinadamente que por eso esta nueva escena no es presentada como un tercer signo, ni la lleva a cabo el Mesías mismo, sino aquellos que ejecutan la voluntad divina.

El vidente, pues, describe esta derrota del dragón, causada por la Pasión y Glorificación de Cristo y por la lucha de los seguidores del

Cordero con imágenes de la primera gran batalla entre los ángeles. Quizá también pueda entenderse que esa gran batalla comenzó en los cielos y culminó sobre el Gólgota.

La *batalla* no viene descrita, sino aludida. "Se entabló". Y combaten todas las huestes angélicas: las de Miguel y sus ángeles contra las del Dragón y sus seguidores. Esta es la única vez que se da un nombre a un ángel en el *Apocalipsis*; quizá para subrayar que no se trata aquí de símbolos sino de hechos. *Mîka'el* es una palabra hebrea y significa *Quién como Dios*.

Las huestes del dragón, *non valuerunt*, no tuvieron fuerza suficiente. El texto griego dice οὐκ ἴσχυσαν (*ouk ísjysan*), no fueron fuertes; en clara oposición a Dios a quien en Ap 7,12 se atribuye ἡ ἰσχὺς (*he isjys*): la fuerza. En consecuencia, perdieron definitivamente sus lugares en el cielo: οὔτε τόπος εὑρέθη αὐτῶν ἔτι ἐν τῷ οὐρανῷ (*oúte tópos heuréthe autón éti en to ouranó*); es decir, los lugares que hubieran tenido en el cielo si hubiesen permanecido fieles a Dios. No es, por tanto, la visión divina lo que pierden, ya que esta, una vez obtenida, no puede frustrarse. Evidentemente, el diablo y sus ángeles fueron arrojados del cielo en la primera rebelión, por lo que debemos entender que la Victoria de Cristo sobre el demonio, en la Cruz y en su Glorificación, viene aquí descrita con los términos de la Primera derrota diabólica. En consecuencia esta expresión no intenta afirmar tanto la pérdida de su estado inicial, sino, como parece entender Bartina, el hecho de que, de ahora en más, no podrán jamás prevalecer contra el cielo y contra quienes pertenecen a Dios: "las puertas del infierno no prevalecerán contra ella [la Iglesia]". En el mismo sentido lo entiende, por ejemplo, Prigent: "Desde la Pascua Satán ya no es el mismo".

La tierra será hasta el final, el único ámbito de la acción diabólica, induciendo a los hombres al error y a la rebelión contra Dios. "No es que se le ofrezca este nuevo campo de acción, dice Prigent, sino que se encuentra expresamente acorralado allí. Su acción ya no puede aspirar a la significación e importancia de las realidades superiores, trascendentes, celestiales. Satán no puede acechar ya más que a ras de la tierra. Sus estragos permanecen terriblemente reales, pero no afectan más la historia del mundo y de los hombres tal como Dios las quiere y decide. Todo está jugado y la salvación no puede ser puesta en cuestión por el enemigo que ahora muerde el polvo. En revancha, si Satán no actúa más que en el mundo de los hombres, les toca a estos oponerse, con todos sus medios, a sus empresas. Este es el fundamento de toda militancia contra el mal, sea en el orden político, militar o social"[40].

El himno por la derrota del dragón

La derrota del dragón origina un himno celestial; Juan oye una voz que lo entona:

> [10] *Oí entonces una fuerte voz que decía en el cielo:*
> *«Ahora ya ha llegado la salvación,*
> *el poder y el reinado de nuestro Dios*
> *y la potestad de su Cristo,*
> *porque ha sido arrojado*
> *el acusador de nuestros hermanos,*
> *el que los acusaba día y noche*
> *delante de nuestro Dios.*

Las primeras palabras del himno muestran a las claras que se trata de la batalla final, o el preludio del final; porque la derrota del demonio inaugura ("ha llegado") el reinado y la potestad de Dios Padre y de su Mesías.

El demonio viene llamado ὁ κατήγορος (*ho katégoros*), "el Acusador", que también puede traducirse "el quejoso"; el que presenta

---

[40] Prigent, *L'Apocalypse de Saint Jean*, 301.

siempre acusaciones y quejas contra otro en una asamblea. Es el título contrapuesto al que se da tanto a Jesús como al Espíritu Santo: "Abogado". De Jesús dice Juan: "tenemos un Abogado, Cristo" (1Jn 2,1); al Espíritu Santo se lo llama cuatro veces "Paráclito" durante la última cena (Jn 14,16; 14,26; 15,26 y 16,7) que significa Ayudador, Consejero, Consolador; este vocablo se usaba también en el griego corriente en el sentido de *abogado*, como testimonian textos de Demóstenes, Diógenes Laercio, Filón...

La actitud acusadora y quejosa del demonio ante el trono de Dios, que aquel parece ejercer, según el texto, "día y noche", es decir, sin cesar, es atestiguada por Job (1,6-12). El demonio exige de Dios justicia inmediata sobre los pecados de los hombres, como la que él recibió. Por eso presenta ante Dios cada desliz nuestro en el mismo momento de consumarse, y pide el ajustado castigo del mismo, sin dilación, es decir, sin tiempo de misericordia. El *katégoros* es enemigo de la compasión, de la paciencia y de la misericordia divinas.

El pasaje parece dar a entender que a pesar de su derrota inicial, durante el tiempo de los hombres, el diablo tiene una cierta permisión divina para dirigirse a Dios como acusador. Tanto el libro de Job, como la visión de Juan, lo escenifican a modo de un juicio aunque no se trate más que del constante clamoreo diabólico reclamando su dominio sobre los que se le rinden por el pecado (porque Jesús bien dijo: "el que comete pecado es un esclavo": Jn 8,33).

> [11] *Ellos lo vencieron*
> *gracias a la sangre del Cordero*
> *y a la palabra de testimonio que dieron,*
> *porque despreciaron su vida ante la muerte.*

Satanás es el *gran perdedor*. Cinco veces se alude en este capítulo a su condición de frustrado: por no poder hacer daño al Niño varón (12,4-5); por ser incapaz de atrapar a la Mujer (12,6.14); por ser arrojado del cielo (12, 9.15-16); por fallar al acosar a la Mujer-Iglesia y no poder ahogarla con su torrente ruinoso (12,15-16), y por ser derrotado por la progenie de la Matrona celeste (12,17).

De modo sorprendente la victoria sobre el demonio pasa a ser atribuida no solo a Miguel y sus ángeles, sino a todos los "hermanos", aunque parecería referirse en particular a los mártires. Todos los hechos y oraciones de los santos, en particular de los mártires, se asocian en esa batalla. Y la victoria la obtiene la "sangre del Cordero", que anima a los que se mantienen firmes en la tentación y particularmente en el momento de dar el supremo testimonio con la propia muerte.

> [12] *Por eso, regocijaos, cielos*
> *y los que habitáis en ellos.*
> *¡Ay de la tierra y del mar!*
> *porque el diablo ha bajado a vosotros*
> *con gran furor,*
> *sabiendo que le queda poco tiempo».*

Esto trae regocijo en los cielos, pero Juan lamenta la situación de la tierra y el mar, es decir, del mundo temporal, porque el diablo ha quedado confinado a esta esfera, y se dedica desde ahora a la implacable persecución, porque "sabe que le queda poco tiempo". ¿Cómo entender estas palabras? Materialmente, daría la impresión de que tras esta batalla, queda ganada la partida de la salvación. Ya no puede acusar, es decir, exigir la condenación de ninguno más. Poco fruto puede esperar tentando a los que quedan. Solo le cabe destruirlos. La furia diabólica será, en la última persecución, vengativa por la humillación de su derrota. Por eso será implacable, y no parece que apunte ya a la seducción sino al exterminio.

Quizá no haya que exagerar las cosas y no se pueda establecer esta distinción tan neta entre un tiempo de acusación y un tiempo de venganza. Tal vez todo esto solo signifique que en los tiempos del

Anticristo la persecución será más cruenta, aunque seguirá habiendo posibilidad de pecado y de apostasía de parte de los buenos. Pero indudablemente, el demonio sí será consciente de que el tiempo que él manejará para entonces será muy escaso desde el punto de vista de los ángeles, aunque a nosotros, los hombres, los plazos divinos y angélicos nos parezcan muy largos. ¡Qué tremendas –y actuales– suenan las palabras sagradas: "Ay de la tierra porque el diablo ha bajado a ella"! ¡Y qué poco conscientes somos del realismo que contienen!

Retorna la atención a la Iglesia

> [13] *Cuando el Dragón vio*
> *que había sido arrojado a la tierra,*
> *persiguió a la Mujer*
> *que había dado a luz al Hijo varón.*
> [14] *Pero se le dieron a la Mujer*
> *las dos alas del águila grande*
> *para volar al desierto, a su lugar,*
> *lejos del Dragón,*
> *donde tiene que ser alimentada*
> *un tiempo y tiempos y medio tiempo.*

El dragón persigue a la Madre del Mesías, que es aquí, con patente claridad la Iglesia de Dios, como se había anticipado versículos más arriba.

Dios la auxilia dándole "las dos alas del águila grande", que no significan los dos testamentos, como pensaba, por ejemplo, San Andrés de Creta, o los dos brazos santos de Cristo extendidos sobre la Cruz, como dijo san Hipólito, aunque pueda acomodarse muy bien la alegoría a estas y otras aplicaciones. Se trata simplemente de "los brazos sustentadores de Dios", como señala Barclay. Dios se compara a menudo con el águila protectora: "Habéis visto –le dice a Israel– cómo os llevé sobre alas de águilas, y os traje hasta Mí" (Ex

19,4). "Como el águila que alborota su nidada, revoloteando por encima de sus polluelos, extiende las alas, tomándolos, cargándolos sobre sus plumas, el Señor fue el único que los guió" (Dt 32,11). Estas alas simbolizan, pues, la gracia divina, la protección, la providencia y la asistencia divina.

Dios, por tanto, lleva a la Mujer "a su lugar" que está en el desierto y lejos del dragón. El desierto era, en la mente de Israel, el refugio de todos los perseguidos, donde huyen Elías, David, los Hasidim... El desierto puede significar, en algunos textos bíblicos, el lugar inhóspito, sin vida, incómodo para vivir, pero lejos de los centros de poder, y, bajo este último aspecto, seguro a su manera. Indica también el lugar de la tentación, donde el demonio parece tener más sueltas las riendas, como muestra en el monte de la Cuarentena, en los aledaños de Jericó, con Cristo. También representa el lugar del castigo, como durante las cuatro décadas en que Israel se ve obligado a deambular por él, por haber dudado de las promesas divinas. Pero también significa, en otros pasajes, el lugar de la oración y de la intimidad con Dios, como se lee en el célebre pasaje de Oseas: "la llevaré al desierto y le hablaré al corazón" (Os 2,14). La Iglesia huye al desierto de protección, al lugar donde puede relacionarse con Dios, porque allí llega con sus alas de águila, prestadas por Dios, o sobre las alas de Dios, el Águila Grande; y allí el Mal no puede alcanzarla, porque es un sitio "lejos del dragón", donde a este le está vedado dañarla; es un lugar donde es alimentada divinamente – probable alusión eucarística con reminiscencias al maná de los judíos–. Por todo esto, creo que el desierto debe entenderse aquí del aislamiento del mundo, logrado por la huida hacia la vida interior. La duración que el vidente asigna a este retiro es la duración simbólica de toda persecución: tres años y medio.

[15] Entonces el Dragón vomitó de sus fauces
como un río de agua,

> *detrás de la Mujer,
> para arrastrarla con su corriente.*
> ¹⁶ *Pero la tierra vino en auxilio de la Mujer:
> abrió la tierra su boca y tragó el río
> vomitado de las fauces del Dragón.*
> ¹⁷ *Entonces despechado contra la Mujer,
> se fue a hacer la guerra al resto de sus hijos,
> los que guardan los mandamientos de Dios
> y mantienen el testimonio de Jesús.*
> ¹⁸ *Y se apostó de pie sobre la arena del mar.*

El último conato del dragón contra la Mujer es descrito a modo de un río arrasador pero definitivamente ineficaz. La misma tierra se traga el vómito enemigo. Imagen audaz y extraña. ¿A qué aludirá? Puede tratarse de algún modo de persecución del estilo de las modernas campañas calumniosas que han tratado de enlodar a la Iglesia; pero es la misma tierra, la misma temporalidad, los mismos hombres volubles, los que terminan por inutilizarla. Los tiempos que vivimos nos dan buenos ejemplos. Una y otra vez, contra los pontífices, contra el sacerdocio, contra la doctrina moral, contra la misma figura de Cristo... los poderes más oscuros desencadenan cruzadas negras que parecen que van a hacer tambalear la Casa de Dios. Pero la misma versatilidad y el capricho que el espíritu mundano ha inyectado en las venas de los hombres hacen que escaso tiempo después, pocos se acuerden del asunto. La misma tierra parece tragarse el río espumoso que iba a anegar la Iglesia. Esta imagen del vidente nos presenta un dragón impotente, muy dañino en lo accidental, pero estéril para una victoria sustancial.

Por eso se vuelve contra los hijos individuales de la Mujer. La inutilidad de sus manotazos contra Ella, lo empujan a vengarse sobre sus retoños. No puede destruir la Iglesia, pero sí tiene esperanza de hacer sufrir a los hijos de la Iglesia. No a cualquiera, sino a los fieles, es decir, a los que "guardan los mandamientos y mantienen el testimonio". Es decir, los santos. ¿Esto es lo que ha ocurrido siempre, lo que ocurre ahora, o lo que ocurrirá hacia el final? Las tres cosas, con diversa intensidad, creciente hasta el paroxismo hacia el filo de la Historia.

"Y se apostó de pie sobre la arena del mar". La Biblia de Jerusalén trae la versión de algunos códices que aplican la acción a Juan: "Y me coloqué sobre la playa del mar". Preferimos esta otra, que encontramos en Straubinger, Bartina, Nácar-Colunga, Nieto, los profesores de Navarra... Es más acorde con el relato que sigue. Porque para esta nueva batalla el dragón suscita sus aliados, por eso termina el capítulo describiéndolo apostado, en pie, sobre la playa; porque del mar surgirá su refuerzo: la Bestia que se aliará con él para hacer la guerra a la simiente de la Mujer.

Visión de las dos Fieras

[Capítulo 13]

Castellani sostiene que las visiones que vienen a continuación nos colocan de modo evidente en los últimos tiempos. Él las llama por eso "esjatológico-históricas".

Barclay dice que el sentido general de este capítulo es que "Satanás, una vez arrojado del Cielo, sabe que le queda poco tiempo, y decide hacer todo el daño que le sea posible. Para hacer ese daño en la Tierra *delega* su poder en las dos bestias". En realidad no delega sino que las asocia a su acción, formando, lo que acertadamente llama Bartina, "una especie de trinidad maléfica".

La primera Bestia salvaje

> *1 Y vi surgir del mar una Bestia*
> *que tenía siete cabezas*
> *y diez cuernos,*
> *y en sus cuernos diez diademas,*
> *y en sus cabezas nombres blasfemos.*

San Juan ve una θηρίον (*theríon*); sustantivo que según Strong desina un "animal peligroso", y según Tuggy propiamente una "fiera". El vocablo, en la Biblia indica a veces a la serpiente. El diccionario Vine del Nuevo Testamento señala que el término "denota casi invariablemente una fiera salvaje"; es la palabra con que Hch 28,4 designa la "bestia venenosa", es decir, el reptil ponzoñoso que se prendió de la mano de Pablo en la isla de Malta. Y añade que "este vocablo acentúa el elemento bestial, aunque no está siempre presente la idea de un animal de presa". Por tanto debemos entender *bestia* en el sentido de *bestia feroz*, sanguinaria y odiosa.

Esta Fiera surge del "mar", el cual significa, en el lenguaje bíblico el mundo en su sentido mundano y caótico (contrario al orden, a la belleza espiritual, a la dimensión sagrada y a lo divino).

La mayoría de los autores ve en esta primera Bestia una alusión al "imperio romano", o al "imperialismo antirreligioso". Pero no podemos reducirla a un fenómeno meramente político; en todo caso, estas realidades históricas del pasado son figuraciones, encarnaciones o preparaciones de la verdadera Bestia del mar.

La Bestia del mar parece un calco del dragón y es, de hecho, su "creatura"; tiene, como él, siete cabezas y diez cuernos; pero se diferencia en que, en lugar de las siete diademas, lleva diez.

Esta Bestia representa a las potencias que luchan contra el Reino de Dios, o encarnan al Anticristo con sus secuaces[41]. Así sostienen

---

[41] Ya señalé más arriba que el término "Anticristo" no aparece en *Apocalipsis*, y solo es usado por san Juan en sus *Epístolas* para referirse a quienes se oponen a la doctrina de Cristo. La tradición ha fusionado diversos datos bíblicos aplicando este nombre a las fuerzas hostiles a Dios que en el Nuevo Testamento se concretan como hostilidad contra el Mesías de Dios, es decir, "contra-Cristo". Ya el personaje misterioso que preanuncia san Pablo para los últimos tiempos en 2Tes 2,3-12, parodia los rasgos de Jesucristo incluso con un aparente poder sobrenatural que opera prodigios engañosos para la perdición de los hombres. Tiene sus predecesores en todos los persecutores de la Iglesia y todos los que de un modo excepcional se oponen a Dios y a sus planes, pero tendrá su máxima expresión al fin de los tiempos, precediendo la parusía de Nuestro Señor, quien lo aniquilará con la manifestación de su venida (2Tes 2,8; cf. 1,7-10). El *Apocalipsis*, sin emplear el nombre, parece identificarlo o con las dos Bestias monstruosas conjuntamente, o, como entienden muchos comentaristas, con la primera de ellas. En efecto, la primera (poder más de orden político) blasfema contra Dios, se hace adorar y persigue a los verdaderos creyentes (Ap 13,1-10), y la segunda (realidad religiosa) plagia al Cordero operando prodigios engañosos y seduciendo a los hombres para hacer que adoren a la primera bestia (13,11-18).

Wikenhauser, Straubinger, Castellani; y la interpretación se remonta a Ireneo de Lyon.

Schlier dice que los diez cuernos, con las diez diademas, simbolizan el poder y la dignidad reales, y las siete cabezas el dominio absoluto. Juan ofrece una explicación, si así puede decirse, de los cuernos y las cabezas, más adelante, en 17, 9-14, identificando "aparentemente" la Bestia con la Roma imperial aunque, como veremos, esta misma no es sino un símbolo de una realidad más intrincada. Lleva nombres blasfemos que, probablemente, son los nombres de Dios pero atribuidos a sí misma. Es, bajo este aspecto, el remedo de Dios, es decir, el Anti-Dios, el Anti-Cristo.

> ² *La Bestia que vi se parecía a un leopardo,*
> *con las patas como de oso,*
> *y las fauces como fauces de león:*
> *y el Dragón le dio su poder*
> *y su trono y una autoridad muy grande.*

Posee rasgos de los cuatro animales que ve Daniel: leopardo, oso, león y la alimaña indeterminada que tiene, como esta apocalíptica, diez cuernos. Es, dicen coincidiendo casi todos los intérpretes, un símbolo de un poder político con todas las características de adversario de Dios; o mejor, un poder que se extiende a lo político y lo usa como instrumento, aunque, en sí, pueda ser principalmente espiritual. Straubinger dice que "la unión de elementos tan disímiles significa que las tendencias más opuestas entre sí se unirán (cf. Sl 2,2) para destruir la obra del Redentor, engañando a los desprevenidos con apariencia de piedad y de paz". Como durante la Pasión del Señor se unieron Herodes y Pilatos –agua y aceite– para condenar a Cristo. La malevolencia puede ser, circunstancial y temporalmente, causa de unión entre los malos; los cuales, una vez perpetrado el mal, descomponen el cuerpo que han formado comiéndose mutuamente los ojos. Es la ley de todas las bandas criminales y de todos los gobiernos que no merecen otro apelativo diverso de este, y también la norma que rige a cuantos mancomunan fuerzas unidos exclusivamente por el odio hacia un enemigo común.

La Fiera del mar es, en cierto sentido, la *Hechura* del dragón. Este le da, dice el texto: τὴν δύναμιν αὐτοῦ καὶ τὸν θρόνον αὐτοῦ καὶ ἐξουσίαν μεγάλην (*tèn dýnamin autou kai tòn thrónon autou, kai exousían megálen*): "su poder y su trono y una autoridad grandísima". La *dýnamis* es la fuerza y, según Strong, "específicamente poder milagroso", la capacidad de obrar maravillas; el diccionario Vine, además de "poder y capacidad", también da a este término el sentido de "poder de acción para obrar milagros", y afirma que en el Nuevo Testamento aparece con esta acepción 118 veces. Una *dýnamis* indica a veces el milagro mismo como en Mc 6,5, cuando se dice que a causa de la incredulidad de los nazarenos Jesús no pudo hacer ninguna *dýnamis* en su aldea. El dragón convierte a la Fiera del mar en un artífice de prodigios y maravillas, es decir, de milagros, pero de milagros falsificados, que son los únicos que puede hacer el diablo, y los únicos que él puede transmitir a sus magos. El *thrónos* es el poder real; el dragón encumbra políticamente a su Fiera marítima; pero dice que le da *ho thrónos autou*, "su trono"; él es cabeza de los malos, en una especie de remedo del Cuerpo Místico de Cristo. Lo pone, pues, a la cabeza de los que están dispuestos a servir al dragón. Finalmente, la *exousía* es la influencia, autoridad, jurisdicción, maestría, el poder gubernamental, y se traduce a menudo, en los escritos del Nuevo Testamento, por "derecho". Es lo que ofrece el diablo a Cristo si postrado lo adora: la *exousía* (poder, autoridad, dominio) sobre los reinos de la tierra (cf. Lc 4,6). Indudablemente, sobre el filo de los tiempos, encontrará Uno que aceptará lo que Cristo rechazó. Hoy mismo son muchos los que le venderían el alma no ya por uno de estos reinos sino hasta por una municipalidad de pueblo.

Esta visión presenta a esa realidad política o a ese ser personal que la encarna, recibiendo del dragón todo el poderío terrenal para usarlo contra la Mujer ante quien este último ha fracasado.

> *³ Una de sus cabezas parecía herida de muerte,*
> *pero su llaga mortal se le curó;*
> *entonces la tierra entera*
> *siguió maravillada a la Bestia.*
> *⁴ Y se postraron ante el Dragón,*
> *porque había dado el poderío a la Bestia,*
> *y se postraron ante la Bestia diciendo:*
> *«¿Quién como la Bestia?*
> *¿Y quién puede luchar contra ella?»*

Este misterioso rasgo de la cabeza mortalmente herida que sana, es remedo del Cordero degollado pero vivo, es decir, resucitado, como ya notó Hipólito. En este caso no parece que la muerte se haya producido, sino que ha sido curado, no resucitado, pero el dragón ha simulado la resurrección, lo que ha dejado embobada a la tierra entera, la cual sigue a la Bestia y la adora, aunque, al parecer, no por amor, sino por temor: "¿quién puede pelear contra ella?" Quienes tratan de interpretar todo este capítulo como una alusión a hechos acaecidos en los primeros siglos cristianos, han tratado de identificar inútilmente algún personaje político que encarnase estas características. Es cierto que para algunos cristianos de aquellos tiempos todas estas imágenes parecían describir al Imperio dominante con sus gobernantes que ostentaban títulos blasfemos por ser divinos (*deus, divus, filius dei, salvator, dominus...*), y que incluso este punto de la cabeza que revive dio pie a que se pensase en una resurrección de Nerón, encarnación de la locura perversa, de quien se decía que volvería a la cabeza de los temibles jinetes persas (como dice la leyenda del *Nero redivivus*) para perseguir a los cristianos y a quien se le ponga a tiro. Yo creo, humildemente que si hay alusiones imperiales, es solo porque el poder romano vuelto perseguidor en algunos momentos de los primeros siglos es una buena imagen para describir al poder del Anticristo, sea este un movimiento político anticristiano o antiteísta, sea una persona individual, o sea ambas cosas: una persona a la cabeza de un movimiento. Sin quitar que también haya podido ser una primera concreción del Anticristo, como han surgido otras más tarde (el mismo Juan habla –1Jn 2,18– de "muchos anticristos").

> [5] *Le fue dada una boca*
> *que profería arrogancias y blasfemias,*
> *y se le dio poder de actuar*
> *durante cuarenta y dos meses;*
> [6] *y ella abrió su boca para blasfemar contra Dios:*
> *para blasfemar de su nombre*
> *y de su morada*
> *y de los que moran en el cielo.*
> [7] *Se le concedió hacer la guerra a los santos*
> *y vencerlos;*
> *se le concedió poderío sobre toda raza,*
> *pueblo, lengua y nación.*

La Fiera es hostil a Dios y a los fieles a Dios. Es la encarnación del pecado, el *hombre de pecado*, como lo llama san Pablo (2Tes 2,3), lo cual, de todos modos, no nos obliga a tomarlo como una persona singular; puede ser también un cuerpo social, un sistema político, o político-religioso, como fue, de hecho el Imperio de Roma en sus peores momentos históricos, es decir un poder político con pretensiones divinas. Pero, aun así, algún singular debe ostentar el poder: todos los cuerpos tienen cabeza, aunque las cabezas se sucedan una a la otra, y puedan ser siete como las de la Fiera, o diez, o todo cuanto este símbolo pueda sugerir.

Es insolente contra Dios y contra los hombres de Dios. A Dios lo afrenta con sus blasfemias, como también a todo lo que resulta inalcanzable para ella, a saber, los seres celestiales. Pero a los "santos", es decir, a los fieles a Dios que están todavía en este mundo, los persigue. Es una persecución intensa y cruel, pero limitada por la mano protectora de Dios: tres años y medio, o cuarenta y dos meses, la mitad de una semana de años (duración perfecta), es decir, un tiempo limitado por la misericordia de Dios. La Bestia "no tolera en sus dominios –dice Wikenhauser– la presencia de quien se niega a entregarle cuerpo y alma; reclama para sí al hombre entero" (como hacen en nuestro tiempo los poderes ideológicos que imponen sin cuartel un orden que subvierte el de la naturaleza –"hija de Dios", como la llamaba Dante–, sin contentarse con medias tintas, sino avanzando día a día "a por más", intentando perturbar el juicio moral de toda persona, desde los primeros años de la infancia, hasta lograr que se llame bien al mal y mal al bien). Juan ve proféticamente que la Fiera hace guerra y los somete. Y su dominio se hace temible porque es *mundial*: nadie puede escapar de su brazo de hierro pues tiene un gobierno *globalizado* que ejerce sobre todo pueblo, lengua y nación. ¡Dios nos libre! Esto ya está sucediendo; o, por lo menos, cuanto ahora sucede semeja el "obrar" (ποιέω, *poiéo*) de la Fiera apocalíptica, aunque quizá esta ajuste aún más sus titánicas garras cuando llegue su momento.

> [8] *Y la adorarán todos los habitantes de la tierra*
> *cuyo nombre no está inscrito,*
> *desde la creación del mundo,*
> *en el libro de la vida del Cordero degollado.*
> [9] *El que tenga oídos, oiga.*
> [10] *El que va destinado a la cárcel,*
> *a la cárcel vaya;*
> *el que ha de morir a espada,*
> *a espada muera.*
> *Aquí se requiere la paciencia y la fe de los santos.*

Como resultado, la Fiera o Bestia salvaje, es decir, el Anticristo, será adorado por todos los que no estén del lado limpio de la pelea, que son los "inscritos... en el libro de la vida del Cordero degollado". Este versículo tiene una característica interesante, pues dice literalmente: καὶ προσκυνήσουσιν αὐτὸν (*kai proskynésousin autòn*), colocando *autòn* en masculino (a él), cuando, por referirse a la Bestia-Feroz, tendría que decir *autó*, en neutro. Esto parece indicar que en la mente de Juan la Bestia es una persona que encarna el poderío demoníaco, y no tanto un grupo, aunque, como hemos dicho, bien podría tratarse de las dos cosas; pero los que abogan por un Anticristo personal tienen aquí un dato a su favor.

Termina la descripción de la primera Fiera con tres sentencias de interpretación muy discutida. De hecho pueden leerse en dos sentidos diversos. El primero, como una especie de venganza divina del que hace el mal: "el que lleva a la cautividad, irá él mismo a la cautividad; el que mata a espada, a espada morirá". De ser así, la alusión a la paciencia y a la fe tendría como objetivo alentar a los fieles a que esperen los tiempos de Dios, en que las cosas se han de dar vuelta como una tortilla en cocción.

Pero la otra lectura, que me parece más lógica, tiene el sentido de alentar a los fieles a que se preparen ellos mismos para los duros tiempos de la persecución. Equivale a decir que no es posible hurtarse a la persecución; la cruz está en el horizonte de todos los santos, y será más notoria en los últimos tiempos. Por eso: "el que está destinado a la cautividad, a cautividad vaya [con paciencia]. Quien haya de morir a espada, a espada muera" con ánimo resignado. Es un aliento a no escapar al testimonio martirial. Para eso hace falta la fe y la paciencia de los santos.

La segunda Bestia

> [11] Vi luego otra Bestia que surgía de la tierra
> y tenía dos cuernos como de cordero,
> pero hablaba como una serpiente.

Casi todos los exégetas interpretan esta segunda Bestia como el "poder sacerdotal" de las distintas naciones del imperio romano, puesto al servicio del poder secular del emperador, lo que sabemos que ocurrió históricamente.

Pero Juan la llama más adelante "el Pseudoprofeta" y augura para ella un fracaso escatológico que no parece comprensible si se la entiende como una realidad circunscripta a los pasados tiempos imperiales: "la Bestia fue capturada, y con ella el falso profeta –el que había realizado al servicio de la Bestia las señales con que seducía" (19,20); "el Diablo, su seductor, fue arrojado al lago de fuego y azufre, donde están también la Bestia y el falso profeta" (20,10).

Es el poder sacerdotal, ciertamente, pero encarnado quizá en algunos (pocos o muchos) personajes, y quizá en alguno en particular, que se pone al servicio del Anticristo. Es la Religión, por eso surge de la tierra, que es fundamento firme y no del mar, identificado con lo movedizo (el mundo mundano). Tiene apariencia de bondad, por eso el parecido con el cordero (quizá con el Cordero degollado, el sumo y eterno Sacerdote), pero su palabra es venenosa y engañosa y comparte la maldad del Dragón y del Anticristo.

Hay autores que ven en esta bestia diabólica de la tierra la falsa civilidad, es decir la ciencia quimérica (o cientificismo). Así, por ejemplo, Dolindo Ruotolo y también Feuillet (quien la identificaba con las corrientes filosófico-religiosas que favorecerían el culto de los déspotas divinizados). Surgiría, en el campo científico y filosófico, de la investigación de la naturaleza, y en el histórico de la indagación de las antiguas civilizaciones. Es uno de los arietes más terribles de Satanás para hacer surgir el imperio del mal: el paganismo empeorado que conduce a las almas a la completa apostasía. Este punto de vista puede armonizarse con nuestra interpretación, si consideramos, como nos toca ver en nuestros tiempos, que el cientificismo y todo el ámbito del mundo intelectual filosófico, ejerce sobre los que viven fascinados y encandilados con sus sofismas, una verdadera guía de almas, un sacerdocio pagano. La negación de Dios, el endiosamiento del hombre, la exaltación de la libertad que determina autónomamente el bien y el mal (la tentación del "seréis como dioses"), viene hoy dictada por los modernos sacerdotes del ateísmo (pues son tales, desde el momento en que exigen, en sus indemostrables postulados, tanta o más fe que quienes pretenden transmitir una religión revelada): así los físicos que sentencian doctrinas tan indemostrables como un universo sin causa ni principio, los filósofos que reivindican un espíritu educido espontáneamente de la materia, los médicos y biólogos que manipulan al hombre a su medida y deciden sobre su vida como aprendices de brujos... Es este un nuevo sacerdocio pagano que puede servir a la Bestia del mar, sea reemplazando a la verdadera Religión, o asociándose a los elementos apóstatas de esta última (la Religión que se hace hipocresía y fariseísmo).

[12] *Ejerce todo el poderío de la primera Bestia*
en servicio de esta,
haciendo que la tierra y sus habitantes
adoren a la primera Bestia,
cuya herida mortal había sido curada.
[13] *Realiza grandes signos,*
hasta hacer bajar ante la gente
fuego del cielo a la tierra;
[14] *y seduce a los habitantes de la tierra*
con los signos que le ha sido concedido obrar
al servicio de la Bestia,
diciendo a los habitantes de la tierra
que hagan una imagen
en honor de la Bestia
la que, teniendo herida de la espada, revivió.
[15] *Se le concedió infundir el aliento*
a la imagen de la Bestia,

*de suerte que pudiera incluso
hablar la imagen de la Bestia
y hacer que fueran exterminados
cuantos no adoraran la imagen de la Bestia.*

La principal cualidad de esta segunda Fiera es su sumisión a la primera, al Anticristo. Esta es la responsable de que los hombres acepten y adoren a este último. "Su sola razón de ser –dice Prigent– es hacer adorar la Bestia a la que ella sirve". No es un poder político como la Bestia del mar, sino una fuerza moral, una potencia espiritual y, si se quiere, también filosófica (con mala filosofía; esa de carozo podrido como la que reina en nuestro tiempo, incluso en algunos sectores de la Iglesia). Tiene el poder de persuadir, de convencer y de hacer prodigios para volcar a los hombres a la adoración de la Bestia marítima: "seduce", dice el texto. Realiza fenómenos que maravillan: hace bajar fuego del cielo, e incluso infunde un aliento vital a la imagen de la Bestia del mar. Es la religión pervertida, el "Anticristo religioso", que seduce para estimular el culto religioso al Anticristo político, pero que no duda de imponerlo violentamente a quienes se rehúsan: los hace, de hecho, "exterminar". Casi todos los comentaristas dicen que es el sacerdocio pagano de los tiempos imperiales romanos. Pero esto solo es posible como figura. Juan puede haber tomado algunos rasgos de esa religiosidad emponzoñada para personificar al anticristo religioso, es decir, a la religión adulterada (y los hombres que la encarnarán) que en tiempos del Anticristo intentarán imponer la adoración del hombre, o la adoración del *Hombre de pecado.*

Sus dos signos distintivos serán la apariencia de piedad y humanismo (semejante al cordero) y su intolerancia efectiva con los que no se le sometan.

No hace falta pensar en una corrupción de la Iglesia, es decir, de una pseudo-iglesia apóstata, perseguidora del pequeño rebañito fiel (la verdadera Iglesia de Cristo) aunque esto es también posible. En realidad hoy hay una religión que se va extendiendo e imponiendo y es un auténtico retorno al paganismo; pero a pesar de sus pasos firmes, solo se vuelve verdaderamente nociva en la medida en que penetra en los hombres de la verdadera Iglesia, y vaciándolos de la esencia de la fe, les deja solo la cáscara de cristianos, mientras que la yema y la clara son puramente paganas. Es el fariseísmo esencial.

> *16 Y hace que todos,*
> *pequeños y grandes,*
> *ricos y pobres,*
> *libres y esclavos,*
> *se hagan una marca en la mano derecha*
> *o en la frente,*
> *17 y que nadie pueda comprar nada ni vender,*
> *sino el que lleve la marca*
> *con el nombre de la Bestia*
> *o con la cifra de su nombre.*

No sabemos cómo entender el enigma de la marca, simplemente porque este instrumento de discriminación contra los *no-adoradores del Anticristo* (quien, por otra parte, es muy improbable que ostente el título de *anti-cristo*, sino, más bien, el de *benefactor universal y salvador del hombre*) puede darse (y más hoy en día) de innumerables maneras. Lo de llevarlo en la mano derecha que dice san Juan, es simbólico. Se dice, de hecho, que uno que está en una "lista negra" está "marcado". Hay personas que están "marcadas" por sus ideas políticas, por sus convicciones religiosas, por algunas actuaciones del pasado, por sus lazos de sangre o sus amistades, por sus yerros o por viejos aciertos... que los poderosos de turno no le perdonan. Incluso dentro de la Iglesia, algunos quedan marcados para siempre, a veces de mal modo, quizá porque en un momento difícil supieron dejar clara su postura contra la podredumbre que hay dentro de Ella, como dentro de cualquier cuerpo vivo (es santa, pero si tiene hijos podridos –y esto es algo que ya aseguró Jesucristo– entonces tiene podredumbre dentro). La marca apocalíptica puede ser física, aunque es lo más improbable, o añadida –como los brazaletes que debieron llevar los judíos durante la segunda guerra–, o puede ser de otro orden. Hasta puede ser una cuestión de documentación *marcada*. Esto es algo que solo entenderemos cuando suceda, y quizá no todos: la mayoría, como suele ocurrir, ni se dará cuenta del cumplimiento de las profecías (en gran medida por culpa de quienes no se las predican). La marca restringe la libertad exterior ("de comprar y vender", dice simbólicamente) porque la interior (la de amar, rezar y adorar) es impenetrable al poder del Dragón y sus secuaces, aunque a menudo las persecuciones que someten a las personas a máxima presión producen cierta barrera psicológica, atontándolas y confundiéndolas de tal modo que estas terminan por hacer cosas que sus conciencias condenarían si gozaran de plena lucidez, y que ahora no pueden discernir con plena claridad. Es sumamente importante tener en cuenta tal realidad a la hora de juzgar a quienes son injustamente perseguidos *incluso con presiones psíquicas*; el mismo Job se pregunta –6,26– "¿acaso las palabras de un desesperado no son como viento?". Si bien esto puede impulsarlos a acciones un tanto incoherentes con su fe, en la medida en que se haya asfixiado su libertad, no quitará los méritos de su santidad.

Pero como el poderío del Dragón parece ser universal, se vuelve un peso intolerable, pues no hay dónde escapar de este control opresor, ya que todo el mundo es de la Bestia del mar y todo el orden religioso de las conciencias parece invadido por la Bestia de la tierra. Es el Ojo que todo lo mira; todo lo vigila; todo lo controla... ¡Qué tentación de identificarlo con nuestro tiempo!

[18] *¡Aquí está la sabiduría!*
Que el inteligente calcule la cifra de la Bestia;
pues es la cifra de un hombre.
Su cifra es 666.

Finalmente, Juan da una clave para entender la "cifra" de la Bestia. Se entiende la del mar, el Anticristo. Es una gematría, es decir, el hacer valer las letras como números, sumarlas y dar su resultado. El latín nos da ejemplo con algunas letras que tienen valor numérico: I, V, X, L, C, D y M; lo mismo ocurre en hebreo y griego. Si se suman las letras se obtiene un número que es la "cifra del nombre". Pero es obvio que una cifra (suma) puede corresponder a diversas letras, por lo cual de la cifra no se puede pasar con certeza a las letras que dieron origen al resultado sumado, si no se tienen otros datos. La cifra dada por Juan aquí se lee de dos maneras, según las distintas versiones: Χξϛ (ji, xi, sigma) es decir, 600, 60 y 6 (666); o Χιϛ (ji, iota, sigma), a saber, 600, 10 y 6 (616). La más probable es la primera. Según algunos autores, Juan habría dado aquí un criptograma que en su tiempo podían entenderlo los que contaban con ciertos datos adicionales, sin peligro de ser descubiertos y acusados de conspiradores por los poderes imperiales, pero tales circunstancias interpretativas a nosotros nos resultan desconocidas, por lo que este punto ha quedado insoluble. Esto supone que el nombre cifrado era de un contemporáneo del vidente. Desde la antigüedad se vienen proponiendo hipótesis según se parta de que Juan alude a los tipos griegos o hebreos. Así se ha pretendido identificar a Calígula, a Tito, a Domiciano, a Trajano, a Genserico, o más vagamente se ha vertido el misterio en expresiones que traduciríamos "el itálico", "el mal guía", "el yo reniego"... La más popular atribuye a la cifra el nombre de *Nerón*; lo que solo tiene sentido si esto se acopla a la creencia del *Nero redivivus*, Nerón resucitado, al que ya aludimos antes, pues cuando Juan escribía, aquel estaba recontramuerto. Partiendo de los tipos hebreos se pueden obtener nombres como "el césar de los romanos" (666) o "el césar de Roma" (616); y si se parte de tipos latinos algunos piensan que aludiría a Domiciano, o una caprichosa abreviación de Dioclesiano Augusto... En suma, le calza a tantos que todo esfuerzo está condenado al fracaso y se torna inútil. Con razón Prigent lo llama "cet irritant mystère".

Pero no está dicho en ningún lugar que Juan quiera ocultar su información de los poderes imperiales de su tiempo, ni que la Bestia cifrada haya sido su contemporánea. De todos modos, como dice Fillion, "la mayoría de esas soluciones nos retrotraen al pasado, pero el Anticristo pertenece al futuro"; y del mismo parecer es Straubinger. En este caso podemos aceptar a *Nerón* (y a cualquiera de los otros mencionados) como *tipo* del último perseguidor, lo que sí sería significativo para los contemporáneos de Juan, aunque a nosotros no nos dice mucho, pues hemos conocido en el siglo apenas terminado *fieras* más sanguinarias que aquel matricida desquiciado; si comparamos los sufrimientos y los muertos del imperio neroniano con los del soviético, o con los del chino-rojo, o con la locura nazista... y otros, no nos pueden quedar dudas.

Hasta parece más plausible la interpretación de san Beda y san Alberto Magno, que sugerían no buscar un nombre propio, sino que así como en todo el *Apocalipsis* el 7 indica la perfección, el 6 representa la imperfección y, en consecuencia, el número 666 alude a la suma imperfección, indicando al Anticristo como el *plebeyo,* el *miserable* y el *impotente* por excelencia, cuyo poder lo tiene de prestado (del dragón).

En todo caso, como dice Castellani, si en número indica un nombre, los fieles de los últimos tiempos sabrán cómo se llama el hombre cifrado por Juan con un 666.

Visión del Cordero y su séquito de Vírgenes

[Capítulo 14]

Hemos dicho que los capítulos 12-14 describen la guerra mesiánica. El 14 se divide en tres partes: la visión de los mártires, ejército del Cordero, que cantan su triunfo desde el Monte Sión (vv. 1-5); el relato del efecto de su victoria sobre las naciones (vv. 6-11); el desenlace parusíaco de la guerra (vv. 12-20).

> *¹ Seguí mirando,*
> *y había un Cordero,*
> *que estaba en pie sobre el monte Sión,*
> *y con él ciento cuarenta y cuatro mil,*
> *que llevaban escrito en la frente*
> *el nombre del Cordero*
> *y el nombre de su Padre.*

La visión nos lleva a Jerusalén-Sión (no la del cielo sino la terrenal porque los personajes no son los santos del cielo sino los que aún deben luchar en la tierra) vista como ciudad de Dios, de paz, sede del Cordero y de los suyos, en clara oposición a la Babilonia que será luego presentada (cap. 17) como caótica y pecadora sede del dragón, de sus fieras y de sus secuaces. Como en la *meditación de las dos banderas* ignaciana, quizá inspirada en estos cuadros.

Salta a la vista que este proscenio se contrapone al presentado en el capítulo anterior. Al dragón, las dos bestias y sus seguidores-adoradores, se contrapone este ejército del Cordero y sus fieles.

Contra el Anticristo se yergue el Cordero. Contra los que, seducidos por la Fiera-Profeta, adoran al primero, están estos 144.000, cifra que indica un número perfecto, como ya dijimos al hablar de la signación de los elegidos (cap. 7). Algunos, como Castellani y Wikenhauser, dicen que se trata de los mismos personajes del capítulo séptimo; otros, como Fillión, Straubinger, los distinguen. Pero es el ejército del Cordero, y lo demuestra que también estos llevan una marca, no ya la de la Bestia, sino la del mismo Cordero y la de su Padre. Barclay señala que, en la antigüedad, una marca llevada por una persona indicaba cinco posibles cosas: *propiedad* (como en el caso de los esclavos); *lealtad* (como los soldados que se tatuaban el nombre de su general al que se comprometían a seguir hasta la muerte); *seguridad* (para poder identificar a los propios); *dependencia* (los jeques marcaban a sus protegidos para que se supiese que dependían de él); e *inmunidad* (así, según Heródoto, los perseguidos que se refugiaban en un templo pagano se marcaban para mostrar que se habían entregado al dios protector y ya no podían ser tocados; el mismo sentido tiene la marca que Dios pone a Caín para que nadie lo mate en castigo de su crimen: Gn 4,15). Todos estos aspectos, y superlativamente, se dan en la marca de los que siguen al Cordero.

En todo caso no se trata de santos que ya están en el cielo sino de los fieles y leales a Dios Padre y a su Cristo, todavía vivos, que se mantienen firmes en el seguimiento del Señor a pesar de las persecuciones del mundo, no solo las sangrientas, sino las aparentemente incruentas, las persecuciones del desamparo, de la exclusión, de la discriminación, de las tentaciones, de las calumnias, de las presiones, de los intentos de seducción y soborno, de la intimidación de la conciencia y de la violación del pudor.

> ² *Y oí un ruido que venía del cielo,*
> *como el ruido de grandes aguas*
> *o el fragor de un gran trueno;*
> *y el ruido que oía*
> *era como de citaristas*
> *que tocaran sus cítaras.*
> ³ *Cantan un cántico nuevo*
> *delante del trono*
> *y delante de los cuatro Vivientes*

y de los Ancianos.
Y nadie podía aprender el cántico,
fuera de los ciento cuarenta y cuatro mil
rescatados de la tierra.

Juan escucha un himno que es a la vez fuerte y suave, como las obras de Dios; es potente pero armonioso. El vidente no dice quién lo canta, pues el texto no se refiere a los 144.000 como al coro que lo entona sino como a los que pueden "entenderlo"; no queda claro si son ellos quienes lo entonan o los ángeles. Tampoco nos transcribe la letra, a diferencia de lo que ha hecho con otros himnos del *Apocalipsis*. Dice, sí, que es un cántico nuevo. Que solo los 144.000 rescatados pueden entenderlo significa, según la interpretación más probable, que aun cuando estos todavía están en la tierra, están unidos en comunión espiritual con los santos del cielo y participan de algún modo de su felicidad, o por lo menos *hablan su lenguaje* espiritual. Estos son a los que el autor de la Carta a los Hebreos puede decir: "vosotros os habéis allegado al monte de Sión, a la ciudad del Dios vivo, a la Jerusalén celestial y a las miríadas de ángeles, a la asamblea, a la congregación de los primogénitos, que están escritos en los cielos, y a Dios, Juez de todos, y a los espíritus de los justos perfectos" (Hb 12,22-23).

⁴ Estos son los que no se mancharon con mujeres,
pues son vírgenes.
Estos siguen al Cordero a dondequiera que vaya,
y han sido rescatados de entre los hombres
como primicias para Dios y para el Cordero,
⁵ y en su boca no se encontró mentira:
son sin tacha.

Estos rescatados son descritos con cinco rasgos.

El primero, "no se mancharon con mujeres", "son vírgenes". No se entiende esta expresión exclusivamente de la castidad virginal, sino de toda mancha idolátrica, según el uso profético de esta imagen. Son vírgenes porque no han adorado a la Fiera; no han caído en la impureza religiosa de manchar sus corazones prendiéndole una vela al diablo y otra a Dios. No se han corrompido religiosamente. Así Bossuet, Crampon, Cetilemans, Albioli, Brassé y otros, han entendido la virginidad en sentido espiritual, y ven en estos personajes a los justos que no cayeron en la fornicación espiritual, es decir, en las idolatrías y sus consiguientes disoluciones (que hoy en día son más sutiles que en el período precristiano o en el mundo no cristiano contemporáneo, razón por la cual son innumerables los actuales idólatras que ignoran que lo son, y que tal vez hasta se creen decentes cristianos). "No se han manchado con mujeres", es decir, con doctrinas impías y contaminadas que en este libro vienen simbolizadas en las meretrices (cf. cap. 2 y especialmente en Jezabel en el cap. 17). Esta interpretación es válida aunque no excluyente ni agotadora del texto. Bauckham, en cambio, sostiene que la expresión alude a los militares del ejército del Cordero, los cuales, por razón de la guerra santa que debían combatir, estaban obligados en la antigüedad a la pureza ritual evitando toda relación sexual, como se desprende del diálogo entre David y el sacerdote Ajimélek (1Sam 21,1-7). Creo que ambas ideas no son excluyentes y pueden combinarse con fruto.

El segundo, "siguen al Cordero dondequiera que vaya". Es decir, no rehúsan el seguimiento doloroso del Cordero, que camina siempre con la cruz del mundo a cuestas. Seguir al Cordero es cargar la cruz e imitarlo en el camino del sufrimiento y del testimonio, martirial si viene al caso. Una carta de las iglesias de Vienne y Lyón, del año 177, citada por Eusebio en su *Historia eclesiástica* (V, 1, 10), dice de un mártir: "Fue y es un auténtico discípulo de Cristo, que siguió al Cordero a dondequiera que va".

El tercero, "han sido rescatados". Todo es obra de la sangre de Cristo. Solo ella puede lavar, conservar la pureza y dar fidelidad en la persecución. Ellos son lo que son porque Dios los ha tomado y les ha cambiado el corazón.

El cuarto, "en su boca no hay mentira". Para la Sagrada Escritura, la mentira es un vicio muy grave: "Bienaventurado aquel en cuyo espíritu no hay engaño" (Sl 32,2). Isaías dijo del Siervo del Señor: "No hubo engaño en su boca" (Is 53,9). El *Apocalipsis* presenta a Cristo como "el testigo fiel y verdadero" (3,14; 1,15). Sofonías dijo del resto escogido del pueblo: "En sus bocas no se encontrará una lengua engañosa" (Sof 3,13). San Pedro lo da como nota de Jesús: "No se halló engaño en su boca" (1Pe 2,22). La doblez del alma, la impostura y el engaño son contrarias a la trasparencia del corazón de Cristo, y de los que son de Cristo. Es una buena lección para los que creen que decir siempre la verdad es un ideal imposible, o que existe un lenguaje *diplomático* donde la verdad va ataviada como para un baile de máscaras. Diplomacia es decir la verdad con delicadeza o no hablar de más cuando lo prudente es callar, pero no es diplomacia el adulterar la verdad.

Finalmente, "son sin tacha" (ἄμωμοι γὰρ εἰσιν, *ámomoi gar eisin*). La palabra ἄμωμος (*ámomos*) pertenece al lenguaje de los sacrificios y describe el animal que no tiene tacha ni defecto, y que puede, por tanto, sacrificarse dignamente a Dios. El Nuevo Testamento la usa a menudo respecto de los cristianos: Dios nos ha escogido para que seamos santos y sin tacha delante de Él (Ef 1,4; Col 1,22); la Iglesia debe ser santa y sin mancha (*ámomos*: Ef 5,27). Jesús es descrito por san Pedro como un Cordero sin contaminación (*ámomos*: 1Pe 1,19). El que la palabra forme parte del lenguaje sacrificial probablemente indique el modo en que los seguidores del Cordero participan en su conquista: con su propio sacrificio e inmolación.

Visión anticipada del Juicio divino

Comienza ahora una larga sección, que va desde 14,6 hasta 20,10, cuyo tema central es el Juicio de Dios. Lo que queda de este capítulo 14 (vv. 6-20) tiene un sentido introductorio: el anuncio del efecto que la victoria de los mártires tiene sobre las naciones (6-11) y el desenlace de la guerra mesiánica en la parusía (12-20).

Se introduce con la visión de tres ángeles, heraldos del juicio, los cuales ponen a todos los hombres en la alternativa de prestar atención al testimonio de los mártires y arrepentirse (14,7) o enfrentar el juicio de Dios sobre todos los que adoran la Fiera (14,9-11).

> *⁶ Luego vi a otro ángel*
> *que volaba por lo alto del cielo*
> *y tenía un evangelio eterno*
> *que anunciar a los que están en la tierra,*
> *a toda nación, raza, lengua y pueblo.*
> *⁷ Decía con fuerte voz:*
> *«Temed a Dios y dadle gloria,*
> *porque ha llegado la hora de su Juicio;*
> *caigan de rodillas ante el hacedor del cielo y de la tierra,*
> *del mar y de los manantiales de agua».*

El primer ángel vuela llevando en mano un "evangelio eterno" (εὐαγγέλιον αἰώνιον, *euangélion aiónion*), expresión que solo se encuentra en este pasaje de la Escritura. Para algunos designa simplemente un "mensaje definitivo de victoria" (Wikenhauser), para otros "el sagrado libro del evangelio, o tal vez solamente el decreto eterno de Dios" (Straubinger), para otros es el mismo libro del *Apocalipsis* (Castellani), para otros, "un mensaje, una noticia" (Cerfaux) o "la buena nueva de la salvación" (Bartina).

Sea lo que fuere, el contenido es algo definitivo (eterno) que incluye una llamada universal (a toda nación, lengua y pueblo) a la conversión, a la adoración y al servicio de Dios, y el anuncio inminente del Juicio.

> *⁸ Y un segundo ángel le siguió diciendo:*
> *«Cayó, cayó Babilonia la grande,*
> *la que dio a beber el vino del furor*
> *de su fornicación*
> *a todas las naciones».*

El segundo ángel anuncia como ya cumplida la caída de Babilonia, que es llamada "la grande", con expresión tomada de Daniel (4,27), que algunos ven como referencia a la Roma pagana, lo que vale únicamente en sentido tipológico, pues el paganismo del imperio no agota el sentido escatológico que tiene indudablemente todo el texto. Es más que Roma; es el mundo impío, vicioso e idolátrico, del que Babilonia es siempre prototipo en la Biblia. Es el Reino de este mundo. El juicio sobre Babilonia se detallará en el cap. 18. El texto que usan los Padres de la Compañía de Jesús traduce "la que del vino ardoroso de su meretricio tenía emborrachadas a todas las naciones". Esto es, la que ha llevado la embriaguez de la idolatría y del envilecimiento moral a todos los pueblos. ¿Puede tratarse quizá de alguna ciudad determinada, o cultura, o nación? Quizá, pero solo accidentalmente, porque es más que eso. De hecho el reino de la Bestia, siendo algo espiritual (como lo es el *espíritu del mundo*) va materializándose en pueblos y culturas que se le hacen propicios, como en los siglos del capitalismo salvaje el *gobierno mundial del poder económico*, ha pasado sucesivamente de los puertos de Ámsterdam, a las calles de Londres, y está ahora, hasta que no le sirva más, chupando como garrapata el cuerpo semimarchito de la neoyorquina Wall Street. El mundo no está dominado por Estados Unidos, ni por el Imperio Británico, ni... por ningún pueblo concreto, sino por el brazo sangriento del poder financiero, lacayo –consciente o inconsciente– de la Bestia del mar y, por ende, del Dragón, que posee, como un espíritu demoníaco, uno tras otro, diversos cuerpos sociales. La apocalíptica Babilonia ha sido según los tiempos, Babilonia mesopotámica, Roma pagana, París revolucionario, Moscú rojo, Londres, Nueva York, Tokyo, Beijing... y vaya a saber sobre qué yegua la hallará cabalgando Jesucristo cuando vuelva para abatirla definitivamente.

El tercer ángel anuncia la condenación y el castigo de los adoradores de la Fiera.

> *⁹ Un tercer ángel les siguió,*
> *diciendo con fuerte voz:*
> *«Si alguno adora a la Bestia y a su imagen,*
> *y acepta la marca en su frente o en su mano,*
> *¹⁰ tendrá que beber también*
> *del vino del furor de Dios,*
> *que está preparado, puro,*
> *en la copa de su ira.*
> *Será atormentado con fuego y azufre,*
> *delante de los santos ángeles*
> *y delante del Cordero.*
> *¹¹ Y la humareda de su tormento*
> *se eleva por los siglos de los siglos;*
> *no hay reposo, ni de día ni de noche,*
> *para los que adoran a la Bestia*
> *y a su imagen,*
> *ni para el que acepta la marca de su nombre».*
> *¹² Aquí se requiere la paciencia de los santos,*
> *de los que guardan los mandamientos de Dios*
> *y la fe de Jesús.*
> *¹³ Luego oí una voz que decía desde el cielo:*
> *«Escribe:*
> *Dichosos los muertos que mueren en el Señor.*
> *Desde ahora, sí –dice el Espíritu–,*
> *que descansen de sus fatigas,*
> *porque sus obras los acompañan».*

Los cultores o seguidores del Anticristo compartirán su castigo. "Tendrán que beber", dice el vidente aludiendo a que serán obligados a ello, "el vino del furor divino... puro", es decir, la condena sin atenuantes. El licor borrascoso viene calificado de κεκερασμένος ἀκράτος (*kekerasménos akrátos*), dos palabras derivadas del mismo verbo (κεράννυμι, *kerannymi*), mezclar, y que se traduce "mezclado sin mezclar", es decir, un cúmulo de tormentos mezclados pero sin diluir. El tormento viene descrito con cinco rasgos: 1º será un tormento (βασανίζω, *basanízo* significa torturar, afligir, azotar); 2º con fuego y azufre (como Sodoma y Gomorra; más adelante se hablará del lago de fuego y azufre: Ap 19,20; 20,10); 3º "por los siglos de los siglos" (εἰς αἰῶνας αἰώνων, *eis aiónas aiónon*, la misma expresión que se usa para designar la eternidad divina en 4,9; 5,14, etc.), indica una pena indefinida; 4º "sin reposo" o pausa (οὐκ ἔχουσιν ἀνάπαυσιν, *ouk éjousin anápausin*); 5º a la vista de los ángeles y del Cordero. El fuego y el azufre son metáforas, ciertamente, pero el castigo espantoso y sin fin que ellas reflejan no son alegorías. El *Apocalipsis* enseña la existencia del infierno, de la condenación eterna y de la pena de daño y de sentido; lo hace repetidamente, y no solo para los ángeles rebeldes sino para el Anticristo con todas sus mesnadas, ya se enrolen por convicción, por cobardía o por necedad (modo de alistamiento elegido por todos los que niegan el infierno para no sentirse obligados a convertirse).

Nuevamente Juan alude a la necesidad de la paciencia, como ya había hecho más arriba (13,10). Antes lo decía para los momentos de persecución. ¿Y ahora? Creo que se apela a la paciencia en el sentido de saber esperar el momento en que Dios restablecerá la justicia destrozada por los pecadores. No porque los santos quieran que sus perseguidores sufran y sean condenados. Los ángeles varias veces anuncian en el *Apocalipsis* que Dios invita a los malos a convertirse; no los endurece para poder vengarse de ellos. Lo que esperan los santos no es el castigo como venganza pasional, sino el restablecimiento de la justicia y el cese de sus propios tormentos, injustos y crueles, y la constatación de que Dios no los ha abandonado en sus penas.

La suerte de los buenos, de los que no se doblegan al Anticristo y "se duermen en el Señor", es decir, quienes mueren fieles, es, en cambio, completamente distinta. A ellos se los llama "dichosos". Y añade "porque sus obras los acompañan". Versículo un tanto incómodo de explicar para los protestantes que niegan el valor meritorio (salvífico) de las obras –y no es el único lugar del *Apocalipsis* en el que recurre, pues el tema del valor de las obras es una muletilla en este libro, por ejemplo, en las cartas a las siete iglesias–, y se ven un poco obligados a ciertos malabarismos exegéticos para proteger su doctrina de la fe sin obras. Así dice Barclay: "Sus obras siguen con ellos. Parece como si *Apocalipsis* enseñara la salvación por las obras; pero debemos tener cuidado de entender bien lo que Juan entiende por las obras. Habla de las obras de los Efesios –su arduo trabajo y perseverancia (2,2); de las de los de Tiatira –su amor y su servicio y su fe (2,19). Entiende por obras el *carácter*. Está diciendo en efecto: «Cuando dejéis esta tierra, todo lo que podéis llevaros es a vosotros mismos. Si llegáis al final de esta vida todavía unidos a Cristo, os llevaréis un carácter probado y aprobado como el oro, que tenga algo de su reflejo; y si os lleváis al mundo del más allá un *carácter* así, sois bienaventurados»". Pero ¿qué entiende Barclay por carácter? ¿No es lo que cada uno se *forja* con sus obras? ¿No es el conjunto de los hábitos que perfeccionan o enlodan nuestro natural y que adquirimos con el uso o abuso de nuestra libertad, es decir, con nuestras obras? De modo semejante, John Gill –y muchos otros que copian su argumento–, intenta trucar la cosa haciendo hincapié en que la expresión dice que "sus obras *los siguen*", y no que "van delante"; en lo que entienden que aquellas no les abren el cielo, sino que vienen detrás, y hallarán honor y fama; pero no suman ni restan; ellas no tienen valor para el cielo. No vale la pena gastar ni un renglón en refutar una teoría que hace de la teología del mérito una cuestión de "orden de la procesión", como si la sustancia de la Misa cambiase según se ponga el turiferario detrás, al costado, delante o a babucha del sacerdote.

No es esto lo que está diciendo Juan; además de que el verbo ἀκολουθέω (*akolouthéo*: formado por la partícula unitiva "*a*", y *kéleuthos*, carretera, camino) puede traducirse, ciertamente, como "seguir" o "ir detrás", pero también "estar en el mismo camino", "acompañar". De todos modos, traducirlo por ir detrás o al lado es lo de menos. Juan se refiere indudablemente a las obras que viene de mencionar: "la paciencia de los santos", "la fidelidad a los mandamientos de Dios" y "la fe en Jesús". Esas obras, no por su valor meramente humano, sino por el que les otorga Dios al vivificarlas con su gracia y su caridad, son las que determinan el juicio divino.

Dios juzga (pues aquí se trata del doble juicio, el del bueno y el del malo) las obras, es decir, lo que estas hayan hecho de cada uno (pues somos el fruto de nuestras obras): las del malo (el haber adorado a la Bestia y haberse dejado marcar por ella) que la muerte no descompone en el sepulcro ni el pecador puede esconder de la mirada divina; y las del bueno (paciencia, obediencia y fe), de las que ni la corrupción corporal podrá despojarlo.

San Juan no corrobora aquí "la fe sin obras" del protestantismo (y esto lo saben los que deben hacer piruetas para acomodar el texto a las posiciones de la *Reforma*), ni las "obras sin la fe" que sostuvieron algunos judíos y que los protestantes achacan equivocadamente al catolicismo, sino la obras de la caridad que traducen la fe; y la maldad del pecado que traduce ya sea una mala fe, o una fe inoperante, muerta y estéril.

Visión del segador

Los ángeles acaban de presentar a los hombres la necesidad de decidirse entre convertirse por el testimonio de los mártires (14,7) o padecer las consecuencias judiciales por seguir a la Fiera (14,9-11). El resultado de la elección viene descrito con una imagen que aparece ahora por vez primera en el *Apocalipsis*, la de la siega, que Juan presenta en dos formas: la siega del grano y la vendimia. La doble imagen viene de Joel 3,13 ("Meted la hoz, que está ya madura la mies. Venid, pisad, que está lleno el lagar y se desbordan las cubas, porque es mucha su maldad"). Aunque el profeta describe las dos etapas de la vendimia, la palabra hebrea usada para designar la "cosecha" se empleaba comúnmente para el grano, y Juan la lee en este sentido, como también hace Mc 4,29. Para Bauckham, de quien tomo esta interpretación, el vidente se sirve del texto de Joel para describir los dos aspectos –positivo y negativo– de la consumación escatológica: la reunión de todos los pueblos convertidos en el Reino de Cristo, y el juicio final de las naciones impenitentes. También la entienden así Buzy y Bover. La comprenden, en cambio, de modo diverso Straubinger y otros, quienes no aceptan ninguna alusión positiva.

> [14] *Y seguí viendo.*
> *Había una nube blanca,*
> *y sobre la nube sentado uno como Hijo de hombre,*
> *que llevaba en la cabeza una corona de oro*
> *y en la mano una hoz afilada.*

La identificación de este personaje se discute. "No puede ser sino el Mesías", dice Straubinger; parece rubricarlo la corona que lo representa como rey y vencedor y la expresión *hijo de hombre*, tomada de Daniel (7,13); de ser así, podría ser el cumplimiento de la profecía del mismo Cristo refiriéndose a sí mismo: "veréis al hijo del hombre sentado a la diestra del Poder y venir sobre las nubes del cielo" (Mt 26,64). La hoz afilada alude más a un ejecutor de la sentencia que al juez, al igual que el recibir la orden de segar de parte de otro ángel, como se dice a continuación. Castellani dice, por eso, que es un ángel y no Jesucristo; Bartina opina igual. D'Aragon dice que aunque no resulte obvia la identificación con Jesucristo, es, sin embargo, probable. Pero esto puede entenderse bien en el contexto, sin dejar de identificar a este "uno como hijo de hombre" con Jesucristo, pues, como Él, es rey coronado. Así Prigent, Bauckham, Bover, Salguero. Es juez, pero su juicio es a la vez cosecha y vendimia; de ahí la imagen de la hoz tomada ciertamente del ya referido texto de Joel. El que reciba la orden del ángel no debe sorprendernos porque este sale del Santuario divino, indicando que quien la da es el que se sienta en el trono, Dios rector de todas las cosas.

A continuación se habla de la doble acción, una ejercida por el mismo personaje de la hoz, otra realizada por los demás ángeles. Viene primero la siega:

> ¹⁵ *Luego salió del Santuario otro ángel*
> *gritando con fuerte voz*
> *al que estaba sentado en la nube:*
> *«Mete tu hoz y siega,*
> *porque ha llegado la hora de segar;*
> *la mies de la tierra está seca».*
> ¹⁶ *Y el que estaba sentado en la nube*
> *metió su hoz en la tierra*
> *y quedó segada la tierra.*

Un ángel sale del santuario anunciando al que está sobre la nube que la mies de la tierra está ya seca y, por tanto, que proceda a segar con su hoz.

La Biblia de Jerusalén traduce "la mies está madura", pero Straubinger, Torres Amat, Nieto, Nacar-Colunga, colocan en su lugar "seca" o incluso "completamente seca". Straubinger incluso lo subraya en nota: "no se habla aquí de mies madura, sino *seca*". El verbo ξηραίνω (*xeraino*) significa, en efecto, secarse, agostarse; se usa por ejemplo en Mc 3,3 del hombre de la mano seca. Pero como ya dije antes, Bauckham, Bover, Buzy, Prigent y otros, interpretan la siega del grano en sentido positivo. En efecto, la imagen parece tener como antecedente lo que Juan dice en el versículo 4 que habla de los 144.000 que "fueron rescatados de entre los hombres, como primicias para Dios y para el Cordero". Alude a 5,9 donde se dice al Cordero: "Eres digno de tomar el libro y abrir sus sellos porque fuiste degollado y compraste para Dios con tu sangre hombres de toda raza, lengua, pueblo y nación". Ahora se añade que los rescatados por el sacrificio del Cordero deben ser, ellos mismos, sacrificio; y un sacrificio especial: el de los primeros frutos o "primicias". Eran, estas, las primeras gavillas de la cosecha, que se reservaban y ofrecían a Dios (cf. Lv 23,9-14). La conexión entre las primicias de 14,4 y la recolección de toda la cosecha en 14,14-16 sería obvia para cualquier judío, porque este no podría hablar de primicias sin pensar en la cosecha entera (así, por ejemplo, san Pablo en Rm 8,23; 11,16; 1Co 15,20.23). Los mártires son las primicias de la cosecha de los redimidos relatada en 14,14-16. Y siendo tal, quien la realiza es el mismo Cristo.

> [17] *Otro ángel salió entonces*
> *del Santuario que hay en el cielo;*
> *tenía también una hoz afilada.*
> [18] *Y salió del altar otro ángel,*
> *el que tiene poderío sobre el fuego,*
> *y gritó con fuerte voz al que tenía la hoz afilada:*
> *«Mete tu hoz afilada*
> *y vendimia los racimos de la viña de la tierra,*
> *porque están en sazón sus uvas».*
> [19] *El ángel metió su hoz en la tierra*

> *y vendimió la viña de la tierra*
> *y lo echó todo en el gran lagar del furor de Dios.*
> [20] *Y el lagar fue pisado fuera de la ciudad*
> *y brotó sangre del lagar*
> *hasta la altura de los frenos de los caballos*
> *en una extensión de mil seiscientos estadios.*

Otro ángel hace otro tanto con los racimos, que son vendimiados sin piedad. Ahora sí se usa la expresión "madurez" (ἤκμασαν, *ékmasan*) para las uvas. Estas están para significar una vendimia sangrienta, como se dice explícitamente. Es un castigo grande y la gravedad del mismo se expresa en términos caros al antiguo profetismo: el lagar del furor divino, y la sangre que inunda una nación entera (la extensión dada en estadios –un poco menos de trescientos kilómetros– equivale a la superficie total del Israel bíblico). Castellani entiende esto de lo que él llama "la Guerra de los Continentes", una guerra final, que traerá hecatombes humanas no realizadas por ángeles sino por los mismos hombres. Pero la imagen parece más bien aludir al aspecto negativo del Juicio divino, el que recae sobre los que eligieron seguir a la Bestia. Es por esta razón que ahora son los ángeles los que actúan y no Jesucristo. Esa imagen también tiene un antecedente en el mismo capítulo que demuestra que Juan ahora se refiere al juicio de los malos. La expresión "lagar del furor divino" alude tanto al anteriormente referido "vino de la ira de su fornicación" que Babilonia ha dado a beber a todas las naciones (14,8), cuanto a "la copa del vino de la ira de Dios escanciado puro en la copa de su ira" que Dios obliga a tragar a todos los adoradores de la Fiera (14,10). El vino de Babilonia es el modo corrupto de vida que ella ofrece a quienes quiere atraer; el de Dios es el juicio sobre las naciones (que puede leerse, incluso, como referencia a las palabras de Isaías 63,3: "El lagar he pisado yo solo; de mi pueblo no hubo nadie conmigo. Los pisé con ira, los pateé con furia, y salpicó su sangre mis vestidos, y toda mi vestimenta he manchado").

Esta interpretación se ve avalada, además, por las diferencias entre las descripciones de la cosecha y de la vendimia. La siega de la mies tiene lugar con una sola acción: cosechar. La vendimia implica, en cambio, dos acciones: juntar los racimos en el lagar y pisar la uva. Las dos acciones, como leemos más adelante en el *Apocalipsis*, corresponden al reunir a los reyes de la tierra y sus ejércitos en el Harmagedón (16,12-16) y el juicio de las naciones en la Parusía (19,15, que es eco de 14,19 y revela la identidad del que pisa en el lagar –el Verbo de Dios– aún no indicada en 14,20). San Juan podría haber estructurado ambos relatos de modo completamente paralelo, porque a la siega sigue la trilla y el aventar para separar el grano de la cáscara; y, de hecho, estos últimos actos son símbolos naturales del juicio, por lo que la Escritura suele usarlos en tal sentido (cf. Jr 51,33; Miq 4,12-13; Hab 3,12; Mt 3,12; Lc 3,17; Apo 11,2); en cambio, la sola imagen de la recolección no es símbolo del juicio. En referencia a la consumación escatológica, la siega es siempre una imagen positiva que indica a quienes son recogidos en el Reino (Mc 4,29; Jn 4,35-38).

Visión de las siete copas

[Capítulo 15]

Este capítulo introduce los últimos siete castigos que representan el Juicio de Dios.

> *¹ Luego vi en el cielo*
> *otro signo grande y sorprendente:*
> *siete ángeles, que llevaban siete plagas,*
> *las últimas,*
> *porque con ellas se consuma el furor de Dios.*

Juan ve las siete últimas plagas o castigos que se verterán sobre la tierra. Es un signo θαυμαστόν (*thaumastón*), sorprendente, asombroso; palabra no usada hasta el momento y que va a repetirse en el cántico que sigue a continuación. Y dice que con estas calamidades se "consuma (ἐτελέσθη, *etelésthe*) la ira divina"; es decir, llega a su término, culmina. Bartina señala con justeza que esto indica que los castigos han sido graduados, pedagógicos y esperando la conversión, la cual, al no llegar, ocasiona castigos más grandes, hasta que estos se detienen ante la impenitencia final y descargan el castigo definitivo y eterno.

El cántico de los vencedores

Pero esta visión se interrumpe brevemente para dar paso a otra paralela: la de los que han triunfado del Anticristo.

> *² Y vi también como un mar de cristal*
> *mezclado de fuego,*
> *y a los que habían triunfado de la Bestia*
> *y de su imagen y de la cifra de su nombre,*
> *de pie junto al mar de cristal,*
> *llevando las cítaras de Dios.*
> *³ Y cantan el cántico de Moisés,*
> *siervo de Dios,*

> *y el cántico del Cordero,*
> *diciendo:*
> *«Grandes y sorprendentes son tus obras,*
> *Señor, Dios Todopoderoso;*
> *justos y verdaderos tus caminos,*
> *¡oh Rey de las naciones!*
> *⁴ ¿Quién no temerá, Señor, y no glorificará tu nombre?*
> *Porque solo tú eres santo,*
> *y todas las naciones vendrán y se postrarán ante ti,*
> *porque han quedado de manifiesto tus justos designios».*

Son los vencedores del Anticristo delante del trono de Dios, que ha sido descrito en las primeras visiones como un mar de cristal. Se trata de todos los que no se han plegado a las exigencias mundanas del Anticristo, a su adoración y a llevar su marca. Llevan en sus manos "cítaras de Dios", instrumentos celestiales y reservados a la alabanza divina.

Entonan un cántico que es llamado simbólicamente "de Moisés y del Cordero", en cuanto está inspirado en el canto de los hebreos tras cruzar a salvo el Mar Rojo y ver en sus aguas, ahogados, a sus perseguidores (Ex 15,1-19); no parece tan clara la opinión de algunos, como Bartina, que dicen que los justos entonan tres cánticos: el de Moisés, el del Cordero y este que se transcribe aquí, que él llama "el de los triunfadores de la Bestia". En realidad parecen nombres diversos del mismo. El cántico que leemos en *Éxodo* tiene cuatro ideas fundamentales: Dios ha actuado de modo extraordinario; ha quebrado de modo definitivo las fuerzas enemigas; todos los perseguidores han quedado mudos de espanto ante el poder divino; Dios ha plantado de modo definitivo a su pueblo. El *cántico nuevo*, inspirado en aquel, contiene sustancialmente las mismas ideas.

El hecho significativo de que los elegidos lo entonen a la orilla de este nuevo mar, deja patente que san Juan los considera el *Pueblo del Nuevo Éxodo*, que entona su cántico desde una perspectiva también nueva: no ponen ya el énfasis en el castigo sino en la conversión de las naciones que terminarán por reconocer la soberanía divina (v.4). En el relato veterotestamentario, las plagas se describen primero, luego la destrucción de los enemigos ahogados en el mar por haberse empecinado en su loca persecución y, finalmente, la victoria. Aquí, en cambio, se comienza por el triunfo, se sigue con los castigos y se culmina en el trágico desenlace de los impenitentes (la destrucción de Babilonia, del Dragón y de las dos Bestias).

Los siete ángeles coperos

El vidente retoma la visión de los ángeles que han de desatar las últimas plagas.

> *⁵ Después de esto*
> *vi que se abría en el cielo,*
> *el Santuario de la Tienda del Testimonio,*
> *⁶ y salieron del Santuario los siete ángeles*
> *que llevaban las siete plagas,*
> *vestidos de lino puro, resplandeciente,*
> *ceñido el talle con cinturones de oro.*

Se abre, según Bartina, el templo celeste (11,19), prototipo del terrestre (Hb 8,5). La tradición que se remonta al primer santuario construido por Moisés ha hecho que los judíos lo siguieran llamando *tienda* incluso tratándose del templo de Salomón, *tienda o tabernáculo de Yahvé*. Castellani dice que él no sabe, en realidad, a qué se refiere esta expresión, sobre la que, de hecho, se ha especulado mucho, llegando a interpretarla como referida a la Virgen o al Arca de la Alianza. Pero parece adecuado entenderlo del templo celestial, sin más.

Salen "los siete ángeles" que ya mencionó Juan (v.1). La gloria y dignidad se destacan en la descripción puramente simbólica de sus vestiduras, indicativas, quizá, de caracteres sacerdotales.

> ⁷ *Luego, uno de los cuatro Vivientes*
> *entregó a los siete ángeles*
> *siete copas de oro llenas del furor de Dios,*
> *que vive por los siglos de los siglos.*
> ⁸ *Y el Santuario se llenó del humo de la gloria de Dios*
> *y de su poder,*
> *y nadie podía entrar en el Santuario*
> *hasta que se consumaran las siete plagas*
> *de los siete ángeles.*

Uno de los cuatro vivientes del santuario celeste entrega a cada uno de los ángeles una copa. El texto dice *fiala*, que es una pátera, es decir, un cuenco o copa, más parecido a un bol, de cavidad ancha, poco profunda. Cada copa contiene algo distinto, como quedará en claro a continuación, cuando comiencen a derramarla sobre el mundo, pero en su conjunto se trata de "la ira divina" anteriormente mencionada.

Misteriosamente se dice que el Santuario se vuelve inaccesible hasta que no se consumen esos castigos; la expresión "humo de la gloria divina" se refiere a la niebla o nube que manifiesta de modo sensible la presencia de Dios poderoso como se ve también en muchos pasajes del Antiguo Testamento (por ejemplo, Ex 40,34-35). Se ha propuesto como interpretación de tal inaccesibilidad que su significado puede ser que, una vez que comiencen estos castigos, ocasionados por la impenitencia final de los hombres seducidos por el Anticristo, ni las oraciones ni las súplicas de los hombres podrán impedir su realización hasta el final.

Comienza la ejecución de las siete copas, sucediéndose una a la otra, ya que los hombres no se arrepienten de sus pecados a pesar de los castigos que se abaten sobre ellos, anquilosándose así en su impenitencia. Me siento tentado de entender estos siete castigos no como puniciones diversas de los pecados que cometen los hombres sino como la permisión de parte de Dios de esos *mismos pecados* (Dios los castigaría no impidiendo sus planes pecaminosos y dejándolos que los realicen); porque esos pecados, en los que los hombres, especialmente los de los últimos tiempos, pondrán sus esperanzas de felicidad terrena, se convertirán en los destructores del hombre. Esto es lo que me parece colegir del grito exultante del "ángel de las aguas": "Justo eres tú (...), pues has hecho así justicia: porque ellos derramaron la sangre (...) y tú les has dado a beber sangre". De alguna manera estos castigos son el trágico desenlace de las locuras que los mismos hombres han creado en su afán de fabricar un mundo marginal a Dios. El fin del tiempo y de la historia humana –por justo escarmiento divino– será una autodestrucción, que no escapará, sin embargo, al Gobierno de Dios. Los hombres perecerán ahogados en un nuevo diluvio; pero será el de la sangre inocente que ellos mismos han derramado.

[Capítulo 16]

¹ Y oí una gran voz
que venía del Santuario
que decía a los siete ángeles:
«Id y volcad sobre la tierra
las siete copas del furor de Dios».

La expresión griega subraya la intensidad de la voz que oye Juan (μεγάλης φωνῆς, *megáles fonés*), porque esa es la voz del mismo Dios, que impera el castigo sobre la tierra prevaricadora.

Primera copa

² El primero fue y derramó su copa sobre la tierra;
y sobrevino una úlcera maligna y perniciosa
a los hombres que llevaban la marca de la Bestia
y adoraban su imagen.

La primera copa se vierte sobre la tierra firme y causa una úlcera maligna que afecta solamente a los seguidores y adoradores de la Fiera, los que llevan su tatuaje.

Se habla de ἕλκος κακὸν καὶ πονηρὸν (*hélkos kakòn kai poneròn*); es la misma palabra que se usa para describir los granos y las llagas de la plaga de Egipto (Ex 9,8-11); los dolores que siguen a la desobediencia a Dios (Dt 28,35), la llaga maligna de Job (Jb 2,7).

Πονηρός (*poneròs*) significa dañino, malo, feo, pero con cierta connotación de culpabilidad; por eso se traduce también en sentido de delincuente, vicioso, facineroso. Se usa para designar al demonio: ὁ πονηρός (*ho poneròs*), el malvado (Mt 5,37). Los Santos Padres dijeron que se trata de una llaga que afecta las partes genitales. No debe extrañarnos, pues Wikenhauser, sin atribuir el castigo de esta copa a ninguna enfermedad específica, dice que "en castigo por haber envilecido su cuerpo con la señal distintiva de la bestia, se ven ahora atormentados con úlceras, también en su cuerpo". El envilecimiento del cuerpo se produce particularmente por su uso lúbrico, como deja en claro san Pablo hablando de los paganos al comienzo de su carta a los Romanos. De ser así, podría aludir a alguna afección ocasionada por el desorden sexual, como ocurrió en su momento con la plaga de la sífilis (ahora rediviva), y actualmente con el Sida (que en gran medida –no exclusivamente, por cierto– se propaga por el desorden sexual: prostitución, homosexualidad, promiscuidad...); o bien alguna de las numerosas enfermedades de transmisión sexual que azotan nuestro tiempo (y aquejan, en algunas regiones *hiperdesarrolladas*, hasta una de cada cuatro jóvenes mujeres). Pero de esto no se habla, porque el desenfreno es, para los hombres de hoy, expresión de la libertad, y la libertad –en esta mentalidad– no puede hacer daño. Que se lo digan a los tristes infectados que hacen colas interminables para recibir los cocteles de drogas que les alargan un poco más su penosa existencia.

Si esta interpretación que hago se ajusta a la intención del vidente, entonces deberíamos decir que el castigo divino consiste más bien en una *permisión* de que los actos desenfrenados de los hombres extraigan no ya los frutos dulces de su libertinaje carnal, sino las consecuencias amargas que se siguen del atropello de la naturaleza. Entonces el texto debería leerse desde la óptica semítica que atribuye a Dios, causa primera de todas las cosas, lo que, en realidad, es producto de la maligna acción de las causas segundas, los hombres libres o mal usantes de su libertad. Dios se dice causa del desagüe de esta copa de dolores en el sentido de que permite y no impide que de los actos desordenados se siga la corrupción que ellos engendran de modo natural. De este modo también se comprende por qué este morbo afecta solamente a los que llevan la marca de la Bestia, es decir, a los que siguen los desenfrenos que ella instituye en el mundo como su estilo de vida rebelde a la ley del Creador.

La alusión de fondo a la sexta plaga de Egipto, relacionada con los castigos divinos enderezados a liberar al pueblo elegido de la opresión faraónica, da el contexto exacto a estas copas de ira. No se trata, dice Prigent, de catástrofes desencadenadas por un Dios vengativo, sino de una parte de la historia de la salvación. Estas, como las plagas de Egipto, al tiempo que llaman al arrepentimiento a los adoradores de la Fiera, manifiestan a los fieles la reprobación divina del mundo en que están esclavizados.

Segunda copa

> [3] *El segundo derramó su copa sobre el mar;*
> *y se convirtió en sangre como de muerto,*
> *y toda alma viviente murió en el mar.*

La segunda copa se vierte sobre el mar, que se trueca en sangre "como de muerto". Bartina traduce "de asesinado" o "ajusticiado", porque parece que el matiz que tiene la expresión original es más patética de cuanto traduce la simple palabra "muerte". La fatídica efusión produce como efecto pudrir las aguas, por lo que hace morir a todo viviente que las surca, lo que parece incluir a los hombres que navegan en ellas. Es el mismo castigo de la segunda trompeta (8,8-9) pero más grave en sus efectos, porque allí murió la tercera parte y aquí toda criatura marítima. Castellani dice que no es posible tomar esto en sentido puramente literal, y que no dice aquí, como en la segunda trompeta, que afecte a "criaturas que viven en el mar y naves que lo surcan" sino a "espíritu viviente"; y él piensa que se refiere al ensangrentamiento de las relaciones internacionales entre los pueblos. El mar ha sido el gran vehículo de comunicación entre los pueblos, el acicate de las conquistas comerciales, militares y culturales. Este vaticinio puede responder, entonces, sigue diciendo el mismo comentarista, a los "odios entre naciones" profetizado por Cristo (Mt 24,7).

Nos encontramos de nuevo ante un pecado que se vuelve castigo. Las relaciones entre los Estados, cuando prescinden de Dios o incluso lo excluyen deliberadamente, se tornan avasallamientos, imposiciones esclavizantes. En nuestro tiempo la mayoría de las relaciones internacionales son modernos modos de destrucción de los pueblos, por la imposición de políticas injustísimas, muchas de ellas antinaturales, a cambio de dinero, influencias, apoyo militar, protección política, o coimas. El endeudamiento inhumano y sanguinario por el que hoy se exprime a los pueblos más débiles y en algunos casos se los condena a la degeneración moral, como estrategia de dominio geopolítico (los tontos son clientes manejables), manifiesta más ferocidad que los caballos de Atila o las cimitarras de los otomanos. Pero esta situación es, a la vez, enormemente inestable, y los que hoy oprimen a los otros, saben que en cualquier momento podrían pasar a ser las uvas del lagar de la cólera que hoy ellos majan. Es ley de la historia que la crueldad se ejerce por turnos: hoy te estrujo yo;

mañana, probablemente, tú me estrujarás a mí...; por eso, a la vez que me aprovecho de ti, trataré de que no llegues a mañana. He aquí el resumido principio de la historia política de los hombres sin Dios ni conciencia.

Tercera copa

> *⁴ El tercero derramó su copa sobre los ríos*
> *y sobre las fuentes de las aguas;*
> *y se convirtieron en sangre.*
> *⁵ Y oí al ángel de las aguas que decía:*
> *«Justo eres tú,*
> *Aquel que es y que era,*
> *el Santo,*
> *pues has hecho así justicia:*
> *⁶ porque ellos derramaron la sangre de los santos y de los profetas*
> *y tú les has dado a beber sangre;*
> *lo tienen merecido».*
> *⁷ Y oí al altar que decía:*
> *«Sí, Señor, Dios Todopoderoso,*
> *tus juicios son verdaderos y justos».*

Muchos consideran el mal que desata esta copa como una prolongación de la anterior, formando ambas una sola plaga: de los mares, el mal se extiende a los ríos. Pero los ríos con sus fuentes y los mares tienen un significado esencialmente diferente para el hombre. Los mares son principalmente vehículo de comunicaciones y enriquecimiento; los ríos, el recurso que les aporta el agua potable que necesitan para vivir. Si los mares indican las relaciones entre los pueblos, entonces tiene razón Castellani al ver en los manantiales la cultura de la que los hombres viven. No cabe ninguna duda de que la cultura de nuestro tiempo está envenenada, y con sangre, porque hace morir el alma de los que la beben y los vuelve insensibles al dolor ajeno y a la injusticia que ellos mismos provocan. Los lleva al desconocimiento de Dios, o a su desprecio, o a su plena confusión; lo lleva a la desvalorización del hombre, encerrándolo en los confines de su carne y de su libertad vuelta ciega y omnímoda, es decir, destructiva en vez de benéfica. Es lo que una célebre pensadora ha llamado "la banalidad del mal". El mal realizado superficialmente, como un trámite burocrático inevitable y aburrido. El mal no ya realizado solo por los sádicos y homicidas, sino por el hombre mediocre y vulgar... que termina por transfigurarse, víctima de sus actos, en otro sádico más.

El ángel que ha derramado su copa sobre las aguas entona, entonces, un canto, coreado por el altar, es decir, por los que ya se dijo en los primeros capítulos del *Apocalipsis* que están *debajo del altar*, las almas de los mártires, de las víctimas de los ideólogos como Mao, de los psicópatas como Nerón y del elegante y educado personal médico de la clínica abortista del distinguido barrio de clase alta de cualquier capital, o de los refinados magnates de modales exquisitos... que han banalizado su conciencia frente a la inhumana masa de sufrimiento que causan diariamente. El ángel elogia la *justicia* de Dios por ser *santa y verdadera*, ya que hace beber sangre a los que derramaron la sangre de los santos y profetas. Esto es, la permisión del envenenamiento mortal del saber humano es el castigo justo por haber asesinado a los testigos de la verdad, por eso se habla de los profetas y de los santos: de los que predicaron la incómoda verdad y de los que se rehusaron a traicionarla en sus conciencias a pesar de las amenazas de muerte. Ahora, aquellos *principios* por los cuales llevaron a la muerte a los hombres de Dios, se vuelven sus propios verdugos.

Cuarta copa

> *⁸ El cuarto derramó su copa sobre el sol;*
> *y le fue encomendado abrasar a los hombres con fuego,*
> *⁹ y los hombres fueron abrasados con un calor abrasador.*

*No obstante, blasfemaron del nombre de Dios
que tiene potestad sobre tales plagas,
y no se arrepintieron dándole gloria.*

Me parece acertada la interpretación de Castellani, que ve en esta fiala el desborde incontrolado de la técnica moderna, que se basa en la energía, en sí indiferente, pero ahora subvertida en gran medida contra el hombre. Es mejor llamarla técnica y no ciencia, porque la ciencia sin conciencia no hace más que tratar al hombre con criterios manufactureros e industriales, como una cosa sobre la que se puede obrar sin límite, mientras se ordene al *bien de la ciencia*. ¡Cómo si la ciencia fuese un ente separado del hombre! Y lo es, en el sentido del moderno Moloch que exige sacrificios humanos para su progreso; en este sentido no es más que montaje y desguace del hombre. Esta técnica *amoral* e *inmoral* amenaza con aniquilar al hombre. Y si queremos leer más literalmente el pasaje, el mismo uso indiscriminado de la industria, la producción y explotación inhumana (o sea, en pro del lucro y del poder, al margen del bien humano) es también el que nos ha puesto al borde de las catástrofes nucleares y atómicas, del horizonte cada vez más nubloso de la "inteligencia artificial" y la robótica que ha dejado de ser el argumento de las utopías catastróficas para convertirse en una grave preocupación de las mentes más lúcidas de nuestro tiempo. Todo hace pensar que terminaremos destruidos por las obras de nuestras propias manos, y por la necedad sin límites de unos pocos.

Quinta copa

[10] *El quinto derramó su copa sobre el trono de la Bestia;
y quedó su reino en tinieblas
y los hombres se mordían la lengua de dolor.*
[11] *No obstante, blasfemaron del Dios del cielo
por sus dolores y por sus llagas,
y no se arrepintieron de sus obras.*

Al volcarse la quinta copa, el palacio del Anticristo se llena de tinieblas y sus moradores se "mastican", como dice literalmente el texto, las lenguas por el dolor. No puede tratarse, como piensan algunos, del decaimiento del poder romano; esto es demasiado poco y extremadamente circunstancial como para que san Juan aluda a ello en estas líneas tan cruciales del *Apocalipsis*. Se trata, más bien, de las tinieblas en que ha entrado la política en general, campo cardinal del Anticristo, especialmente en nuestros últimos tiempos, que Dios dirá si son los finales o no; y que han tornado el arte del gobierno de los pueblos en un artilugio, un mecanismo de poder sin norma moral, lo cual ha terminado por volverla inmanejable para los mismos politiqueros. La corrupción, la mentira, la felonía, los chanchullos y los enjuagues han oscurecido tanto el plano de la política que sus mismos intérpretes no saben para dónde disparar. Pero no ignoran que mientras ellos serruchan la rama del que tienen encima, otro seguramente serrucha la que los sostiene a ellos. La mala política, la de la intriga y del tejemaneje, tiene su propio castigo.

Pero a pesar de ver a dónde los ha llevado la prostitución de sus convicciones, y ser constantemente víctimas de sus propios delitos, "no se arrepintieron de sus obras". Más aún, "blasfemaron de Dios". Porque el pecador empedernido –vuelto piedra en su corazón– no ve la prueba de Dios ni como prueba, ni como castigo debido a su pecado, ni como purificación, sino como expresión de enemistad de Dios para con él. Y por eso su reacción es el rechazo de la conversión.

Sexta copa

[12] *El sexto [ángel] derramó su copa sobre el gran río Éufrates;*
y sus aguas se secaron
para preparar el camino a los reyes del Oriente.
[13] *Y vi que de la boca del Dragón,*
de la boca de la Bestia y de la boca del falso profeta,

*salían tres espíritus inmundos,
al modo de ranas.
¹⁴ Son espíritus de demonios,
que realizan signos y van donde los reyes de todo el mundo
para convocarlos a la gran batalla
del gran Día del Dios Todopoderoso.
¹⁵ (Mira que vengo como ladrón.
Dichoso el que esté en vela y conserve sus vestidos,
para no andar desnudo y que se vean sus vergüenzas).
¹⁶ Los convocaron en el lugar
llamado en hebreo Harmagedón.*

El Éufrates personificaba la frontera con la barbarie; secarse implicaba dejar expedito el camino a los invasores, que, en los tiempos del Apóstol, eran principalmente los temibles partos, que sembraban por doquier destrucción y muerte, con sus formidables cargas de caballería ligera. Castellani ha creído ver en este castigo la Gran Guerra, una más terrible que las sufridas en el siglo XX; una guerra mundial pero entre oriente y occidente. Puede ser. Pero desde que Castellani publicó su obra *El Apokalypsis de San Juan* hasta nuestros días hemos visto caer otras fronteras y se hacen posibles otras interpretaciones no solo para nuestro tiempo sino para el futuro. Si quisiéramos entenderlo del tiempo en que nosotros vivimos, yo lo aplicaría, por ejemplo, a la destrucción del reducto familiar, el último que quedaba; lo que ha traído –y seguirá acarreando– consecuencias más nefastas que una acción militar apocalíptica. Los medios de comunicación, indiferentes en sí, se han maleado en el peor de los sentidos. Son en el 90% ponzoña pura, y nada puede pararlos. Antes los detenían los muros del hogar. Hoy ya no hay paredes. Quienquiera entra en la intimidad de nuestras casas y abusa de nuestros protegidos. La televisión, la internet, la telefonía celular, las redes sociales y vaya uno a saber cuántas cosas más aparecerán en los próximos años, han construido una cloaca que derrama toneladas diarias de mentira, ideología, pornografía, maquinización de la psiquis, adiestramiento psicopolítico, desesperación, angustia... en cada hogar. Los padres no saben cómo resguardar a sus hijos de la droga, de la genitalización, de las adicciones, de la nihilización del carácter, de la podredumbre de las costumbres... No solo los malos padres, sino también los buenos están a la deriva. Las esposas no pueden evitar que sus esposos entren y salgan de cinco burdeles cada día, porque no se necesita salir de casa para consumir prostitución; está al alcance de una pantalla. El esposo no puede impedir el adulterio de su esposa, porque esta no necesita citarse furtivamente con sus amantes en un solitario motel; le basta con desnudarse para ellos delante de una cámara de computadora o chatear por horas hablándose indecencias. Los padres no saben cómo impedir que sus hijas preadolescentes se saquen fotos desvergonzadas y las envíen por su propio celular a sus amigos, quienes las enviarán a la "nube" donde las cazará algún pedófilo, y todo esto mientras ellos piensan que están lavándose los dientes o peinándose la guedeja.

Estamos inermes ante el Ojo del Mundo, y el Oído del Mundo, y la Boca del Mundo, y la Mano del Mundo, que dice inmundicias, que oye nuestros secretos, que mira nuestra desnudez y que nos manosea y abusa de todos nosotros. ¿No es esto la peor frontera que hemos perdido? ¿Nos reímos todavía de las fantasías apocalípticas de Orwell o de Huxley afirmando que sus mentes perturbadas habían ido demasiado lejos? La visiones pesimistas de "1984" o "Un mundo feliz", ya estaban cumplidas en los estertores del siglo XX... en el XXI ya hemos caído más bajo.

Precisamente Juan ve salir, dice él, de las bocas del Dragón, de la Fiera y del Pseudoprofeta, tres espíritus sucios, al modo de ranas o sapos (el texto dice batracios – ὡς βάτραχοι, *hos bátrajoi*– término que designa estos y otros animales de la misma especie). Son espíritus, y como tales penetran donde quieren, si Dios no se lo impide.

Da la impresión de que salen uno de cada una de las bocas, aunque esto no es claro y podría entenderse que cada personaje profiere los tres espíritus conjuntamente. Straubinger los toma por tres demonios, y por eso dice que no se sabe si actuarán por medio de algún poseso; y es cierto que el término ἀκάθαρτος (*akázartos*), que aquí se traduce como "inmundo", se usa en los evangelios para referirse a los demonios que poseen a los hombres (Mc 1,23; 3,11; 5,2), pero el texto parece aludir más bien a "espíritus" en sentido de doctrinas, ideas, ideologías; no a seres personales. Pueden ser, pues, herejías, como interpretaron algunos Padres de la Iglesia, o doctrinas corrompidas. Salen de la boca porque tienen que ver con la palabra seductora y mentirosa.

Me parece más acertado entender los sapos como dogmas sucios que penetran por doquier y levantan a los hombres en rebeldía contra Dios, en particular a los revestidos de poder, por eso los "convoca para la gran batalla". Son espíritus demoníacos. Son los "malos alientos" –pues la expresión *espíritus* también admite este sentido–, "alientos pútridos" que salen de las bocas de los tres impíos. Nada quita, sin embargo, que también puedan entenderse de seres personales, o que tales ideologías sean asumidas por personas, o incluso que sean demonios propiamente dichos; interpretaciones, todas, que han sido defendidas legítimamente por diversos comentaristas.

De ser doctrinas infectadas e infectantes, ¿cuáles serían? Castellani dice que todos los grandes doctores que se animaron con el *Apocalipsis* nombraron las herejías que tenían ellos delante; y él hace lo mismo, admitiendo que puede equivocarse, apuntando al humanismo ateo, al liberalismo religioso, al modernismo... en fin, al "seréis como dioses": el hombre en lugar de Dios. Hoy nosotros tenemos tantos errores delante que también estamos tentados a ensayar nuestras propias identificaciones. Pero no tiene sentido, porque no sabemos cuándo ocurrirá lo que aquí relata el vidente, o si ya está en curso. Y todavía pueden venir doctrinas nuevas, aunque a nosotros, como a todas las épocas que nos han precedido, nos pueda parecer que ya no se puede ir más lejos en el pudrimiento de la inteligencia. Lo que sí podemos decir es que, se materialice en la fórmula que sea, se tratará siempre de la negación de la Encarnación. Porque se trata de la doctrina del Anticristo, y este se opone, ideológicamente, a la Verdad central de Cristo, que no es otra que la Encarnación y la Redención. Podrá tomar forma de arrianismo, de pelagianismo, de humanismo ateo, de progresismo vergonzoso, de concubinato entre fe y marxismo, de adoración del hombre, de idolatría científica, de democratismo teológico, de deificación sexual, de negación del reinado de Dios en el mundo... o vaya a saber qué se le ocurre a la mente fangosa del demonio y de los que se dejan entenebrecer por él. Pero será, de un modo u otro, la negación de que el Verbo divino vino en carne y asumió lo humano, purificándolo y haciéndolo partícipe de su divinidad, y lo redimió a precio de cruz y de sangre, y que no hay salvación sino en la gracia que Cristo da al que se *con-forma* con Él; y, por tanto, que Cristo es el centro de todo y de todos, el que reina en toda realidad humana, personal y social.

Las ideologías fétidas que giran el orbe convocando a los hombres a la gran batalla contra Dios Pantocrátor, tienen en su núcleo una proclama de rebelión contra el orden sobrenatural (y contra el natural que es el primer paso para destruir el sobrenatural). Pregonan no solo una independencia del señorío divino, sino la oposición a él. No solo invitan a sustraerse a la obediencia, sino que pretenden sojuzgar a Dios.

El relato se interrumpe bruscamente con una afirmación que no sale ya de la boca del vidente sino de Jesucristo mismo, y que ha desconcertado a algunos llevándolos a pensar que ha sido accidentalmente cambiada de lugar (así, por ejemplo, Wikenhauser, que sugiere que su lugar es Ap 3,3a), o que se trata, incluso, de una interpolación hecha por algún redactor. Pero, en realidad, puede entenderse correctamente aquí y como parte del relato. Dice el Señor: "Mira que vengo como ladrón. Dichoso el que esté en vela y conserve sus vestidos, para no andar desnudo y que se vean sus vergüenzas". Esto tiene, si no me equivoco, el objetivo de señalar dos cosas fundamentales. Lo primero tiene que ver con esta pregunta: en esa batalla de la que nadie podrá sustraerse, ¿de qué lado piensas que estarás tú? ¿Te crees que solo porque simpatizas con la causa de Cristo, estarás en el lado de los suyos? El Señor parece afirmar que el alistamiento no se da, ni por simpatía afectiva hacia su Persona, ni tampoco por acuerdo intelectual con su doctrina, sino por razón del "vestido" que uno lleve puesto, lo que indudablemente hace relación a la gracia, como en la parábola de los invitados a la boda (Mt 22,11-13). Si no vives como Cristo y en gracia de Dios, aunque aceptes su enseñanza, no estás ni estarás en el lado de Cristo, y como para la batalla final no hay neutrales, te encontrarás "desnudo" y "mostrando tus vergüenzas", que es el uniforme de los enemigos de Cristo: los desvergonzados, o sea, los que andan con las vergüenzas al aire porque han perdido la vergüenza; y, aunque más no sea al modo de los soldados obligados a pelear por un bando con el que no están totalmente de acuerdo, te hallarás en el bando de los Tres Perversos. Lo segundo, ¿quién decide cuándo y dónde se dará la batalla? Lo que Juan venía relatando empujaría a pensar que esto lo resuelven estos tres belicosos e impíos personajes, pero no es así. Ellos podrán desear la pelea, pero es Dios quien determina el momento, y por más que sus enemigos se preparen y que sus amigos sepan que esto puede ocurrir en cualquier instante... la decisión de la voz de ataque los sorprenderá a unos y a otros: "vengo como ladrón". A sus propias huestes dice Cristo: "vengo como ladrón", "mantente en vela sin perder tus vestidos" (o como dice en Lc 12,35: "tened ceñidos los lomos"); el que aun esté desnudo cuando dé la voz de asalto, será tomado como del otro bando.

Los contrincantes de Dios son citados en Harmagedón (o Armagedón), Har-Megidon, el lugar bíblico de las batallas –y de los desastres bélicos– de Israel, en la llanura de Esdrelón, junto a la ciudad de Meguido, donde luchó Barac contra Sísara, y donde murió Ocozías, herido de muerte por Jehú, donde el faraón Necao II derrotó y mató al piadoso rey Josías. Aquí indica simplemente el campo del enfrentamiento y de la guerra. La batalla final será espiritual; y el campo es el espíritu.

Séptima copa

17 El séptimo derramó su copa sobre el aire;
entonces salió del Santuario una fuerte voz
que decía: «Se acabó».
18 Se produjeron relámpagos,
fragor, truenos y un violento terremoto,
como no lo hubo desde que existen hombres sobre la tierra,
un terremoto tan violento.
19 La gran Ciudad se abrió en tres partes,
y las ciudades de las naciones se desplomaron;
y Dios se acordó de la gran Babilonia
para darle la copa del vino del furor de su ira.
20 Entonces todas las islas huyeron,
y las montañas desaparecieron.
21 Y un gran pedrisco,
con piedras de casi un talento de peso,
cayó del cielo sobre los hombres.
no obstante, los hombres blasfemaron de Dios
por la plaga del pedrisco;
porque fue ciertamente una plaga muy grande.

De la última copa la mayoría de los comentarios dicen poco y nada, limitándose a repetir con palabras distintas las que se leen en el texto: el último ángel derrama esta vez la copa en el aire, el elemento que todavía no había sido castigado, sobreviniendo un cataclismo peor que todos los hasta ahora descritos. La Gran Babilonia se parte en tres (expresión idiomática que significa "destrucción completa"), las demás ciudades paganas se desploman, las islas huyen, llueven piedras de 40 kilos... Nada dicen sobre su significado (ni Bartina, ni Wikenhauser, ni Prigent, ni la mayoría de los textos que he podido consultar). Para Salguero es la ruina de Roma, lo que parece demasiado poco –poquísimo– para tanto aparato, aunque lo considera, a su vez, figura de otras catástrofes futuras: "No se trata precisamente del fin del mundo, sino de la ejecución de un decreto particular de Dios, que tendrá grandísima importancia para la Iglesia. Se refiere a la ruina de Roma, que era el más poderoso imperio de la Bestia y del Dragón. La ruina de Roma será a su vez símbolo de la ruina de otros imperios anticristianos que se le asemejarán". Algo parecido piensa Barclay. Castellani y pocos otros dicen que esto designa la Parusía y el Juicio. Es lo más coherente.

De hecho no es una tragedia más, sino la final en todo sentido, porque se oye la voz de Dios que dice con toda solemnidad: γεγονεν (*guégonen*), que no viene del verbo "hacer" (y por tanto no es tan exacto traducirlo, como se suele, por "hecho está", o "ya está hecho") sino del verbo γίνομαι, *gínomai*, "llegar a ser" o "devenir", y por tanto la idea es que algo ha alcanzado su fin, traduciéndose propiamente por: "¡Se acabó!"

Y sobre todo tenemos esa alusión a ese "acordarse" tremendo que indica un juicio minucioso de las perversidades de Babilonia. "Acordarse" tiene, bíblicamente, dos sentidos distintos porque alude a dos posibles "memorias" de Dios: una para bien y otra para castigo. Una y otra vez aparece en la Sagrada Escritura el pedido "¡acuérdate!" dirigido a Dios: acuérdate de tus siervos, acuérdate de mí cuando vengas en tu reino, acuérdate de tus misericordias, acuérdate de mis sufrimientos (Ex 32,13; Dt 9,27; 2Cr 6,42; Neh 1,8; Sl 25,6; Sl 74,2; Lc 23,42...). En fin: "¡acuérdate para mi bien!", como le reza Nehemías (Neh 5,19). Dios tiene memoria de nuestros dolores, de las injusticias que hemos sufrido por Él, de nuestros más pequeños actos de amor. Ni de un vaso de agua dado por su amor se olvida el Señor. El día del Ajuste de Cuentas será un día de memorias en favor de los suyos, porque Dios tiene memoria bondadosa y justa. Pero también hay otra memoria: la de las injusticias que no han recibido su castigo, la de las deudas pendientes, la de las maldades que parecían impunes... ¡Ay, de eso no quisiéramos que Dios se acuerde! "De los pecados de mi juventud no te acuerdes" (Sl 25,7); "no te acuerdes de los pecados de nuestros padres" (Bar 3,5). Sí, de esa memoria divina quisiéramos estar borrados: "No recuerdes contra nosotros culpas de antepasados" (Sl 79,8); "No te irrites, Yahveh, demasiado, ni para siempre recuerdes la culpa" (Is 64,8).

Que Dios se acuerda de la maldad de Babilonia significa que se trata aquí de un Juicio donde se alegan todas las inmoralidades pasadas, las que parecían haber quedado inmunes al castigo. ¡Cuántos crímenes parecen hoy dispensados de condena! ¡Más aún, da la impresión de que muchos delincuentes tienen patente de corsario para transgredir sin riesgo, ni de parte de los hombres, ni de parte de Dios! Estos son los que parecen decir: "Dios no nos ve, ni se da cuenta" (Sl 94,7). Sí nos ve; y aunque no siempre castiga en el momento del delito, tiene *memoria*. Y de esa memoria esos hechos no se borran ni por el tiempo ni por las coimas, *sino únicamente por las lágrimas de la contrición sincera...* por eso el vidente exclama horrorizado: pero no se arrepintieron sino que blasfemaron de Dios. Si ahora peco, ¿podrá Dios perdonarme? Sí, si te arrepientes... *El problema es: si ahora pecas con los ojos abiertos, es decir, con plena advertencia de tu mal y despreciando la voz de tu conciencia –que es voz divina, ¿puedes asegurar que más tarde te arrepentirás sinceramente?*

2. Castigo de Babilonia

Visión de la Gran Prostituta

[Capítulo 17]

"El capítulo 17, dice Barclay, es uno de los más difíciles del *Apocalipsis*, es decir, de la Biblia". Y vamos a ver que tiene razón.

La gran Ramera

> *¹ Entonces vino uno de los siete ángeles*
> *que llevaban las siete copas y me habló:*
> *«Ven, que te voy a mostrar*
> *el juicio de la Grande Prostituta,*
> *que se sienta sobre grandes aguas,*
> *² con ella fornicaron los reyes de la tierra,*
> *y los habitantes de la tierra se embriagaron*
> *con el vino de su prostitución».*

La Grande Prostituta es la contrafigura de la Gran Mujer-Madre-Mesiánica que ya fue presentada más arriba. Esta meretriz grandiosa es lo supremo que pueden realizar los Tres Malos, en contraposición con la Madre-Virgen-Santa que hace la Trinidad divina. Dios puede hacer que una Virgen sea Madre universal; el demonio solo puede parir muchos hijos a través de la prostitución de las culturas que inspira.

Juan va ahora a presenciar su juicio, acusada de haber hecho "fornicar" a los reyes de la tierra, y de haber "embriagado" a los habitantes del mundo "con el vino de su prostitución".

¿Quién esta Mujer, que es "Grande Ramera"? Se han propuesto distintas interpretaciones. Unos han dicho que es la Babilonia histórica, la fundada por Nimrod. Pero esta, en tiempos de San Juan no era más que una sombra del pasado, un recuerdo arqueológico; poco podía atraer la mirada espantada del vidente. Muchos, como, por ejemplo, Bartina, Barclay, Fillion, etc., la identifican con la Roma imperial de los tiempos de Juan, lo cual solo puede ser válido a medias, como prefiguración de la espiritual ciudad mundana. Insistimos siempre en lo mismo: es demasiada poca cosa aplicar juicios tan densos como los que encontramos en el *Apocalipsis* a una circunstancia histórica, así sea la Roma de los Césares como el Imperio Soviético, los dos destinados a caer (uno después de varios siglos de hegemonía, el otro pasados solo siete décadas...), mientras que la lucha aquí descrita termina con el fin del mundo. Por eso tampoco alcanza con explicar la fornicación de los reyes de la tierra referida a la relación de la Roma pagana que tomaba para sí los dioses de las naciones conquistadas; y esto por varias razones. Ante todo, porque una fornicación es un acto libre entre dos, y conlleva la idea de una jarana licenciosa mutuamente voluntaria; pero, a decir verdad, Roma no entablaba romances ilícitos con las naciones en las que entraba *manu militari* sino que las tomaba a la fuerza, al menos en términos generales; era, si se quiere, un *pretendiente golpeador*; léase, si no, la *Guerra de las Galias* de Julio César, quien, de todos modos, cuenta solo lo que lo deja mejor parado (así mientras relata sorprendido que los germanos eran tan bárbaros que consideraban lícito el robo... a él no le picaba el seso de andar con sus legiones por esos pagos rapiñándoles no las gallinas sino las tierras, la libertad y hasta la vida). Si se quiere una imagen de la acción militar de Roma, más que a una fornicación habría que asimilarla a un estupro. A su vez, al meter los dioses de las naciones conquistadas en el propio panteón (donde tenía acceso cualquiera fetiche salvo el Dios verdadero), Roma se dejaba violar por los demonios que ya venían haciéndose adorar por los pueblos ahora sometidos. En parte esto era como un contagio de posesión diabólica.

También se ha propuesto que se trata sencillamente de un sistema religioso opuesto a Dios, lo que es más acorde con todo el sentido del pasaje y de la visión escatológica del *Apocalipsis*. Pérez Millos, que es de esta opinión, piensa, sin embargo, que tal sistema se caracteriza por reproducir lo esencial del culto babilónico, y tal sería la razón del nombre elegido por Juan para la ciudad. No veo por qué tenga que ser necesariamente una reactualización de la religión babilónica; podría ser cualquier otra. Para Castellani es la "religión al servicio de la política", Y considero que está en lo cierto.

Yo pienso que Babilonia es la Ciudad del Mundo, la Contra-Iglesia. Por tanto, como dice un autor, "esta escena habla no solo de la caída del imperio romano sino más bien de la derrota completa y permanente de todo el mundo anticristiano"[42]. Se trata del Cuerpo "espiritual" maligno, cuya cabeza es el Diablo y sus miembros todos los que le pertenecen por haber sido vencidos por el pecado, pues "todo el que comete pecado es un esclavo [del pecado]" (Jn 8,34). Y aunque solo sea por el gobierno exterior que ejerce sobre los que, por intermedio del pecado, se le sujetan, "el diablo se llama cabeza de todos los malos, pues se dice en Job 41,25 que «él es el rey de todos los hijos de la soberbia»", dice Santo Tomás[43]. Y también el Anticristo "es su cabeza... por la perfección de su malicia"[44]; pero "no son dos, sino una sola [cabeza], porque se dice que el Anticristo es cabeza en cuanto que en él está perfectísimamente impresa la malicia del Demonio"[45], ya que "también el Anticristo es miembro

---

[42] Kistemaker, Simon, *New Testament Commentary: Revelation*, 505.

[43] Santo Tomás, *Suma Teológica*, III, 8, 7.

[44] Ibídem, III, 8, 8.

[45] Ibídem, III, 8, 8 ad 1.

del Diablo y, no obstante, es asimismo cabeza de los malos"[46]; pero en él hay "una semejanza de perfección" con el Diablo, porque "en él el Diablo de algún modo lleva a la cima su propia malicia"[47].

Reyes y plebeyos han fornicado, así, con esta Ciudad terrena. Fornicación y adulterio, en lenguaje bíblico designan principalmente el pecado de idolatría, aunque derivadamente pueden entenderse de cualquier pecado, en cuanto este, esencialmente, supone el amancebamiento del corazón (o sea, entrega total e incondicionada) con alguna realidad creada. La idolatría incluye desde la adoración de explícitas representaciones de dioses falsos como Moloch, Astarté, el Sol o la Luna, hasta la pasión verdaderamente religiosa por alguna realidad creada, aunque no se confiese públicamente su divinidad, como ocurre, de hecho, con la idolatría del dinero, del poder, del sexo, de la violencia, de la ciencia o de la técnica. La más grave y grosera de todas las idolatrías es la adoración del mismo Diablo, la cual pocos practican explícitamente, y muchos sin saber que realmente allí van a parar sus magias y conjuros. La más extendida es, en cambio, la adoración del Hombre, idolatría inconfesa, pero realísima y principal religión del hombre moderno que la practica a modo de divinización de la libertad absoluta, de la centralidad pura e indiscutible del hombre en el universo, de su concepción del hombre como medida de todas las cosas, del endiosamiento de su razón, del profesar el arbitrio absoluto sobre su propio cuerpo, instintos y deseos, y de su afán de lograr el paraíso en la tierra.

Todo esto y mucho más es la Babilonia "que se sienta sobre muchas aguas", que no son las del Éufrates y el Tigris, ni las del Tíber o el Támesis, sino el agitado flujo de las acciones y de los intereses

---

[46] Ibídem, III, 8, 8 ad 2.

[47] Ibídem, III, 8, 8 ad 3.

humanos, cambiantes y tornadizos. Es la Ciudad del Cambalache, de la Mudanza, de las inagotables Metamorfosis políticas y religiosas que los hombres entienden como progreso inflexible, cuando no es más que un perpetuo girar en círculo en torno del mismo error de la inmanencia anti-tea. Quizá el asentamiento sobre las muchas aguas indique también su incesante *mutabilidad histórica*, puesto que "la bestia constantemente cambia la forma en que se manifiesta, pero nunca cambia ella misma"[48]. ¿Dónde se asienta Babilonia en nuestros días? Allí donde se manejan los hilos que mueven esta civilización masónica que se construye al margen de Dios y contra Dios. ¿Está ahora, entonces, en Nueva York o en Washington? Probablemente allí se encuentre solamente su fachada, porque sus mentores son teros vocingleros que mientras pegan gritos en un lado esconden sus huevos en otro. Y así se ha posado en algún momento en Roma, en otro en Frankfurt, en otro en Londres, y antes o después en Ámsterdam... como lo hizo con la Babilonia bíblica en la antigüedad... Y puede instalarse en Estrasburgo o en París, y emigrar en el futuro a Tokio o a Pekín. Vaya uno a saber dónde se instalará esta *ciudad flotante*, o mejor *su gobierno real flotante*, que se aloja parasitariamente donde pueda servirse mejor para la dominación del mundo.

[3] *Me trasladó en espíritu al desierto.*

La visión tiene lugar en el desierto. Fillión dice que esta es una anticipación, porque la Ramera terminará convirtiéndose en un desierto después de su juicio y castigo. Castellani, en cambio, piensa que la ciudad se asienta en "la región donde no hay vida, donde está ausente el agua de la vida –a pesar de que hay «muchas aguas» muertas– alusión al mar, figura del mundo". Es posible, si Juan se inspira, como piensan algunos, en Isaías 21,1-10, donde se profetiza

---

[48] Boer, Harry, *The Book of Revelation*, Grand Rapids, Eerdmans (1979), 118.

de Babilonia como *el desierto del mar*. Bartina dice que "no se ha dado ninguna explicación satisfactoria a esta palabra". Creo que este pasaje recalca la antítesis –todo este capítulo plantea una contrapartida con la verdadera realidad sobrenatural– con la mística Mujer-Esposa-Madre, que huye al *desierto*, mientras esta está *asentada* en el *desierto*. Es el desierto con Dios y el desierto sin Dios, los dos significados del desierto bíblico: para Elías Tesbita, lugar de revelaciones íntimas de Dios y de refugio de la persecución de los hombres; para otros, lugar de tentaciones y hábitat de demonios y sátiros (Is 13,21) y de Lilit, el demonio de la noche (Is 34,14). Donde no están los hombres pero está Dios, hay un desierto lleno; donde están los hombres y no está Dios, hay un desierto vacío o diabólico. "Questo popoloso deserto, che chiamano Parigi", que dice Violetta, la trágica *traviata*.

> *Y vi una mujer,*
> *jineteando una Fiera de color escarlata,*
> *cubierta de títulos blasfemos;*
> *la Bestia tenía siete cabezas y diez cuernos.*
> [4] *La mujer estaba vestida de púrpura y escarlata,*
> *resplandecía de oro, piedras preciosas y perlas;*
> *llevaba en su mano una copa de oro*
> *llena de abominaciones,*
> *y también las impurezas de su prostitución,*
> [5] *y en su frente un nombre escrito –un misterio–:*
> *«Babilonia la Grande,*
> *la madre de las meretrices*
> *y de las nauseabundeces de la tierra».*
> [6] *Y vi que la mujer se embriagaba*
> *con la sangre de los santos*
> *y con la sangre de los mártires de Jesús.*

Juan ve a la Ramera cargada de simbolismos que son sustancialmente los siguientes:

Monta una Fiera color escarlata –un rojo vivo– que, por las características que a continuación se indican, es la Fiera que salió del mar, es decir, el Anticristo. El color probablemente alude a la sangre de la que va borracha. Tiene, la Bestia, según ya fue descrita (Ap 13), siete cabezas y diez cuernos y está cubierta de títulos blasfemos.

La Ramera va vestida de púrpura –vestidura imperial– y escarlata –que puede significar la sangre, como para la Fiera que jinetea.

Resplandece de oro, piedras preciosas y perlas, señal de las pagas por sus meretricios. La Ciudad del Mundo es inmensamente rica, pero su riqueza es fruto de su prostitución y de sus crímenes, como la civilización del Dinero y del Poder que nos sojuzga hoy en día y se emperejila con el dolor, el hambre y la sangre de sus explotados.

Lleva en su mano una copa de oro con abominaciones e impurezas: son sus idolatrías, sus cultos demoníacos y tenebrosos, que no siempre se presentan como demonios, sino como exaltación del refocilo pagano, del endiosamiento de la naturaleza (madre tierra), como búsqueda de lo oculto, como idolatría del dinero, del sexo, del lujo, de la temporalidad y de la inmanencia.

En su frente lleva su nombre que es un misterio, aunque se da a continuación el título. Como las prostitutas romanas que según Séneca y Juvenal llevaban su nombre escrito en la frente. Algunos entienden que su nombre es precisamente "Misterio, Babilonia la Grande, Madre de las prostituciones y nauseabundeces –o *asquerosidades*, como traduce Castellani– de la tierra". La mayoría, en cambio, no incluye en el nombre la expresión "misterio", sino que interpreta que el ángel dice a Juan que el nombre de la Mujer es misterioso, o secreto, o que no debe entenderlo al pie de la letra. De ahí saca Bartina que no se refiere a la Babilonia antigua sino a Roma, pero si designara a Roma con la descripción hecha tampoco indicaría nada esotérico, porque ninguno de sus lectores inmediatos hubiera pensado en la Babilonia que, a orillas del Éufrates, no servía en ese entonces ni para museo, sino en su propia Roma; o sea, ¿para qué le dice que es un misterio si todos entenderían claramente que describe más a Roma que a Babilonia? Si el nombre indica un arcano será, precisamente, porque ni es Babilonia ni es Roma, ni ninguna ciudad fácilmente identificable, sino una *ciudad (anti)mística*, misteriosa, espiritual, una realidad a la vez temporal (porque se encarna en realizaciones temporales como las de los imperios babilónico, romano, o soviético, o en movimientos como la revolución francesa, la marxista, la sexual, o en herejías e ideologías político-religiosas como la masonería, o el progresismo religioso, el modernismo, los sistemas filosóficos ateos e inmanentes...) y a la vez supratemporal (porque no se agota en ninguna de estas encarnaciones y mantiene con todas ellas una línea de sutil continuidad que es la rebelión contra Dios, hilo que hilvana toda esta trama que comienza a tejerse en la primera batalla de los cielos).

La Ramera estaba en acto de emborracharse de la sangre de los mártires de Cristo. Está ebria porque encuentra un gozo etílico en la destrucción y el sufrimiento de los hijos de su Rival, la Mujer-Madre de los hijos de Dios.

> *Y me asombré grandemente al verla;*
> [7] *pero el ángel me dijo:*
> *«¿Por qué te asombras?*
> *Voy a explicarte el misterio de la mujer*
> *y de la Bestia que la lleva,*
> *la que tiene siete cabezas y diez cuernos».*

El ángel llama la atención al vidente por el asombro que este demuestra, puesto que todavía falta por decirle lo que es mayor motivo de pasmo: el misterio que envuelve a la Ramera y a la Fiera que la porta.

Simbolismo de la Bestia y de la Prostituta

⁸ *«La Bestia que has visto, era y ya no es;*
y está por subir del abismo
y va a su ruina».

La explicación del ángel se refiere principalmente a la Fiera, que "representa claramente al Anticristo", dice Wikenhauser, de la cual comienza a decir: ἦν καὶ οὐκ ἔστιν, καὶ μέλλει ἀναβαίνειν ἐκ τῆς ἀβύσσου καὶ εἰς ἀπώλειαν ὑπάγειν (*en kai ouk éstin kai méllei anabaínein ek tes abýssou kai eis apóleian hypágein*): "era y [ya] no es, y está por subir del abismo, y marcha a su ruina". Dos veces más repite la misma idea, con algunas variantes. En el mismo versículo vuelve a decir: "era y no es, y vendrá", del verbo πάρειμι (*páreimi*), hacerse presente, comparecer, venir junto. Y luego en el versículo 11 repite una fórmula igual a la primera: "era y no es... y va a su ruina".

Creo que esto no es otra cosa que el nombre del Anticristo. No me convence la interpretación de quienes lo toman como referido a tres momentos en la existencia de la Bestia (así, por ejemplo, Pérez Millos). En esta línea algunos autores traen a colación la leyenda del *Nero redivivus*, creencia según la cual Nerón resucitaría, volviendo como anticristo a perseguir a los cristianos. De este modo tendríamos uno que estuvo vivo, pero que estaría muerto en el momento en que Juan escribe, y que más adelante volvería a la vida. Humildemente no me parece que tal sea el sentido, y opino que aquí ni siquiera se alude a Nerón como *figura* del futuro Anticristo. En mi pobre ciencia este me parece más bien el *Título del Anticristo*, un título antitético al de Cristo:

- Tanto a Cristo como a Dios Padre, se les aplica la expresión ὁ ὢν καὶ ὁ ἦν καὶ ὁ ἐρχόμενος (*ho on ho en kai ho erjómenos*):

El Siendo [el que es], el Era [desde el principio] y el Viniéndose [el que está cayéndonos para juzgar].

- Del Anticristo, en cambio, se dice que es [ὁ] ἦν καὶ οὐκ ἔστιν, καὶ εἰς ἀπώλειαν ὑπάγειν (*ho en kai ouk éstin, kai eis apóleian hypágein*): El Era [ha existido], y No Es, y Va a la Ruina.

Son dos definiciones por relación al tiempo pasado, presente y futuro. Dios (Cristo y el Padre) *Es* (y Juan comienza por el verbo en su expresión presente, porque Dios es el Ser por Esencia: Soy el que Es), *Siempre ha sido*, *Siempre será* (por eso esperamos su futura venida). El Anticristo *Ha existido*, ha tenido una realización terrena pero finita, pero *Ya no es*, su presente es nada, aunque resurgirá del Abismo para comparecer ante el Juez, y por eso *Va a la Ruina*.

> *Los habitantes de la tierra,*
> *cuyo nombre no fue inscrito*
> *desde la creación del mundo*
> *en el libro de la vida,*
> *se pasmarán al ver que la Bestia era y ya no es,*
> *y reaparecerá.*

Los ciudadanos de la Babilonia, es decir, de la Ciudad del Mundo, quedarán pasmados ante la Fiera. El texto no deja totalmente claro el motivo del asombro, aunque la mayoría lo interpreta haciendo hincapié en el καὶ παρέσται (*kai parestai*): "y volverá a aparecer", o "vendrá", o "comparecerá". ¿Se admirarán porque estaba muerta y resucitará? ¿Será, entonces, una sorpresa entusiasta que terminará en la adoración de la Bestia? Puede ser, si se entiende de una resurrección fingida, o de una herida de muerte que no termina en la muerte sino en una curación casi milagrosa, de la que parece hablarse más arriba en 13,3. Ya dijimos que algunos, como Victorino de Pettau, a fines del doscientos, pensaban que era una verdadera resurrección, la de Nerón, el *Nero redivivus*. No convence. Como tampoco los que entienden el pasaje de una especie de resurrección del *imperio pagano romano*. Claro que así es más fácil la interpretación, porque en tal caso no hay dificultad para entender que era, y ahora no es, y será de nuevo (si se vuelve a implantar como régimen mundial o, al menos, internacional).

Pero el texto también puede entenderse de una admiración patitiesa y asustada, si aquí se habla del comparecer de la Fiera para ser juzgada y castigada. ¿Por qué no podría interpretarse de la estupefacción de quienes ven la ruina calamitosa de lo que han adorado?

O bien del asombro embelesado de los mundanos por el deslumbre poderoso de su Civilización y de su Jefe, tal como nuestros contemporáneos se sienten borrachos de emoción por esta era de maravillosa tecnología que nos ha traído casi el paraíso a la tierra, y la mágica ciencia digital que no parece tener fronteras haciéndonos realidad lo que ni en sueños fantaseábamos pocas décadas atrás... con excepción –claro está– de la verdadera felicidad. El poder que tenemos en nuestras manos es inaudito, pero es también la causa de nuestra barbarie. Todos sabemos usar una computadora y tenemos acceso a más libros que si durmiéramos en la Biblioteca de Alejandría, pero somos la civilización más ignorante de los últimos tres mil años; y esto vale para todas las demás manifestaciones humanas.

Estas alusiones son muy difíciles de entender, y no se ha dado hasta el momento ninguna explicación que satisfaga plenamente, porque todas hacen agua por algún lado. Yo pienso que la frase se refiere a la admiración por la Fiera en sí, y por la civilización que ella representa, y la alusión a que *era, no es y vendrá (para ser arruinado)* es, como ya dije, simplemente el nombre del que viene a oponerse al *Que Es, Que Era y Está Viniendo* a arruinarlo.

[9] *Aquí es donde se requiere inteligencia,
tener sabiduría.
Las siete cabezas son siete colinas
sobre las que se asienta la mujer.*

Sobre siete colinas se asentaba la Roma de los tiempos de Juan, y era nombrada de ese modo, por eso se acuñaron monedas con la diosa Roma sentada sobre los siete montes, como la que hizo poner en circulación Vespasiano en el 71 d.C., actualmente conservada en la sección numismática del Museo Británico. De ahí que muchos han dicho: ¡se refiere a Roma!, ¡Roma es el Anticristo o la Ciudad del Anticristo (varios protestantes de la primera hora aprovecharon para aplicar la alusión a la Roma de los Papas)! Pero si las siete colinas de la Ramera indicasen sencillamente Roma, no haría hacer sudar la inteligencia, ni reclamaría tanta sabiduría como pide el Ángel a Juan. Y a este se le dice que preste atención, porque de lo contrario, ni él mismo, el Vidente, se percatará del verdadero significado de sus palabras, lo que quiere decir que, aunque sea una *ciudad* o *cultura* o *movimiento*, lo de las colinas tiene otro sentido, y la identificación romana no es más que, a lo sumo, una diluida figura de algo más nebuloso.

Pero el texto se torna aún más difícil con la explicación, aunque esta no debería ser más enmarañada de lo que quiere explicar. ¿No será que nos complicamos nosotros buscando significados que quizá no estén allí de ningún modo?

> «*Son también siete reyes:*
> [10] *cinco han caído, uno es, y el otro no ha llegado aún.*
> *Y cuando llegue, habrá de durar poco tiempo.*
> [11] *Y la Bestia, que era y ya no es, hace el octavo,*
> *pero es uno de los siete;*
> *y va a su ruina.*

La mayoría de los estudiosos del *Apocalipsis* toma la referencia a los siete reyes como siete emperadores de Roma; en consecuencia intentan acomodar la historia del Imperio para que calce con estos siete... que terminan siendo ocho... que de todos modos se reducen a siete. Bartina incluso dice que hay que partir de sólidas bases históricas, y por eso ofrece un cuadro sinóptico con las cuatro grandes familias de emperadores. Pero quienes corren por este rumbo ni siquiera pueden ponerse de acuerdo sobre cuáles serían, porque incluso comenzando con Nerón y no antes, el número supera largamente los siete; ni siquiera quedándose con los gobernantes perseguidores cierran las cuentas. De hecho son distintas las listas que ofrecen Allo, Bonsirven (que por añadidura aporta dos distintas), Brun, Ecumenio, Barclay, Salguero (a quien le parece lo más probable que el octavo sea Domiciano, el nuevo Nerón). Las discrepancias son, si no infinitas, al menos interminables y ninguna consigue zanjar la discusión. Barclay, por ejemplo, se remonta más atrás: "Los cinco que *han sido* son Augusto, Tiberio, Calígula, Claudio, Nerón; el *que es* es Vespasiano; el que *ha de venir y que va a permanecer breve tiempo* es Tito; el equivalente a la cabeza herida de muerte y restablecida, que ha de ser Nerón otra vez, es Domiciano, el hombre de una crueldad salvaje". Pero entre Nerón y Vespasiano quedan tres que son saltados (Galba, Otón y Vitelio), los cuales no creo que merezcan tan honrosa salvedad por su destacada santidad...

Humildemente, y reconociendo que varios de los autores citados realmente han estudiado este libro mientras que yo bebo un par de sorbos de lo que a ellos les sobra, pienso que los emperadores de Roma aquí no entran sino como una alegoría tan magra que ni siquiera hay que detenerse a considerarlos. Por el simple hecho de que una profecía –y este libro es una y la más importante de la Biblia– se verifica al cumplirse, por lo cual, si Juan relatase el final de los emperadores romanos perseguidores de la Iglesia, no podríamos estar resolviendo adivinanzas mil setecientos años después de caído el Imperio. Bartina salva esta dificultad diciendo que este acertijo sería muy claro para los iniciados de aquel tiempo. Pero tampoco esto nos consta, y ningún cristiano de la primera hora dejó la clave para entenderlo, ni durante la vida de estos impíos, ni después. Ni siquiera

San Agustín que escribió después de muerto Domiciano. Y, además, ¿qué sentido tendría que Juan jugase a escribir en enigmas profecías contra el gobierno? ¿Acaso lo iban a meter preso? ¡Si ya estaba preso cuando las escribió! Y si no quería que se enteraran las personas a las que aludía, ¿para qué indicar que la Ciudad Mala se sienta sobre siete colinas, si hasta los adolescentes de hoy, que ni saben cuántas son las provincias de su propio país, saben que esta es la representación de Roma? Entonces, según mi parecer, lo de los reyes que fueron, que son y que serán, debe ir por otro lado, y si hay una insinuación a quienes manejaron los destinos romanos, es solo *a modo de ilustración*, y sin aludir a ninguno concreto.

Y como todos ensayan una interpretación, yo también propongo la mía, que es la que sigue.

El Anticristo probablemente será una persona y, además de eso, también un cuerpo social, político-religioso, del estilo de las entidades secretas que, desde el siglo XVII han venido surgiendo con claro sesgo anticatólico y persecutor. No digo que estas sean *el* Anticristo, como si agotasen su realidad, sino que este se les parecerá o incluso podrá auparse en ellas o las catalizará.

Esta realidad que es el Anticristo, tiene una parte ya pasada, por eso algunas de sus manifestaciones (personajes históricos, movimientos, encarnaciones políticas, o ideologías...) ya han caído, como pasó el imperio soviético, y el terror revolucionario francés, y el nazismo, y la Roma perseguidora, y cada una de las grandes herejías...

Algo de este movimiento, en cambio, es presente, al modo del actual dominio –ciertamente anticrístico– del tenebroso y sanguinario *poder del dinero*, de la asfixiante corriente que quiere imponer la legitimidad y honorificencia de todas las expresiones antinaturales (como hace, entre otros, el *lobby gay*), del movimiento de idolatría de la "madre tierra", o "diosa gea" (para la cual trabajan varios organismos internacionales de la ONU)... Digo "al modo", porque esto es lo que vemos, pero puede haber mucho más, todo un mundo cavernoso que ignoramos los que pertenecemos al vulgo.

Y, finalmente, algo de este movimiento es futuro y no ha llegado aún, o al menos no sabemos (yo, por lo menos) si ya está aquí. Esto hace al dominio final del Anticristo. Este será en parte nuevo (por eso es el *octavo rey*) pero no completamente sino como refundición de los poderes o de las ideologías moribundas de alguno de los anteriores o de todos ellos (por eso es también *uno de los siete*), *al modo* (o sea, análogamente) del modernismo que se transmutó en progresismo marxista, para trocarse luego en tendencia masónico-ecologista (culto a la tierra madre, a la naturaleza supradivinizada y al aborigenismo concebido sin pecado original) en que han venido a enhebrarse las hilachas de la teología liberacionista, deshilvanadas en el derrumbe de los ladrillos del muro de Berlín.

> [12] *Los diez cuernos que has visto*
> *son diez reyes que no han recibido aún el reino;*
> *pero recibirán con la Bestia la potestad real,*
> *solo por una hora.*
> [13] *Están todos de acuerdo en entregar a la Bestia*
> *el poder y la potestad que ellos tienen.*
> [14] *Estos harán la guerra al Cordero,*
> *pero el Cordero, como es Señor de Señores y Rey de Reyes,*
> *los vencerá en unión con los suyos,*
> *los llamados, los elegidos y los fieles».*
> [15] *Me dijo además:*
> *«Las aguas que has visto, donde está sentada la Prostituta,*
> *son pueblos, muchedumbres, naciones y lenguas.*

Sea quien fuere el misterioso Anticristo, es cierto que aunará bajo su influencia y bandera a todos los malos, especialmente a los malos que tienen poder, y juntos lograrán imponerse por un poco de tiempo, y le harán guerra al Cordero, el cual los destruirá. El Ángel no le dice a Juan cómo, sino que esto último será en unión con los elegidos y fieles. Y le da el motivo: porque es Rey de Reyes y Señor de Señores. Bien *triunfalistas* el Ángel y su Amanuense, mal que les pese a los que hoy les fastidia el estilo. San Pablo sí explica el cómo, al decir que será con el "aliento de su boca" (2Ts 2,8), es decir, con un soplo, como se deshace con la brisa el pompón florido de la achicoria amarga, que nosotros llamamos acá "panadero". El imperio soviético, con todo su aparato, duró solo setenta años y lo demolió un Papa polaco sin balas ni fusiles. A Jesucristo le va a costar todavía menos.

> [16] *Y los diez cuernos que has visto y la Bestia,*
> *van a aborrecer a la Prostituta;*
> *la dejarán sola y desnuda,*
> *comerán sus carnes y la consumirán por el fuego;*
> [17] *porque Dios les ha inspirado*
> *la resolución de ejecutar su propio plan,*
> *y de ponerse de acuerdo en entregar*
> *la soberanía que tienen*
> *a la Bestia hasta que se cumplan las palabras de Dios.*
> [18] *Y la mujer que has visto es la gran ciudad,*
> *la que tiene la soberanía sobre los reyes de la tierra.*

En su colosal bronca por la derrota, todos los aliados culparán a la Madre que los parió, que es la Ramera de quien el Anticristo es Cabeza, o mejor Cabalgadura, porque Cristo dirige a su Cuerpo místico desde arriba, mientras que el Anticristo maneja al suyo desde abajo, analogía que bien puede entenderse de la influencia que ejerce Cristo desde el corazón (alma en gracia) hacia el resto de la persona, espiritualizando la carne, a diferencia del Anticristo y de su Mentor, el Dragón, que lo hacen desde la lujuria sexual hasta la cabeza, genitalizando el espíritu. En esta crispada trifulca, los mismos que antes la defendieron y promocionaron se encargarán de dejar a la Mala-Madre con las vergüenzas al aire, se comerán sus carnes y la quemarán, como hacían antes con las brujas las gentes enfurecidas por sus mentiras y hechizos. De este modo se volverán ejecutores de la sentencia divina.

Visión de la Ruina y del Juicio de Babilonia

[Capítulo 18]

El capítulo 18 contiene la elegía por el desastre de la Gran Ramera. Lo que Juan canta en estos versículos puede aplicarse al hundimiento de cualquiera de las grandes *encarnaciones históricas* de la Ciudad Mundana. Los *preteristas* dicen que habla de la caída de Roma. Yo diría que *también* habla de la caída de Roma, que era, en tiempos del Apóstol, todavía futura. El Cuerpo "espiritual" de la dupla Dragón-Fiera, Demonio-Anticristo, va encarnándose históricamente en determinadas [*anti*]culturas/civilizaciones. Juan tenía ante sus ojos la *Civitas Romana* que poseía sus rasgos sombríos y cruentos. Es claro que esto no agotaba la Roma antigua (gloriosa en muchos sentidos), como tampoco las tinieblas constituirán toda la esencia de las encarnaciones que le sigan, aunque algunas se esforzarán bastante por ofrecer la menor cantidad de aspectos positivos a la consideración del historiador, como la salvaje China maoísta, el Imperio-Cárcel soviético, o la Francia del Terror. Roma, en la que Juan escribe y de la que toma muchos rasgos para poder describir esta sinuosa realidad ya presente y actuante en su tiempo pero sobre todo destinada a tomar volumen en el último tramo de la Historia, tenía también su lado luminoso, con numerosas *semina Verbi*, que se integraron natural, espontáneamente y en lógica trabazón con la Verdad Cristiana. En toda civilización y cultura coexisten estos dos lados, cara y cruz de la realidad. Precisamente es el lado oscuro de todas las manifestaciones históricas de la Ciudad Mundana que Juan, como luego Agustín, llama *Babilonia*, Ciudad de Confusión. El lado iluminado no llega a constituir, sin embargo, una *Jerusalén* histórica, salvo, como pretenden algunos, en el caso de algunos reinos cristianos, los cuales, hay que admitirlo, no se dieron jamás en estado de bondad pura, porque reyes cristianos hubo –y algunos santos, aunque pocos– pero que se mandaron sus desmadres de padre y madre. *Jerusalén* merece ser nombrada solo la Ciudad de Dios, que desciende del Cielo, como la ve Juan al final de este libro, y que coexiste en cada civilización mezclada con la *Babilonia* confusa. Pero con la diferencia de que mientras los hijos de esta, además de constituir una realidad espiritual pecaminosa, también construyen una estructura social y temporal –un gobierno e incluso un imperio– y suelen hacerse con las riendas gubernativas de los destinos humanos, los hijos de aquella otra viven en su seno como exiliados, peregrinos, y suelen tener una existencia perseguida, aislada, oprimida, sin poder ni influencia material, política o militar, porque para esto, con no poca frecuencia, hace falta apelar a medios que los excluirían *ipso facto* del Corazón divino. Así y todo, estos son el elemento vital, el *alma viviente* –como los llama el autor de la *Carta a Diogneto*–, y *la razón* por la cual Babilonia existe todavía, es decir, es tolerada por Dios hasta que llegue el momento de *acordarse de sus pecados*. Ella cree que subsiste por su poder, pero en realidad permanece porque es la condición terrena para que los hijos de Dios, los ciudadanos jerosolimitanos, nazcan, crezcan, se acrisolen, sean sacrificados (por ella, la borracha de sangre) y entren en la Gloria. Una vez que el último de los hijos alcance su meta, los pecados de la Ramera se amontonarán ante la memoria de Dios, y Él se acordará de ella.

Por eso Juan no se refiere, sino en parte, a la concreción histórica de la *Civitas* terrena que fue la Mala-Roma, aunque la use de referencia, o *figura*. En realidad tiene ante sus ojos proféticos la última etapa de esta Babilonia que no sabemos dónde o en qué cuerpo social tendrá su encarnación final.

Un ángel rutilante anuncia la caída de Babilonia

[1] *Después de esto vi otro ángel
bajar del cielo,*

que tenía poder grande,
y quedó iluminada la tierra
con su resplandor.
² Clamó con voz potente diciendo:
«¡Cayó, cayó la gran Babilonia!
Se ha vuelto morada de demonios,
guarida de todo espíritu sucio,
albergue de toda ave inmunda y detestable.
³ Porque del vino de sus prostituciones
han bebido todas las naciones,
y los reyes de la tierra han fornicado con ella,
y los mercaderes de la tierra
con su lujo desenfrenado
  se han enriquecido».

Otro ángel, poderoso y refulgente, anuncia la caída de Babilonia como un hecho ya sucedido: cayó, se ha trocado... Y el anunciador pone vigor y acento en sus palabras. En el lenguaje bíblico la repetición es siempre enfática para atraer la atención del lector, del mismo modo que nosotros usamos los signos de admiración. Por eso se repite el nombre de la persona cuando lo que se dice es muy solemne: "Moisés, Moisés" dice Dios al hablar desde la zarza ardiente (Ex 3,4); "Simón, Simón", repite Jesús al predecir a Pedro las persecuciones contra la Iglesia (Lc 22,31); "Saulo, Saulo", escucha Pablo caído de su caballo (Hch 9,4). Aquí se repite: cayó, cayó la ciudad; y más adelante los mercaderes se lamentarán con desesperación: "Ay, ay, de la gran ciudad" (18,10.16.19).

Babilonia viene descrita con rasgos de ciudad devastada, ruinas humeantes de una urbe bombardeada, entregada al fuego, destruida a ras, y habitada por demonios y seres carroñeros, los carroñeros del espíritu y los de la materia, todos los que escarban y se alimentan de la podredumbre del alma que es el pecado, y los que se atiborran de la podredura de la carne.

Y el ángel subraya con un ὅτι (*hóti*, "porque") la *culpa* de esta Babilonia que ha alimentado con sus suciedades ideológicas y sus costumbres fritas en pecado a todas las naciones, empezando por sus políticos y potentados, los *reyes y mercaderes*. Los cuales no necesariamente tienen que haber sido exterminados, ni haber dejado a esta ciudad ruinosa, que es el mundo entero, y de la cual solo se puede desertar o muriendo o convirtiéndose, sino que quizá hayan pasado a ser, ahora, esos astrosos espíritus o pajarracos, o parte de ellos, que Juan describe como únicos moradores de sus escombros.

Huida del pueblo de Dios

4 Luego oí otra voz del cielo que decía:
«Sal de ella, pueblo mío,
no sea que te hagas partícipe de sus pecados
y te alcancen sus plagas.

Todo parece indicar que la caída y el juicio definitivo no son simultáneos. Entiendo las distinciones que hacen los exégetas entre lo que, siendo futuro, Juan expresaría como si fuese un pasado *profético*, debido a la certeza que tiene de su cumplimiento ("¡cayó, cayó!... En una hora *fue* arruinada"), y lo que el vidente expresaría en *futuro próximo y simple* ("sal, pueblo mío... para que no te alcancen sus pestes"), pero pienso que también puede entenderse en el sentido de ese proceso de destrucción de la ciudad-cultura-civilización sinDios, que da tiempo a que los hijos de Dios se pongan a salvo, no en los montes ni en las ciudades vecinas (como hicieron, siguiendo las indicaciones proféticas de Jesús, los cristianos de Jerusalén cuando oyeron los *rumores de guerra*, huyendo al desierto, y salvando el pellejo de las legiones de Vespasiano y Tito), sino, al menos, escapándose al interior del alma, a la zona protegida por la gracia, donde el Juicio de Dios pueda pillarlos preparados y así no los arruine como al Calabozo cultural que los aprisiona. Porque esa Babilonia

Final será una realidad mundial, ¿y a dónde huye uno de una ciudad que es el mundo entero? ¿A Saturno?

> ⁵ *Porque se amontonaron hasta el cielo*
> *sus pecados*
> *y Dios se ha acordado de sus iniquidades.*
> ⁶ *Devolvedle como ella ha dado,*
> *dobladle la medida según sus obras,*
> *en la copa que ella preparó*
> *preparadle el doble.*
> ⁷ *En proporción a su jactancia y a su lujo,*
> *dadle tormentos y llantos.*
> *Pues dice en su corazón:*
> *Estoy sentada como reina,*
> *y viuda no soy*
> *ni conoceré el duelo...*

Todo tiene un límite, también los pecados del hombre. Pero la paciencia de Dios es inmensa y antes de castigar a la ciudad perversa, ha dejado acumularse hasta el cielo todos sus pecados e iniquidades. Pero llega el día en que *Dios se acuerda* y hace justicia. Y aplica la ley del *contrapasso* sobre la cual Dante trazó la estructura de su *Inferno*: da a contracambio, "según lo que ha dado, dadle a ella"; "en la misma copa que preparó para intoxicar a otros, intoxicadla a ella"; "en proporción de su soberbia, pisoteadla"; "en simetría con su lujo y su jolgorio, dadle miseria y llanto". Pero no solo *en igual medida material*, sino el *doble*, indicando así el castigo *eterno*. Lo que hace poner el grito en el cielo a todos los que no quieren que se les mente el *medievalismo* de un infierno de tormento sin fin. ¿Cómo puede Dios castigar *para siempre* lo que un malo hizo *durante un tiempo*? ¿Cómo castigar *justamente* con un tormento *sin medida*, lo que alguien hizo mal pero *limitadamente*, puesto que todo lo que el hombre hace es limitado, siendo él mismo finito? Sí, respondió ya san Gregorio, el hombre peca con medida, porque todos sus actos tienen un límite, pero no porque tal sea *su intención*; si de él dependiera, ese placer, ese gozo, ese regodeo, ese gusto, esa satisfacción, ese vuelo que emprende drogado, esa tranca que le hace olvidarse de sus cuitas y con ellas de Dios y sí mismo, el éxtasis que bebe en ese voluptuoso abrazo... *lo haría durar eternamente*. Si se acaba al cabo de un tiempito y deja paso al desencanto no es porque el pecador quiera que se le acabe la fiesta, sino porque no puede cambiar la naturaleza de las cosas, y estas efímeras son. Por eso, decía Santo Tomás, Dios castiga la *intención eterna* que tiene todo pecado. Has pedido algo eterno y tendrás algo eterno.

> [8] *Y entonces en un solo día*
> *llegarán sus plagas:*
> *peste, llanto y hambre,*
> *y será consumida por el fuego.*
> *Porque poderoso es el Señor Dios*
> *que la ha condenado».*

Y todo de repente, *en un solo día*, o sea, sin tiempo de preparase. Y todo junto, peste, hambre, llanto, fuego. Porque se metió con Dios, que es un Señor Poderoso. El enano que se burla del gigante –y dale que dale con las burlas porque el otro, aunque grande, es paciente– es un necio, como es necio el mosquito que abusa del aguante del que se deja picar un poco, porque todo tiene un límite, menos la misericordia de Dios para quien quiere su misericordia. Pero la esperanza en la misericordia divina es lo primero que ha desterrado Babilonia.

Los lamentos de los que vivían en ella

> [9] *Llorarán, harán duelo por ella*
> *los reyes de la tierra,*
> *los que con ella fornicaron y se dieron al lujo,*
> *cuando vean la humareda de sus llamas;*
> [10] *horrorizados ante su suplicio,*

se quedarán a distancia y dirán:
«¡Ay, ay, la gran ciudad!
¡Babilonia, ciudad poderosa,
que en una hora ha llegado tu juicio!»
[11] Lloran y se lamentan por ella
los mercaderes de la tierra,
porque nadie compra ya sus cargamentos:
[12] cargamentos de oro y plata,
piedras preciosas y perlas,
lino y púrpura,
seda y escarlata,
toda clase de maderas olorosas
y toda clase de objetos de marfil,
toda clase de objetos de preciosa madera,
de bronce, de hierro y de mármol;
[13] cinamomo, amomo, perfumes, mirra,
incienso, vino, aceite, harina,
trigo, bestias de carga, ovejas,
caballos y carros;
esclavos y mercancía humana.
[14] Y se han alejado de ti
los frutos en sazón que codiciaba tu alma;
y toda magnificencia y esplendor
se han terminado para ti,
y nunca jamás aparecerán.
[15] Los mercaderes de estas cosas,
los que a costa de ella se habían enriquecido,
se quedarán a distancia
horrorizados ante su suplicio,
llorando y lamentándose:
[16] «¡Ay, ay, la gran ciudad,
vestida de lino, púrpura y escarlata,
resplandeciente de oro, piedras preciosas y perlas,
[17] que en una hora ha sido arruinada tanta riqueza!»
Todos los capitanes, oficiales de barco y marineros,

> *y cuantos se ocupan en trabajos del mar,*
> *se quedaron a distancia*
> [18] *y gritaban al ver de sus llamas la humareda:*
> *«¿Quién como la gran ciudad?»*
> [19] *Y echando polvo sobre sus cabezas,*
> *gritaban llorando y lamentándose:*
> *«¡Ay, ay, la gran ciudad,*
> *con cuya opulencia se enriquecieron*
> *cuantos tenían las naves en el mar;*
> *que en una hora ha sido asolada!»*

Los reyes, mercaderes y marineros, es decir, los malos políticos, gobernantes, financistas, banqueros, capitalistas, usureros, periodistas, comerciantes y negreros, que se hicieron ricos y fornicaron con ella, la contemplarán de lejos, pero no estarán lejos materialmente, en alta mar, pues son parte de ella. Sencillamente, Juan quiere decir que no harán nada por salvarla. Ni podrían si quisieran, porque salvarla es convertirla.

Pero son todos llantos estériles. Todos se lamentan y lloran y se arrancan los pelos y se muerden los nudillos... pero ninguno se arrepiente de sus maldades. No es el llanto del *Miserere* inconsolable que describió el poeta como

> "un alarido tremendo, que parecía un grito de dolor arrancado a la Humanidad entera por la conciencia de sus maldades, un grito horroroso, formado de todos los lamentos del infortunio, de todos los aullidos de la desesperación, de todas las blasfemias de la impiedad; concierto monstruoso, digno intérprete de los que viven en el pecado y fueron concebidos en la iniquidad"...

... pero que intenta articular ese bramido de dolor y esperanza que se dispara hacia la Misericordia divina: "¡Miserere mei, Deus, secundum magnam misericordiam tuam!" No, no es el sollozo de los que miran el hundimiento de la Ciudad-Ramera. Estos lloran la ciudad porque con ella no podrán lucrar más, *porque lo que es lucrar, claro que gustarían*. Y extrañan sus lujos, festicholas y casinos, porque *lucirse y relumbrar y ser aplaudidos y festicholar*... ninguno de ellos quisiera otra cosa. Y chillan y aúllan de dolor por el hundimiento de su compra-vendedora, porque lo que es seguir consumiendo y vendiendo y feriando y sobornando para hacerse más ricos, todo eso, ¡qué más quisieran! Y lamentan el desplome de su burdel, porque dejar de fornicar a ninguno se le ha cruzado por la mente, ¿de qué otro modo se puede vivir, acaso?

¡Ay del llanto del adúltero que llora la muerte de su querida pero no llora su adulterio! Esas lágrimas, en el infierno, son nafta.

El regocijo de los santos

[20] *Alégrate por ella, cielo,*
y vosotros, los santos, los apóstoles y los profetas,
porque al condenarla a ella,
Dios ha juzgado vuestra causa.

¡Qué verdad teológica más sencilla, profunda e inmensa se contiene en este verso! Todos los que no conciben la existencia del infierno o la condenación del malo (y hasta del Más-Malo, Homicida y Mentiroso desde el principio, como lo llamó Cristo), o pretenden verlo *redimido* y alcanzado por la sangre salvadora incluso en lo más hondo del abismo... hacen suprema y señalada injusticia al bueno que se aguantó la tentación de ser malo: al santo, al apóstol, al profeta, al mártir, al virgen. Dios juzga buena la causa del bueno, al condenar al malo. Como la juzgaría estúpida y gansa si después de haberse comido el lager, la horca, el fuego, la picana, el cadalso, el rebenque, el tiro en la nuca, el empalamiento, la estrangulación y la miseria..., por no confirmar la mentira, por no adorar un ídolo, por no pagar un puesto a precio de media hora de apareamiento, por no sacarse la sotana, por no dejarse sobornar, por no justificar que el tirano duerma con la mujer de su hermano, por no aceptar cohecho, o simplemente por no negar que Jesucristo es Dios y la Iglesia su Esposa... digo, si después de todo esto, Dios llama al bueno y al malo y les dice: "bien, terminó el juego, ahora se dan las manos como buenos amigos... y todos a seguir jugando en el cielo". Si el juego consiste en que unos dan palos y otros reciben palos, y luego todos ganan el mismo premio, entonces más de uno de nosotros quizá preferiría apalear. Con cuánta razón decía san Alfonso, que si Dios no castigara al malo con el infierno, se haría tentador del bueno. Es lo que dice aquí san Juan.

Ojo: no queremos que los malos se vayan al infierno, sino que no vayan, pero a precio de pedir perdón antes de morirse y de arrepentirse sinceramente de sus maldades. Yo no me gozo de que nadie esté en el infierno; pero alabo la justicia divina porque no puedan salir sin arrepentimiento. Y el arrepentimiento es metafísicamente imposible para quien no lo profirió antes de salir de esta vida. Que para eso la tienen. Y me alegraría infinito si el más malo de los malos se arrepintiera aunque más no sea con un pie ya en la tumba y gambeteara la condenación. Lo hizo el buen ladrón; y quizá nos veamos nosotros en el mismo trance, aunque nos creamos tan buenos ahora.

21 Un ángel poderoso alzó entonces una piedra,
como una gran rueda de molino,
y la arrojó al mar diciendo:
«Así, de golpe, será arrojada Babilonia,
la gran ciudad, y no aparecerá ya más...»

Y ella, la mala-ciudad o mala-sociedad, o mala-cultura, o lo que sea, se hundirá como una piedra en el mar, es decir, sin resistir, sin piso que la aguante, sin siquiera rebotar o intentar un saltito para levantar un poco la cabeza.

22 Y la música de los citaristas y cantores,
de los flautistas y trompetas,

no se oirá más en ti;
artífice de arte alguna
no se hallará más en ti;
la voz de la rueda de molino
no se oirá más en ti;
²³ La luz de la lámpara
no lucirá más en ti;
la voz del novio y de la novia
no se oirá más en ti.
Porque tus mercaderes
eran los magnates de la tierra,
porque con tus hechicerías
se extraviaron todas las naciones;
²⁴ y en ella fue hallada la sangre de los profetas
y de los santos
y de todos los degollados de la tierra.

Estos últimos versículos parecen dirigidos a los *neutrales*, los que en la Gran Ciudad Mundana no han hecho personalmente el mal, los que simplemente *viven* o *duran*: compran, venden, se casan, procrean (*hasta por'ái*, como decimos acá, que no se juegan mucho con esto), se ponen de novios, bailan y van a la escuela, sin mucha trascendencia que digamos. *Duran* más que *viven*. No nos hagamos ilusiones: entre estos, probablemente nos contamos nosotros.

También veremos terminar todo esto.

Sí, todo va a acabar, todo lo que alegra la Ciudad Mundana desaparecerá; todo, incluso, lo que no es malo en sí, como la rueda de molino que muele el trigo para el pan, o la lámpara que alumbra la esquina nocturna, o las voces de los enamorados, o los cinceles de los artesanos repujando la plata y los adornos... ni aún esto, que no es malo por sí mismo, seguirá y ya no podremos disfrutarlo sus habitantes. Por tres razones principales.

Primero porque compramos y vendimos a los poderosos de la tierra, es decir, pactamos con los explotadores de los pobres, que esos son los magnates terrenos, pues detrás de toda gran fortuna hay una gran injusticia (quizá haya alguna excepción). Esos son los que nos instruyen, nos gobiernan, nos venden el pan de cada día, y para quienes trabajamos y sudamos. Esto no lo hemos elegido nosotros... Pero tampoco pataleamos mucho por cambiarlo.

Además, porque nos dejamos embrujar con sus hechicerías, con su técnica maravillosa con la que la Ciudad Moderna hipnotizó todas las gentes; esa técnica que fascina, magnetiza... y adormece las conciencias haciendo creer que todo es posible, y que Dios no hace tanta falta para ser felices...

Finalmente, porque sin chillar toleramos vivir sobre la sangre de los santos, de los inocentes, que día a día se derrama y corre por los ríos subterráneos de esta Gran Ciudad. La sangre de los que día a día son perseguidos por su fidelidad; la de los que desde muy temprano por la mañana son degollados antes de nacer simplemente por venirse así, sin permiso y sin avisar, sin haber sido mandados a llamar, solamente obedeciendo a las leyes de la naturaleza y no a las intenciones de los que solo querían un nocturno revolcón sin secuelas; la sangre, también, de los que son amordazados y se les corta la lengua o las manos –o les tronchan el micrófono y el papel, que es lo mismo– por decir la verdad, y los matan de hambre y los dejan sin trabajo por no transar con el mal... Toda la sangre de los testigos de Cristo que día a día se derrama en el mundo entero, y que, como no sale entre las noticias destacadas del informativo del mediodía, ni en la primera plana del pasquín con que nos desayunamos cada mañana, nos dejan desentendidos, distraídos, indiferentes... Pero esa sangre está y es parte de lo que cuestan nuestros lujos y tranquilidades y comodidades. No la hemos derramado nosotros, pero no nos parece mal precio a cambio de todos estos avances y posibilidades que el mundo moderno nos ofrece...

Se entiende bajo este enfoque la voz de Dios que nos decía más arriba, entre asqueado y lleno de misericordia:

> *Sal de ella, pueblo mío,*
>
> *no sea que te hagas partícipe de sus pecados*
>
> *y te alcancen sus maldiciones.*

[Capítulo 19]

Cantos triunfales en el cielo

La visión de la ruina de la Babilonia pecadora concluye en este capítulo con dos cánticos o clamoreos encadenados que Juan oye en el cielo. Uno parece referirse más bien al juicio, ya pasado, sobre Babilonia; el otro se refiere al futuro, a la Boda del Cordero con sus elegidos.

> [1] *Después oí como clamor grande*
> *de muchedumbre inmensa*
> *en el cielo*
> *diciendo: «¡Aleluya!*
> *La salvación y la gloria y el poder*
> *de nuestro Dios son,*
> [2] *porque verdaderos y justos sus juicios son;*
> *porque juzgó a la Ramera la grande*
> *la que corrompía la tierra con su fornicación,*
> *y vengó la sangre de sus siervos*
> *que manchaba su mano».*
> [3] *Y por segunda vez dijeron:*
> *«¡Aleluya! Su humareda se eleva*
> *por los siglos de los siglos».*

Después de tanto ver, Juan oye un contrastante himno celestial. No dice quiénes lo pronuncian, si ángeles o santos glorificados, o ambos. Es un himno de alegría, de acción de gracias y de exultación en las obras de Dios, que recalca algunas verdades teológicas de suma importancia.

Ante todo, afirma que el único que salva y glorifica es Dios; el único poder verdadero es el divino. La Ramera grande se ha creído capaz de desafiar el poder de Dios, jugando a ser como Dios, al modo como pretende nuestra civilización técnica y científica –cuyos flancos oscuros son una fase de esa supratemporal Prostituta–; pero sobre sus propios lomos sentirá el peso de la aplastante verdad de su poquedad y miseria.

Los juicios de Dios, dice el himno, son verdad y justicia, "*son*" más que "*expresan*". La verdad de Dios es la medida de la verdad de las cosas, y la justicia de Dios es la medida de toda justicia. Nuestra verdad solo expresa la realidad de las cosas, las cuales son verdaderas por realizar la verdad de Dios. Nosotros no forjamos la realidad, ni el bien y ni el mal, por el mero hecho de decir que las cosas son de tal o cual manera, o que tal cosa está bien y tal otra mal. Si al decirlo nos acomodamos a lo que las cosas son, nuestros juicios son verdaderos y justos; si no nos acomodamos a la realidad, mentimos y nos engañamos.

La Gran Ramera se ha juzgado divina, poderosa, definitiva, dueña de los destinos humanos, principio y fin de la historia. Pero sus juicios han sido falsos porque la realidad es muy otra. Y ahora los juicios divinos ponen las cosas en su lugar y dejan a la Prostituta desnuda con su verdad. Los cantores enuncian sus dos pecados principales: corrompía la tierra con sus idolatrías y vertía la sangre de los santos.

La humareda perpetua (nuevamente se alude a un castigo sin fin) es el recuerdo de su injusticia y de la Justicia de Dios.

> *⁴ Entonces los veinticuatro Ancianos*
> *y los cuatro Vivientes*
> *se postraron y adoraron a Dios,*
> *que está sentado en el trono, diciendo:*
> *«¡Amén! ¡Aleluya!»*
> *⁵ Y salió una voz del trono, que decía:*
> *«Alabad a nuestro Dios,*
> *todos sus siervos y los que le teméis,*
> *pequeños y grandes».*

En signo de la justicia del Juicio divino, todos los seres que Juan ha descrito ante el trono divino en los primeros capítulos, reaparecen aquí postrados adorando a Dios y corroborando la exactitud y equidad del Juicio divino con un solemne Amén, que ratifica todo lo dicho y alaba el dictamen con gozo en un Aleluya.

La voz que sale del trono, es decir, de uno de los cuatro vivientes invita a todos los siervos de Dios a que alaben a Dios.

> *⁶ Y oí el clamoreo de una gran muchedumbre*
> *y como retumbo de cascadas*
> *y como estallido de fuertes truenos.*
> *Y decían: «¡Aleluya!*
> *Porque ha establecido su reinado el Señor,*
> *nuestro Dios Todopoderoso.*

La palabra que se repite una y otra vez es la misma: φωνὴ (*fonè*), sonido, ruido, clamor, que Juan compara con el eco de las multitudes, o el de las grandes aguas, que pensamos se refiere a las cascadas, e incluso a los truenos; es el rugido de los ejércitos que aclaman a su jefe después de una victoria. Y de hecho gritan por el establecimiento definitivo del Reino soberano de Dios.

> *⁷ Alegrémonos y regocijémonos*
> *y démosle gloria,*
> *porque han llegado las bodas del Cordero,*
> *y su Esposa se ha engalanado*

*⁸ y se le ha concedido vestirse
de lino deslumbrante de blancura
—el lino son las buenas acciones de los santos—».*

Esa victoria final de la justicia divina es vista por Juan como las bodas del Cordero con su Esposa, que es, como se repite a lo largo de todo el Antiguo Testamento, el Pueblo de Dios, la Iglesia. "Este nombre de Esposo, dice Fray Luis de León, nos da a entender... el ayuntamiento y la unidad estrecha que hay entre Cristo y la Iglesia". No hay que buscar en las imágenes bíblicas una consonancia absoluta con la realidad que ellas representan; si así fuera, no serían imágenes sino definiciones metafísicas o fotografías. La imagen da a entender la idea central y hace entrever la realidad figurada, pero no se debe esperar que coincidan en todos los detalles. Eso sucede con esta imagen de Cristo esposo. Este pasaje trasluce el proceso nupcial hebreo, que en el *Apocalipsis* se espiritualiza y aplica místicamente a la relación entre Cristo y la Iglesia. En Cristo, la esposa fue *escogida* desde la eternidad. Durante toda la dispensación veterotestamentaria la boda fue *anunciada*. El desposorio principalmente *tuvo lugar* con la encarnación del Verbo, porque allí, al tiempo que asume una verdadera naturaleza humana, también se forma un Cuerpo místico, al que queda indisolublemente unido; de hecho la madre que virginalmente lo concibe es el primer y más eminente miembro de ese cuerpo, y es, pues, madre por concebirlo y gestarlo en su seno y esposa por ser parte esencial y privilegiada del Cuerpo espiritual del que su Hijo es Cabeza. En la Cruz Cristo se hace "esposo de sangre", según las hermosas palabras del Éxodo (Ex 4,25) que la tradición le aplica, o "paga la dote" por su esposa, como dice Hendriksen. A esta entrega plena alude san Pablo al decir que "Cristo... amó a la Iglesia y se entregó a sí mismo por ella" (Ef 5,25). *Entregarse* indica, indiscutiblemente, la muerte cruenta: "se entregó por nosotros" (Ef 5,2). Por fin, al final de los tiempos la Iglesia-Esposa habrá adquirido todas las joyas y atavíos que la mostrarán digna del divino Consorte y de dar el último paso del esponsalicio: la *introducción* de la Desposada en la casa del Cónyuge celeste. Ese digno atuendo, dice el texto, es el *lino de blancura resplandeciente* que está entretejido por las *buenas obras de los santos*. Una vez más el *Apocalipsis* señala el valor y la necesidad de las obras justas y santas (δικαιώματα, *dikaiómata*). Esas obras provienen de la gracia, pues dice claramente el Ángel que a la Esposa ἐδόθη αὐτῇ (*edóthe autē*; del verbo *dídomi*: dar, conceder, otorgar; aquí en voz pasiva): "se le ha concedido" vestirse así. Pero provienen también de la libertad, puesto que la gracia eleva la libertad sin anularla, y si no podemos ejecutar obra sobrenatural alguna sin la gracia divina, podemos, en cambio, resistirla: "vosotros siempre resistís al Espíritu Santo" (Hch 7,51).

> *⁹ Luego me dice: «Escribe:*
> *Dichosos los invitados al banquete de bodas del Cordero».*

Ningún cristiano agota la realidad de la Iglesia. Puede ser, por eso, contrayente que se desposa con Cristo, en cuanto parte de la Iglesia, e invitado a las bodas. Este macarismo (expresión que comienza con el término griego μακάριος (*makarios* - ¡dichosos!) que el Ángel manda escribir a Juan pone de relieve la posibilidad de estar entre los invitados, o no contarse entre ellos; y más todavía: de no ser hallado digno de estar en la fiesta, como señala Jesús en sus parábolas. Es una advertencia a los que se crean ya seguros y a los que piensen que esto va por descontado. Cada uno tiene que ser parte de ese *lino purísimo* que adorna a la esposa, o uno mismo será hallado desnudo y mal vestido, y por ende, arrojado a patadas por la puerta de servicio. Cristo lo advirtió.

> *Me dijo además:*
> *«Estas son palabras verdaderas de Dios».*
> *¹⁰ Entonces me postré a sus pies para adorarle,*
> *pero él me dice:*

«No, cuidado; yo soy un siervo como tú
y como tus hermanos
que mantienen el testimonio de Jesús.
A Dios tienes que adorar».
Porque el testimonio de Jesús es el espíritu profético.

Termina el Ángel confirmando la *veracidad* de su testimonio. E impide el gesto espontáneo del vidente que amaga postrarse a sus pies, en acto latréutico. Él se confiesa creatura, como el mismo Juan, y remite la adoración exclusivamente a Dios.

La frase con la que se cierra toda esta visión, referida al "testimonio de Jesús", puede entenderse doblemente.

O bien del testimonio que el cristiano da acerca de Jesucristo.

O del testimonio que da el mismo Jesús, indicando, por tanto, que nadie puede ser profeta si Jesús no es la fuente única de la profecía que pretende transmitir. Es falso profeta todo el que no ha recibido un mensaje de Cristo, porque en tal caso, profetiza de sí mismo; no hay espíritu profético auténtico y verdadero si Cristo no testimonia la verdad en el interior del profeta. Los falsos profetas hablan de la cosecha de su propia fantasía, y no en nombre de Dios. Creo que este es el sentido de las palabras del Ángel, que hace ver a Juan que no es él quien le revela estas cosas sino el mismo Cristo de quien él, como ángel, es solo un siervo que transmite, como lo será Juan para nosotros.

3. Exterminio de las Bestias (Naciones Paganas)

El último grupo de visiones proféticas referidas principalmente – aunque no exclusivamente– a los acontecimientos futuros intrahistóricos se inicia con la del combate escatológico y el triunfo definitivo del Mesías. Quien articuló el *Apocalipsis* en capítulos –que no fue san Juan, por cierto– tendría que haber cortado el capítulo anterior tras el último versículo que hemos comentado y comenzar un nuevo capítulo aquí. Pero no lo hizo, por lo que el capítulo continúa a pesar de cambiar bruscamente el tema.

La visión se anuncia con una singular solemnidad:

11a Entonces vi el cielo abierto

Prigent hace notar que hasta este momento en el *Apocalipsis* las voces y los ángeles venían del cielo; en Ap 4,1 es una puerta la que se abre, dejando contemplar al vidente el culto celeste; en Ap 11,19 (y más tarde en 15,5) es el templo celestial el que se abre, revelando la profunda intención de Dios de residir entre los hombres. Pero esta parece ser una revelación más completa porque el mismo cielo se abre, como en las revelaciones más trascendentales (cf. Ez 1,1; Mc 1,10; Jn 1,51...).

Visión del combate escatológico

La magnífica visión del ejército celestial conducido por el Caudillo mesiánico es la imagen más brillante de la reyecía de Cristo que hallamos en las Sagradas Escrituras.

> [11b] *y había un caballo blanco:*
> *el que lo monta se llama «Fiel» y «Veraz»;*
> *y juzga y combate con justicia.*
> [12] *Sus ojos, llama de fuego;*
> *sobre su cabeza, muchas diademas;*
> *lleva escrito un nombre que solo él conoce;*
> [13] *viste un manto empapado en sangre y su nombre es:*
> *Verbo de Dios.*
> [14] *Y los ejércitos del cielo,*
> *vestidos de lino blanco puro,*
> *le seguían sobre caballos blancos.*
> [15] *De su boca sale una espada afilada*
> *para herir con ella a los paganos;*
> *él los regirá con cetro de hierro;*
> *él pisa el lagar del vino*
> *de la furiosa ira de Dios,*
> *el Todopoderoso.*
> [16] *Lleva escrito un nombre en su manto*
> *y en su muslo:*
> *Rey de Reyes y Señor de Señores.*

La visión no deja dudas sobre su personaje central (y la casi totalidad de los exégetas está de acuerdo en este punto): es Jesús, el Mesías, el Cordero, aunque no se lo nombra con su nombre terreno sino con títulos celestiales y eternos, indicando la condición con la que está volviendo.

Viene jinete en caballo blanco, símbolo de victoria.

Y comienza a recibir nombres y rasgos que describen, sin agotar, su personalidad.

"Fiel" y "Veraz" resaltan su condición de Juez insobornable. *Fiel*, πιστός (*pistós*), quiere decir absolutamente digno de confianza. *Veraz*, αληθινός (*aléthinós*), tiene dos significados: quiere decir "verdadero" en el sentido de que Jesucristo es el único que trae la verdad y que nunca dice algo que contenga doblez; y también "genuino", como opuesto a lo que es falso, adulterado; por tanto indica que es consecuente con lo que afirma. "Se lo llama *fiel* –dice Orígenes– no porque él crea, sino porque es creíble, es decir, digno de ser creído...; *verdadero* por oposición a la sombra, la figura y la imagen". Revestido con estas cualidades realiza dos actos propios: juzga y combate, ambas acciones realizadas con plena justicia. Estas acciones las atribuye constantemente la Escritura al Mesías: "Oh Dios, da al rey tu juicio, al hijo de rey tu justicia: que con justicia gobierne a tu pueblo, con equidad a tus humildes" (Sl 72,1-2); "Y le inspirará en el temor de Yahveh. No juzgará por las apariencias, ni sentenciará de oídas. Juzgará con justicia a los débiles, y sentenciará con rectitud a los pobres de la tierra. Herirá al hombre cruel con la vara de su boca, con el soplo de sus labios matará al malvado" (Is 11,3-4); "Dios... ha fijado el día en que va a juzgar al mundo según justicia" (Hch 17,31); "Porque debe él reinar hasta que ponga a todos sus enemigos bajo sus pies. El último enemigo en ser destruido será la Muerte" (1Co 15,25-26).

Sigue luego una descripción muy oriental del Mesías, plena de simbolismo.

Sus ojos de fuego, indicando, como señala Bartina, que su vista atraviesa los secretos del alma y también que sus enemigos no podrán sostenerle la mirada.

No lleva una sino muchas *diademas* (διαδήματα, *diadémata*), que indican el dominio y la reyecía sobre el mundo (no es ya la corona, *stefanós*, que indica victoria). Tolomeo, al entrar en Antioquía llevaba dos coronas o diademas, una para mostrar que era el señor de Asia, y la otra para mostrar que era el señor de Egipto (1Mac 11,13); Cristo lleva πολλά (*pollá*), muchas. Su señorío es universal.

Y se añade que lleva escrito, quizá en las mismas diademas, un nombre que solo él conoce. Se trata de un nombre distinto de los dos que le dará a continuación. En sentido semítico, el nombre suple por la persona; por tanto, comprender el nombre es descifrar a la persona. De ahí que Dios, o alguno de sus ángeles, se nieguen a dar su nombre, cuando el interlocutor no ha recibido la gracia de comprender la persona, como dice el ángel a Manoaj en Jueces 13,8 ("¿por qué preguntas mi Nombre si es maravilloso [*thaumastós*: admirable, asombroso]?"). Este nombre portado por el Jinete victorioso debe expresar, pues, su más íntima naturaleza divina; del modo que solo Él, como Dios, la conoce. Quizá no sea cognoscible por el hombre, o no pueda este conocerlo en esta vida. De hecho los judíos creían que nadie podía conocer el nombre de Dios hasta que hubiera entrado en la vida del Cielo, por eso se lee en el apócrifo conocido como *Ascensión de Isaías* (9,5): "Tú no puedes soportar su Nombre hasta que hayas ascendido fuera del cuerpo". Muchos han propuesto, sin embargo, que Juan se refiere aquí al tetragrámaton, el Nombre propio de Dios: *Yahweh* o *Memra Yahweh* (Palabra de Yahvé).

Pero a continuación sí se nos presentan dos nombres que conocemos bien y expresan sus dos naturalezas.

El primero es *El Verbo de Dios*: ὁ λόγος τοῦ Θεοῦ (*ho lógos tou Theoù*). Es la segunda Persona de la Trinidad santísima, el Hijo, Verbo y Sabiduría del Padre.

El segundo es *Rey de Reyes y Señor de Señores*: Βασιλεὺς βασιλέων καὶ Κύριος κυρίων (*Basileýs basiléon kai Kýrios kyríon*). Es su nombre terreno, el que ha adquirido con su combate y victoria, por eso lo lleva escrito en su naturaleza humana: sobre su manto y su muslo.

Lleva el manto empapado en sangre; se trata de la ἱμάτιον (*himátion*), que es la clámide de los generales romanos. Aparentemente no se quiere indicar, y así parecen entenderlo los intérpretes, su propia sangre, sino la de los enemigos, como describe Isaías a Dios que asciende victorioso empapado en rojo sangriento, como si hubiera estado pisando el lagar (Is 63,1-3). Indica la victoria total y el desastre que aguarda a todo el que se enfrente con Dios. Es el mismo sentido que tiene la imagen, que sigue a continuación, de la espada que sale de su boca, y con la cual hiere a los paganos, que no son los que desconocen a Dios, sino los que no quieren aceptarlo. Estos no pueden resistirse a Dios, y por eso son víctimas τοῦ θυμοῦ τῆς ὀργῆς τοῦ Θεοῦ (*tou thymou tes orges tou Theou*), es decir, del furor (o pasión) de la ira de Dios. Esta descripción del Cristo guerrero procede de dos pasajes del Antiguo Testamento. De Isaías que dice del Rey celestial: "Herirá la tierra con la vara de su boca, y con el aliento de sus labios matará al impío" (Is 11,4); y del salmista que dice del Rey mesiánico: "Los quebrantarás con vara de hierro, como vasija de alfarero los desmenuzarás" (Sl 2,9).

Indudablemente, Dios es, como aquí dice Juan, el Παντοκράτωρ (*Pantokrátor*), El-que-todo-puede.

> [17] *Luego vi a un ángel*
> *de pie sobre el sol*
> *que gritaba con fuerte voz*
> *a todas las aves que volaban por lo alto del cielo:*
> *«Venid, reuníos para el gran banquete de Dios,*
> [18] *para que comáis carne de reyes,*

carne de tribunos y carne de valientes,
carne de caballos y de sus jinetes,
y carne de toda clase de gente,
libres y esclavos, pequeños y grandes».

En un segundo momento de la misma visión, ve Juan otro ángel, de pie sobre el sol, emplazando a todas las aves, que debemos entender como rapaces y carroñeras, a que se harten de la carne de los que han de caer en esa batalla general y final. Se trata de un pasaje tomado sustancialmente de Ezequiel (39,17-20), donde el profeta relata la derrota y matanza de las fuerzas de Gog y su ejército de Magog. No se sabe a ciencia cierta a qué invasores apunta el antiguo profeta, si es que su afirmación se refería a una invasión histórica, además de las evidentes referencias apocalípticas que tiene su pasaje. Sí es cierto que el autor quiere destacar "el asalto definitivo de las fuerzas enemigas del pueblo de Dios contra este para que no se establezca la era mesiánica anunciada por los profetas. Gog representa aquí a todos los poderes del mal, que se oponen a la instauración del reino de Dios en la tierra. Es un símbolo colectivo, en cuanto que representa a los jefes de todos los pueblos que a través de la historia se oponen al pueblo de Dios y a los designios mesiánicos divinos". Gog es, ya en Ezequiel (como señalan, por ejemplo, Lagrange, Allo y Buzyel), prototipo del anticristo, la síntesis de la oposición a Dios en el Antiguo Testamento[49]. En el mismo sentido lo tomará san Juan en Ap 20.

La batalla, pues, no está aún entablada, pues a continuación describirá a los ejércitos alineados para el combate, pero el Ángel proclama ya la incuestionable derrota de los enemigos de Dios y su desastroso final. Todo el que se opone a Dios se autoaniquila, de-

---

[49] Lagrange, M. J., *Le Judaisme avant J.-C.*, París (1931); Allo, *Apocalypse*, París (1933), 315; Buzy, D., *Antechrist*, DBS, I, 2975.

fendiendo con necia obstinación una causa *intrínsecamente* injusta, falsa y de antemano totalmente perdida. ¡Y sin embargo el ejército que alista el Enemigo es enorme! Tal cual sucede a nuestro derredor: ¿cuántos pelean a favor de Dios –lo que significa luchar por sus leyes, sus mandamientos, su soberanía– y cuántos le hacen guerra a su reyecía y dominio? "Stultorum infinitus est numerus", vierte la Vulgata el texto de Eclesiastés 1,15: el número de los estúpidos es infinito.

> [19] *Vi entonces a la Bestia*
> *y a los reyes de la tierra con sus ejércitos*
> *reunidos para entablar combate*
> *contra el que iba montado en el caballo*
> *y contra su ejército.*
> [20] *Pero la Bestia fue capturada,*
> *y con ella el falso profeta*
> *–el que había realizado al servicio de la Bestia*
> *los signos con que seducía*
> *a los que habían aceptado la marca de la Bestia*
> *y a los que adoraban su imagen–*
> *los dos fueron arrojados vivos*
> *al lago del fuego que arde con azufre.*
> [21] *Los demás fueron exterminados*
> *por la espada que sale de la boca*
> *del que monta el caballo,*
> *y todas las aves se hartaron de sus carnes.*

Juan no relata la batalla. Describe en una sola pincelada al Enemigo. No está el Dragón a comandar las huestes que luchan contra el Mesías, sino la antifigura de este último, la Fiera, con los poderosos de la tierra, los que tienen los medios de poder y peso, los que dominan los imperios mundanos de las finanzas, de las influencias, de las potencias militares, de los ascendientes políticos...

¿Habrá una batalla final, como aquí la describe Juan y antes de él los profetas del Antiguo Testamento? ¿O esta imagen describe más bien la contienda que de hecho ya viene dándose a lo largo de la historia? Humildemente pienso que no hay que esperar un combate final sustancialmente distinto del que diariamente –desde el comienzo del mundo– se viene presentando contra Dios. La lucha ya está muy adelantada, y cuenta siglos de vieja. Pero irá, ciertamente, recrudeciéndose a medida que se aproxime el final. La llamada de la Fiera a sus aliados, significa, según mi pobre entender, que a medida que pase el tiempo y se aproxime el Retorno de Cristo, la Bestia conquistará más mentes y más corazones para su causa corrompida; y que cada vez más hombres, instituciones y organismos claudicarán para rendirse y ponerse a su servicio incondicional. Como de hecho vemos en los momentos históricos que nos toca protagonizar. Día a día el mal avanza, y paso a paso el bien parece –en el orden jurídico, social, moral, educacional...– perder terreno. El ejército enemigo parece siempre más formidable, la cárcel de los que intentan guardar fidelidad a Dios se estrecha más (la prisión de su campo de acción, pues el avance del enemigo significa simplemente una cosa: *cada vez es más difícil hacer el bien, que se torna prohibido; y cada vez es más difícil evitar el mal, que se vuelve obligatorio*).

Y sin embargo, la victoria final ya está predicha y cantada y será tan rutilante que ni valdrá la pena describirla en poemas heroicos, sobrando dos versos para resumirla:

Pero la Fiera fue capturada,

y con ella el falso profeta.

La imagen apocalíptica establece una gradación en los castigos. De la Fiera y de su profeta dice que fueron arrojados vivos al lago del fuego azufrado; la referencia a la condición de *vivos* subraya la vivacidad de los tormentos que habrán de padecer. No hace falta insistir en la identificación del lugar del castigo como la gehena evangélica, es decir, el infierno. En cambio, del resto de los enemigos, es decir, los que actuaban seducidos por estos caudillos, se afirma que fueron exterminados por la espada que sale de la boca del Mesías. La expresión indica únicamente la derrota en la batalla; no expresa una *aniquilación* total de sus personas y, por tanto, que no sufran un castigo eterno. Por el contrario, más adelante se dirá que están en el Hades esperando el momento del Juicio (20,13).

Visión del Juicio de Satán y del Reino Milenario.

A pesar de la división de capítulos, la visión anterior continúa desenvolviéndose en nuevas escenas, algunas de ellas realmente difíciles de explicar.

[Capítulo 20]

La cárcel de mil años

*¹ Luego vi a un ángel bajando del cielo
y trayendo en su mano
la llave del abismo y una gran cadena.
² Dominó al Dragón, la serpiente antigua
–que es el diablo y Satanás–
y lo encadenó por mil años.
³ Lo arrojó al abismo,
lo encerró y puso encima los sellos,
para que no seduzca más a las naciones
hasta que se cumplan los mil años.
Después tiene que ser soltado por poco tiempo.*

El Dragón no había sido nombrado entre las huestes que presentan batalla al Mesías Veraz, pero era su motor último y principal; por eso, vencidos el Anticristo y los suyos, también a él le llega su turno. Aquí es caracterizado como Diablo y Satanás. Διάβολος (*diábolos*) significa "calumniador", o, como traduce Tuggy, "amante de los chismes maliciosos"; también "acusador"; pues su raíz βάλλω (*bállo*) significa arrojar, acosar, y el δια (*dia*) contiene la idea de arrojar obstáculos y acusaciones. Σατανᾶς (*Satanás*) es un vocablo griego derivado del arameo (en hebreo es *Satán*). Significa también "Acusador", "Adversario". También es un precioso dato su identificación con la *Serpiente antigua*, el misterioso personaje que introduce el mal en la historia de los hombres, seduciendo a Eva, y por intermedio de esta a Adán. El Génesis se limitaba a mencionarla sin manifestar su identidad. Ahora la encontramos acaudillando a todos los enemigos de Dios.

El desprecio divino por la impotencia del gran Artífice de todo este mal, queda patente en que el Mesías, quien personalmente somete al Anticristo y a sus capitanes, no mueve un dedo contra el Cabecilla de todos los perversos; lo hace, en cambio, un ángel, es decir, alguien de su mismo rango. Y no se habla de lucha. Parece que se estuviese relatando la indiferente acción de un amo que sale al patio y ata a su perro con una cadena para deje de molestar.

"Y lo arrojó al abismo". La expresión εβαλεν (*ébalen*), del verbo βάλλω (*bállo*), "lo lanzó", es fuerte y a la vez despectiva. Y es un juego de palabras con el mismo nombre de *Diablo* que, como hemos dicho, se deriva de la misma raíz. El Arrojador es ahora arrojado. Suena como cuando se echa a patadas de una casa a una persona que ha sido sorprendida robando, o a quien se ha infiltrado en una fiesta sin invitación.

Su lugar de castigo es el "abismo", ἄβυσσος (*ábysos*). *Byssos* significa profundidad; similar a *bathus*, profundo; en castellano lo usamos como prefijo para términos técnicos, como batógrafo (aparato para registrar las profundidades del mar). *A-byssos*, quiere decir, entonces, lo que no tiene fondo, las profundidades insondables. La expresión aparece repetidamente en el Nuevo Testamento, indicando la región de los espíritus malignos (Lc 8,30-31), la región de los muertos perdidos (Rm 10,7). En el *Apocalipsis* designa la morada de los demonios, de donde estos pueden ser soltados para combatir a los hombres o tentarlos, si así lo disponen los designios divinos (Ap 11,7; 17,8).

Este lugar es cerrado y sellado, para que Satanás no pueda continuar haciendo el mal a los pueblos, rebelándolos contra Dios.

Pero, y este es uno de los puntos más misteriosos del *Apocalipsis*, no es una prisión definitiva (ni, si se acepta la explicación que daremos a continuación, absoluta). Tiene una duración temporal (y limitada en cuanto al poder), después de la cual será soltado por un tiempo breve. Se trata de una neutralización de su poder por un cierto tiempo que viene indicado como un período de mil años, y esta es previa al castigo definitivo.

Esta es la vez primera que se mencionan los "mil años", de un total de seis veces que tal expresión comparece en el *Apocalipsis*, todas en este capítulo. Viene así introducida esta importante idea que intentaremos explicar a continuación.

La primera resurrección y el reino milenario

> *⁴ Luego vi unos tronos,*
> *y se sentaron en ellos,*
> *y se les dio el poder de juzgar;*
> *vi también las almas*
> *de los que fueron decapitados*
> *por el testimonio de Jesús y la palabra de Dios,*
> *y a todos los que no adoraron a la Bestia*
> *ni a su imagen,*
> *y no aceptaron la marca en su frente*
> *o en su mano;*
> *revivieron y reinaron con Cristo mil años*
> *⁵ Los demás muertos no revivieron*
> *hasta que se acabaron los mil años.*
> *Es la primera resurrección.*
> *⁶ Dichoso y santo*
> *el que participa en la primera resurrección;*
> *la segunda muerte no tiene poder sobre estos,*
> *sino que serán sacerdotes de Dios*
> *y de Cristo y reinarán con él mil años.*

La mirada de Juan se dirige ahora al cielo. Allí ve, ante todo, unos tronos y a algunos personajes que se sientan en ellos para juzgar. Juan no dice quiénes son. Es un tribunal divino, pero el vidente no lo describe aquí. En la profecía de Daniel, que refiere una imagen semejante, quien se sienta en el trono para juzgar es el "Anciano de muchos días" (Dn 7,9), es decir, Dios eterno; y lo acompaña "un tribunal" (Dn 7,10) cuya composición no se especifica.

San Juan ve, asimismo, a todos los que se mantuvieron fieles a Dios, aquellos a quienes su testimonio les valió el martirio (la decapitación, dice genéricamente), y no solo a ellos sino también a los que no se doblegaron, ni para adorar ni para recibir la marca del Anticristo. Bartina los identifica con los mártires de la persecución romana, pero no se comprende por qué habría que restringirlos a ellos; parecen ser, más bien, todos los confesores de la fe. No se dice, sin embargo, cuál es la función de este coro. Pueden estar como espectadores, o como testigos del juicio, o incluso como jueces, puesto que a los corintios San Pablo les recuerda que todos los cristianos se sentarán a juzgar al mundo (1Co 6,2).

Se aclara, sin embargo, que no están "los demás muertos". La expresión es interpretada diversamente, según cómo se entienda la "primera resurrección" que se menciona a continuación. Esta idea de la "primera resurrección", junto al "reino de mil años", son dos de las figuras apocalípticas que más discusiones han suscitado en la historia y han recibido numerosas interpretaciones, muchas incompatibles entre sí. Trataré de decir algo de cada una de ellas.

Comencemos con esta idea de la "primera resurrección". Sobre ella Straubinger anota que es "uno de los pasajes más diversamente comentados de la Sagrada Escritura".

En efecto, algunos autores toman esta expresión en sentido estricto como referida a una resurrección de privilegio para los mártires, por haber sostenido el peso de la lucha por Cristo y una especie de reinado con Él (por ejemplo, la versión de Nácar-Colunga), aunque, en realidad, como hemos notado más arriba, el texto no la restringe a los mártires, puesto que también gozan de ella "todos los que no adoraron a la Bestia ni a su imagen". Los más literalistas, sostienen que se refiere a una primera resurrección que tendría lugar con la Parusía de Cristo, a la que seguirá un reinado de mil años en este mundo, después del cual se dará la breve y final batalla y el Juicio de todos los vivientes.

Pero "en general –nota el mismo Straubinger– se toma esta expresión en sentido alegórico: la vida en estado de gracia, la resurrección espiritual del alma en el Bautismo, la gracia de la conversión, la entrada del alma en la gloria eterna, la renovación del espíritu cristiano por grandes santos y fundadores de Órdenes religiosas (san Francisco de Asís, santo Domingo, etc.), o algo semejante (...) La Pontificia Comisión Bíblica ha condenado en su decreto del 20-VIII-1941 los abusos del alegorismo, recordando una vez más la llamada «regla de oro», según la cual de la interpretación alegórica no se pueden sacar argumentos. Sin embargo, hay que reconocer aquí el estilo apocalíptico". Precisamente, aludiendo al estilo apocalíptico, muchos consideran que estas imágenes se inspiran en el lenguaje de Ezequiel, cuya influencia es claramente notable en los capítulos 19-22 del *Apocalipsis*[50]. Concretamente, esta "resurrección primera" parece depender de la visión de Ez 37, donde el profeta relata la

---

[50] En efecto, se pueden encontrar numerosos paralelismos. Por ejemplo: Ap 19,11: "Vi el cielo abierto" y Ez. 1,1: "Se abrieron los cielos y contemplé"; Ap 19,17: Un ángel "que gritó... a todas las aves del cielo: Venid, congregaos al gran festín..." y Ez 39,4.17: "Te destino para pasto de aves rapaces... Di a las aves de toda especie... Reuníos y venid... para comer las víctimas..." Ap 20,4: "las almas de los que habían sido degollados... vivieron y reinaron" y Ez 37,10: "Entró en ellos el espíritu, y vivieron y se pusieron de pie".

visión de los huesos secos que retornan a la vida, la cual no se refiere propiamente a la resurrección de los muertos, sino a la restauración del pueblo de Israel. De ser así, la "resurrección primera" (y el reino milenario que depende de ella) equivaldría a la restauración de la Iglesia después del tiempo de la persecución (es la opinión, por ejemplo, de Feuillet, Swete, Boismard, Gelin...). Y creo que es válido entenderla también del tiempo de la Iglesia inaugurado por la redención de Cristo, sin restringirla al resurgir posterior a las persecuciones (¿y cuándo estuvo sin persecuciones la Iglesia de Cristo?). En esta última línea entendió San Agustín la "primera resurrección" como referida a la gracia y al bautismo; y, desde el calvinismo, por ejemplo Prigent, quien la refiere a la vida eterna ya actuando en los fieles[51].

Esto puede entenderse en la línea de las promesas de Cristo en el evangelio joánico que aluden también a ideas de vida, muerte y resurrección: "El que come mi carne y bebe mi sangre, tiene vida eterna, y yo le resucitaré el último día" (Jn 6,54); "Yo les doy vida eterna y no perecerán jamás, y nadie las arrebatará de mi mano" (Jn 10,28); "Yo soy la resurrección y la vida. El que cree en mí, aunque muera, vivirá; y todo el que vive y cree en mí, no morirá jamás" (Jn 11,25-26). Es claro que Nuestro Señor no piensa que la comunión espiritual con Él exceptúe de la muerte física, puesto que deja bien claro que su promesa actúa incluso si quien cree en él "muere". Por tanto sus compromisos de "no [dejarse] arrebatar" a su fiel o de "resucitar[lo] en el último día" deben entenderse de la resurrección final (o, si se quiere, "segunda", aunque nunca se menta con tal

---

[51] Si no me equivoco, Prigent lo dice en el sentido del predestinacionismo calvinista, y de ser así no sería la misma interpretación que queremos darle nosotros aquí. En efecto, dice este autor: "El Apocalipsis afirma... que los fieles reciben desde el presente su salvación eterna. Su suerte está asegurada, el juicio pronunciado" (*L'Apocalypse de Saint Jean*, 429).

nombre en el *Apocalipsis*). En cambio, la aseguración de "no morir más", "no perecer jamás", debe ser leída en el mismo sentido en que san Juan alude a la "muerte segunda", formulación frecuente en los Targums, que designa la condenación final, la que no afectará, como dice nuestro texto, a quienes participen de esta "primera resurrección", producida *por* (y consistente *en*) "vivir, y creer" en Cristo y "comer su cuerpo", según el evangelio de san Juan.

El segundo concepto particularmente discutido de este pasaje es el ya mencionado reino milenario que, dice el texto, es el premio de quienes gozan de la resurrección primera. En correlación con las interpretaciones sobre esta última, también encontramos aquí desde exégesis literales radicales hasta el alegorismo más puro.

Los más literalistas sostienen que tras la primera resurrección que tendría lugar con la Parusía de Cristo, seguirá un reinado (de Cristo y los resucitados) de mil años en este mundo, después del cual se dará la breve y final batalla y el Juicio de todos los vivientes. Muchos Padres de los primeros siglos pensaron de este modo, aunque parece exagerado decir que esta haya sido una sentencia comúnmente aceptada (la lamentación de san Jerónimo que dice que la profesaba una "ingente multitud de los nuestros" puede ser leída como una hipérbole análoga a aquella otra: "gimió todo el orbe y se admiró de verse arriano", lo que es claramente una exageración pues, al menos las mentes más preclaras condenaron esa herejía)[52].

---

[52] Alcañiz, y más tarde Castellani, sostuvieron que ya en época de san Justino (s. III) el milenarismo era parte del acervo común de los pensadores cristianos (Alcañiz-L. Castellani, *La Iglesia patrística y la Parusía*, Bs. As. [1962]). Pero el mismo Justino reconoce en su diálogo con el judío Trifón que en su época "[había] muchos cristianos *de la pura y piadosa sentencia,* que no admiten esas ideas" (*Diálogo con Trifón,* 80, 2; ed. D. Ruiz Bueno, Madrid [1954], 446). Franzelin, que fue una reconocida autoridad sobre los temas de la Tradición de la Iglesia, dice, por eso, que "aquella sentencia nunca fue universal" (B. Franzelin, I. B., "Thesis XVI.

De todos modos, como señala Franzelin, "a partir de aquel tiempo en que la inteligencia de la doctrina y dogmas católicos fue explicada y cultivada en grado máximo, desde el comienzo del siglo IV y en el siglo V, en los cuales florecieron casi todos los máximos doctores de la Iglesia", esta doctrina "no solo se oscureció cada vez más y fue dada al olvido, sino que se vio combatida y rechazada por todos los doctores, en cuyas obras todavía aparece alguna mención de este asunto"[53]. Desde entonces, solo ha sido sostenida por los herejes *kiliastas* o *milenaristas* (a veces con trazos fundamentalmente carnales), y algunos pocos autores, como Joaquín de Fiore, o los sectarios Fraticelli y Ubertino da Casale, Juan Hus... No la aceptaron ni Lutero ni Calvino, aunque sí muchas sectas nacidas de la Reforma protestante, especialmente las dadas a la lectura literalista de la Escritura (anabaptistas, adventistas, testigos de Jehová, mennonitas, mormones, pentecostales...). Algunos autores católicos se hicieron eco de las tesis milenaristas, aunque mitigadas, argumentando, por lo general, que fue la exégesis más antigua de los Padres de la Iglesia (considerándola, como dijimos, casi doctrina protopatrística "común"). Así, por ejemplo, E. A. Chabauty (cuyas teorías fueron reprobadas por el Santo Oficio[54]), Manuel Lacunza, Bigou, R. Eyzaguirre, C. Morrondo, J. Ramos, etc. El interés suscitado en Sudamérica a mediados del siglo XX en torno a la obra póstuma de Lacun-

---

Opinio de regno Christi millenario penes Patres ante saeculum quartum comparatur con consensu opposito Patrum subsequentium" en su obra: *Tractatus de Divina Traditione et Scriptura*, Romae [1882], 194).

[53] Franzelin, *ibid.*, 193-194.

[54] Chabauty las había publicado en la revista *Jésus-Roi*. El Santo Oficio las reprobó en 1910 (AAS 2, 1910, 635).

za[55], ocasionó dos respuestas del Santo Oficio, sosteniendo que el milenarismo mitigado *tuto doceri non potest*, "no puede enseñarse con seguridad"[56].

Entre las interpretaciones espirituales, me parece interesante pero extremoso el minimalismo de Bauckham, para quien la imagen del milenio solo pretende destacar la contraparte positiva del aspecto negativo del juicio: si durante el tiempo terreno la Bestia parece triunfar y los mártires son los vencidos, al prevalecer definitivamente el poder divino y la verdad, no solo la Bestia debe aparecer como vencida sino que los mártires deben ser mostrados como verdaderos triunfadores que reinan con Cristo. Por tanto, Ap 20,4 debería entenderse estrictamente como el destino contrastante entre los mártires de Cristo y la Bestia: los "destructores de la tierra han sido destruidos" (11,18) y la tierra es dada al Pueblo de Cristo para la rija (20,4; cf. 5,10; Dn 7,18-27). Los dos temas que contraponen a los

---

[55] Cf. Lacunza, M., *La venida del Mesías en gloria y majestad* (Londres-Santiago de Chile, R. Ackermann Strand, 1826). Cf. B. Villegas, *El milenarismo y el A. T. a través de Lacunza*, Valparaíso (1951).

[56] AAS 36,1944, 212 (también: *Periodica de re morali et canonica*, 31 [1942] 166: "Suprema Sacra Congregatio S. Officii, Responsum de millenarismo [Chiliasmo]" 166-167): "El sistema del milenarismo, aunque mitigado –que enseña, a saber, que según la revelación católica Cristo el Señor, antes del juicio final, sea con la previa o no previa resurrección de muchos justos, vendrá a esta tierra para reinar corporalmente– no puede ser enseñado con seguridad (*tuto doceri non potest*)". En 1944, bajo Pío XII, otro decreto del Santo Oficio vuelve a confirmar la sentencia; la pregunta es casi la misma, aunque en lugar de atribuir a los milenaristas mitigados la enseñanza de que Cristo vendría "a reinar corporalmente", se usa "venir visiblemente para reinar" (DS 3839; ASS 36 [1944] 212). Como explica G. Gilleman en un artículo sobre este último decreto: se "afirma que el milenarismo (o quiliasmo) aún mitigado o espiritual... no puede ser enseñado sin imprudencia" (*Erreur millénariste - Condamnation du millénarisme mitigé*; en: *Nouvelle Revue Théologique*, 67 [1945] 240).

mártires y a la Bestia, dice Bauckham, son la vida y el dominio. En el desarrollo de la historia la Bestia es la que reina sobre los hombres y ahoga en la muerte a quienes no se doblegan a su poder; al intervenir Dios para hacer la justicia definitiva, la Bestia, el falso profeta que es su adlátere y Satanás que es el artífice de toda oposición a Dios, son encadenados y condenados eternamente, mientras que los mártires reviven y pasan a reinar. Ap 20,4, con las imágenes de la primera resurrección y del milenio, no pretendería afirmar más que esto, con toda sencillez y sin mayor elaboración. Incluso, la imagen de la última chance que Satanás recibe para intentar engañar a las naciones (20,7-8), solo cumple la función de demostrar que el triunfo en el Reino de Cristo es tal que el mal no puede ya revertirlo, por eso la ciudadela de los santos prueba ser inexpugnable (20,9). Juan ha tomado de la tradición apocalíptica judía la noción de un reino temporal en la tierra antes del juicio final y de la nueva creación (cf. 2Bar 40,3; 4Esdras 7,28-29), pero le da un significado un tanto distinto y una función muy específica. Me parece que esta explicación es correcta, pero se queda corta. Le doy la razón a Bauckham, sin embargo, cuando sostiene que si se toma esta imagen de modo literal surgen muchos interrogantes que Juan no contesta porque le resultan irrelevantes para la función que a sus ojos cumplen sus imágenes: ¿Sobre quién reinan los santos? ¿Reinan en el cielo o en la tierra?; ¿De qué modo se puede conciliar la vida escatológica con una tierra, aun cuando se la describa renovada? ¿A qué pueblos engaña Satanás al final del milenio?... El milenio, si se lo toma de modo literal, se vuelve incomprensible.

La mayoría de los autores católicos adoptó sustancialmente la posición de los escritores de la edad de oro patrística, en particular la de san Agustín, quien sostuvo que "la Iglesia es ya ahora el Reino de Cristo y el reino de los cielos. También ahora reinan con él sus santos, ciertamente de otro modo al que reinarán después; pero no reina con él la cizaña, aunque en la Iglesia crezca como trigo"[57]. Así, por ejemplo, dice Spadafora: "Los mil años del reino de Cristo son una cifra simbólica; indica solamente una larga duración. De este reino participan cuantos pasan, por el bautismo, de la muerte a la vida espiritual". En una línea análoga, Prigent destaca que la imagen de los mil años es adoptada por san Juan para definir la comunión con Cristo, efecto de la obra redentora, como reparación de la caída original. En efecto, mil años era, para la tradición judía, el tiempo que duró el paraíso, es decir, un día paradisíaco (el apócrifo *Libro de lo Jubileos* interpreta en este sentido el pasaje del Sal 90,4: "mil años a tus ojos son como el ayer, que ya pasó", y la afirmación de que Adán, según Gn 5,5 murió a la edad de 930 años, es decir, hacia el final del día paradisíaco[58]). Encontramos ecos de esta tradición en

---

[57] San Agustín, *De Civitate Dei*, XX, 9; PL XLI, 673. Destaco, igualmente que Bietenhard sostiene que la de Agustín "no puede considerarse como «la» opinión católica", quizá para dar a entender que la Iglesia nunca adoptó ninguna exégesis particular de este pasaje como si fuese oficial. Según Schnackenburg, la este autor es la mejor orientación sobre las opiniones del reino milenario en campo protestante (Schnackemburg, R., *Reino y Reinado de Dios*, Madrid [1965], 316). Por su parte, Schnackenburg realiza una buena presentación crítica del problema del "interregno" de Cristo, especialmente en el capítulo: "El pensamiento de *basileia* en el Apocalipsis de Juan" (306-322).

[58] El *Libro de los Jubileos* hacía hincapié en que Adán murió poco antes de alcanzar los mil años: "Le faltaron 70 años para los mil; porque mil años son como un día en el testimonio de los cielos (Sal 89/90,4) y porque estaba escrito, respecto al árbol del conocimiento: «En el *día* en que comas de él morirás». Por esta razón murió sin completar los días de este año; porque murió durante él" (*Jubileos*, IV, 30). Y mil años sería también la duración de la vida del hombre en la era de la restauración mesiánica: "Y los años comenzarán a crecer mucho y a aumentar entre estos hijos de los hombres, hasta que sus días se extiendan casi hasta mil años" (*Jub* 23, 27).

autores como Ireneo y Justino[59]. En base a esto las tradiciones judías y cristianas afirmaron que la duración del paraíso que instauraría el Mesías duraría mil años, es decir, restablecería las condiciones de vida del paraíso interrumpidas por el pecado original. Que se trate del restablecimiento del estado perdido en el paraíso explica que a quienes, con Cristo, son vencedores de Satanás se ofrezca el fruto del árbol de la vida (Ap 2,7; 22,14.19). Estos fieles pueden, desde el momento presente, entrar en el jardín de Dios y vivir allí una vida resucitada, sin temer la muerte inmediata ni la segunda.

Por tanto, el milenio es el tiempo de la Iglesia, como sostenía san Agustín y quizá fue el pensamiento de los primeros judeo-cristianos de Roma, como advierte Daniélou al referirse al texto de 2Pe 3,8: "2Pe 3,8, citando el texto clásico de los mileranistas: «Un día del Señor es como mil años» (Sal 89,4), lo aplica al intervalo que separa la venida de Cristo de la catástrofe final. Parece, por tanto, entender el reino de los mil años como el tiempo de la Iglesia". Y la Iglesia

---

[59] Cf. Daniélou, Jean, *Teología del judeocristianismo*, Cristiandad, Madrid, 2004, 391-394. Tiene singular importancia el texto de Justino: *Dialogo con Trifón*, 81,3: "Ahora bien, la expresión –añadí yo– que en este pasaje dice: «Porque, según los días del árbol serán los días de mi pueblo (designa), así lo entendemos, las obras de sus trabajos» (Is 65,22), que significa misteriosamente los mil años. Porque como se dijo a Adán que el día que comiera del árbol de la vida moriría (cf. Gn 2,17), sabemos que no cumplió los mil años. Entendemos también que hace también a nuestro propósito aquello de: «Un día del Señor es como mil años» (Sal 90,4; cf. 2P 3,8)". Como explica Danielou (*op. cit.*, 393): "Este texto reúne toda la documentación y toda la argumentación de los mil años. Agrupa Sal 90,4 (que se encuentra en *Jubileos* IV,30 y en 2Pe 3,8), Gn 2,17 e Is 65,22 de los LXX. Haciéndose eco de los *Jubileos*, muestra que la vida del Paraíso es de mil años, y debido a que Isaías identifica la duración de la vida en los tiempos mesiánicos con la de la vida en el Paraíso, resulta claro que la vida en los tiempos mesiánicos será de mil años. Esto viene explícitamente señalado en el milenio del Apocalipsis. Aunque en este, los mil años parecen menos un cálculo cronológico que la designación del estado paradisíaco".

es, en este mundo, el nuevo paraíso. Este nuevo jardín del hombre no restaura todas las características del primero, sino las esenciales; es decir, sin devolver al hombre los dones preternaturales perdidos, le ofrece, sin embargo, las condiciones para la salvación eterna, que era la función que tenía el original. Allí está el árbol de la vida y los ríos que calman su sed de eternidad, que son, ahora, la esfera misteriosa del mundo sacramental[60].

La tercera imagen que más dificultades presenta en este capítulo es la del Dragón encadenado durante los mil años de este reino. Que solo al final del milenio sea definitivamente arrojado al castigo eterno favorece la interpretación del reino milenario entendido espiritualmente del tiempo de la Iglesia, mientras que torna muy extraña

---

[60] Un eco inesperado de esta interpretación la encontramos en ese gran recopilador de las ideas teológicas medievales que fue Dante. En *La Divina Commedia*, que relata su viaje imaginario hacia la visión de Dios (el Paraíso celeste), el Poeta se topa, en la última escala del Purgatorio, con el Paraíso terrenal (*Purgatorio*, c. XXXII). Este es, en la concepción de Dante, el lugar donde el hombre –simbolizado por el Poeta– alcanza su más alta perfección moral y se hace apto para ser introducido en la visión celestial. Sin embargo, ese paraíso terrenal que encuentra el viajero alegórico no es ya el de Adán. Ante sus ojos desfilan innumerables símbolos y visiones misteriosas que dejan entrever que se trata de la Iglesia en sus vicisitudes históricas y en su misión teológica. De este modo Dante nos hace comprender que el hombre, para recuperar la inocencia perdida, no puede volver ya al Adán histórico ni al Huerto del Génesis. Su purificación y preparación tendrá lugar ahora en un Paraíso Terrestre Espiritual que es el seno de la Iglesia. Por eso, Esta, en la descripción metafórica del Poeta, hace reverdecer el árbol marchito colocado en el centro del Edén: el árbol que debía dar la vida sobrenatural y por lo tanto el conocimiento y el amor de Dios. Un símbolo, como es evidente, que Dante toma del Apocalipsis. Para Dante, pues, la Iglesia reasume (y sobrepasa), en los providenciales planes de Dios, la misión del Paraíso terrestre: el lugar donde Dios se pasea entre los hombres, la antesala del Paraíso definitivo y el lugar donde el hombre alcanza su más alta perfección moral. Cf. Elio Venier, *Dante Cristiano Impegnato*, Angelo Belardetti Editore, Roma (1989), 271-310; G. Salvadori, *La mirabile visione del Paradiso terrestre*, Torino (1962).

la interpretación de un reino material instaurado con la Venida escatológica de Cristo (ya hemos visto las preguntas, imposibles de responder, que se hace Bauckham). Pero, como han hecho notar muchos adversarios de la interpretación espiritual, si se entiende el reino de Cristo del tiempo de la Iglesia, ¿en qué sentido puede considerarse que el Demonio está atado? En el siglo III san Hipólito, milenarista, criticaba a Gayo, antimilenarista a ultranza (al punto que por este motivo negaba incluso la canonicidad del *Apocalipsis*), precisamente con este argumento: nosotros constatamos de hecho que Satanás no está atado. No es fácil zanjar la cuestión, pero los defensores de la exégesis espiritual, empezando por san Agustín, han buscado la solución entendiendo estas cadenas de un modo no absoluto, sino en el sentido –que no puede ponerse en duda– de la derrota que Cristo ha infligido al demonio en la Cruz. Ciertamente que, desde la muerte y resurrección de Cristo, el poder diabólico está atado en cuanto no puede ya seducir a las naciones como lo hizo con el primer hombre. Tiene poder, pero este es semejante al del perro atado: hace daño (daño moral, que es el verdadero daño) solo a quien quiere acercársele por el pecado; pero sobre quien no se le pone a tiro no tiene ningún poder real (si consideramos que el daño físico no es un poder definitivo, puesto que al causárselo a sus perseguidos –martirio y sufrimiento– el demonio se labra su propia derrota, y estos lo vencen a través de su sangre que se une a la del Cordero degollado). Así lo explica san Agustín: "lo que significa esto (la ligazón del demonio en Ap 20,2) lo dan a entender las palabras del Evangelio: «Nadie entra en la casa de un fuerte para robarle su ajuar si antes no ata al fuerte» (Mt 12, 29). Ató, pues, Cristo al diablo con cadenas espirituales, venciendo la muerte y subiendo al cielo desde el lugar de la muerte; lo ató con el sacramento de la encarnación, pues no hallando en él nada digno de muerte, le permitió que se la diera, y así, teniéndolo atado, le robó como despojo sus presas... purificando estos despojos con el perdón de los pecados"[61].

Y también (en un texto que hoy se duda que pertenezca propiamente a Agustín, pero al menos es testimonio de que esta idea estaba presente en tiempos del santo): "Si el demonio está atado, ¿cómo prevalece tanto aún? Verdad es que campa mucho; pero con los tibios y negligentes. Porque el diablo está atado como un perro con cadenas. A nadie puede morder sino al que se le acerca con una funesta presunción. Pues bastante tonto es el que se deja morder de un perro atado. Tú no te acerques a él con los deseos y pasiones del mundo, y él no se arrimará a ti. Puede ladrar, puede solicitar, pero no puede morder sino al que quiere. No daña coaccionando, sino halagando; no nos arranca el consentimiento, nos lo pide"[62].

Este es, en síntesis, nuestro intento de dar una explicación que sortee las fantasías a las que nos expone el milenarismo, incluido el mitigado. De todos modos, reconocemos que toda interpretación espiritual presenta también muchas dificultades. Tenía razón Fillion cuando escribía: "Después de haber leído páginas muy numerosas sobre estas líneas, no creemos que sea posible dar acerca de ellas una explicación enteramente satisfactoria".

El segundo combate escatológico

> *⁷ Cuando se terminen los mil años,*
> *será Satanás soltado de su prisión*
> *⁸ y saldrá a seducir a las naciones*
> *de los cuatro extremos de la tierra,*
> *a Gog y a Magog,*

---

[61] San Agustín, *Enarrationes in Psalmum*, 67, 16; PL 35, 821.
[62] San Agustín, *Sermo* 37; PL 39, 1820.

> *y a reunirlos para la guerra,*
> *numerosos como la arena del mar.*
> *⁹ Subieron por toda la anchura de la tierra*
> *y cercaron el campamento de los santos*
> *y de la ciudad amada.*
> *Pero bajó fuego del cielo y los devoró.*
> *¹⁰ Y el diablo, su seductor,*
> *fue arrojado al lago de fuego y azufre,*
> *donde están también la Bestia y el falso profeta,*
> *y serán atormentados día y noche*
> *por los siglos de los siglos.*

Al finalizar el misterioso período de mil años, dice san Juan que Satanás será soltado de su prisión, intentando un enfrentamiento definitivo con el pueblo de Dios, aun sabiendo la absoluta imposibilidad de sus pujos. Y sus seducidos –representados aquí como *Gog y Magog*, a quienes hemos aludido más arriba como imagen de todos los poderes opuestos a Dios– no serán menos tercos y necios que el Dragón, dejándose convocar para la guerra contra los santos y la *ciudad amada*.

La mención de Gog y Magog, como ya notamos al comentar Ap 19,18, manifiesta la clara dependencia (o, si se prefiere, inspiración) de este pasaje respecto del profeta Ezequiel (cap. 39). Representan las fuerzas del mal, conflagradas contra "el campamento de los santos y la ciudad amada". Una interpretación milenarista, incluso mitigada, encuentra un serio obstáculo a la hora de explicar qué sería este intento infernal contra un reino de resucitados, a quienes –en el caso de los mártires que lo integran– no pueden matar por segunda vez. Tampoco resulta fácil imaginar de dónde saldrían los paganos (tales son *las naciones* representadas por Gog y Magog) reclutadas para este conflicto. Si no me equivoco, un intento final y furibundo antes del Fin de todas las cosas y del Juicio correspondiente solo puede entenderse sensatamente de los poderes del Mal contra la

Iglesia militante. Nuestro Señor nos ha hecho saber que al final de los tiempos, y precisamente por la certeza de que le llega el fin, el Demonio acrecentará su presión contra los fieles de Cristo hasta un punto que el mismo Señor habla de una "tribulación como no la hubo desde el principio del mundo hasta ahora, ni la habrá jamás" (Mt 19,21), imagen que tiene su *typo* (realidad que es a la vez figura de otra ulterior) en las angustias sufridas durante el asedio de Jerusalén por las tropas de Tito en el 70 (a lo que aluden en primer término las palabras proféticas de Jesús; pero que de ninguna manera se pueden considerar cumplidas de modo pleno en tal acontecimiento, pues, si vamos al caso, muchas de las guerras del último siglo empalidecen los horrores de aquel evento). Su *antitypo*, o realización completa, solo puede ser el momento final de la historia humana.

La alusión al "asedio del campamento" insinúa una situación de la Iglesia humanamente desesperante. La hostilidad levantada por el Enemigo es total ("de los cuatro puntos de la tierra"), es decir, a través de todos los medios posibles, materiales e inmateriales, físicos y morales, militares, jurídicos, ideológicos y propagandísticos. El acoso que padecerán los buenos, en los últimos tiempos, será agobiante; lo cual ya se va perfilando en nuestros días, en los que, sin contar los muchos lugares donde recrudece la persecución físicamente sangrienta (ante la indiferencia del mundo, o, cuanto más, ante su protesta medrosa e indolente), se torna cada vez más difícil – y para algunos ya roza la imposibilidad– el cumplir la ley de Dios (la natural y la revelada), enseñar la verdad, educar a los hijos en los valores cristianos o negarse a que pudran sus corazones, casarse decentemente y formar una familia, ejercer una profesión sin ser presionados a obrar contra la propia conciencia... Si los nuestros no son los últimos, ¡qué angustias no les tocarán a nuestros hermanos de los postreros tiempos!

San Juan describe esta situación con imágenes de guerra y de conflagración bélica. Al modo de un ejército que se congrega para el cerco y el asalto de lo que el vidente llama con una expresión dulce y maravillosa, "la Ciudad amada" (ἡ πόλις ἡ ἠγαπημένη, *he pólis he egapeméne*), que no es solo Jerusalén, sino lo que ella representa: el Pueblo de Dios, la Iglesia.

Sin embargo, no hay batalla propiamente dicha, porque Dios interviene de modo extraordinario en el momento crucial y aniquila a los enemigos de sus amados con un fuego que desciende del cielo, es decir con una intervención sobrenatural. Y todo esto, el acoso, los momentos de angustia mortal, y la intervención de Dios, duran un lapso brevísimo de tiempo que no podemos determinar, pero que a Juan se le muestra con la imagen bíblica del "poco tiempo": "fue soltado por poco tiempo". Así terminará la acción del Diablo que irá donde ya lo esperan la Fiera y el Falso profeta. Un final, muy poco épico para ellos y sus secuaces.

Prigent comenta así el fin que el texto asigna al Diablo: "Se le reserva un fin particular, el mismo que el de sus acólitos, la Bestia y el Falso profeta (Ap 19,20). Hasta aquí sabíamos que la acción de Cristo había precipitado del cielo a Satanás (12,9) y lo había encadenado (20,2). Ahora es la revelación perfecta de la victoria sobre el enemigo: este es arrojado del mundo para siempre. Satanás sale de la historia, pasa al margen del mundo; el plan de Dios no le deja ningún lugar y no le reserva más que lo contrario de la gracia: fuego, sufrimiento, eternidad. Satanás no muere, a diferencia de Cristo. Su muerte no puede venir a valorizar su acción pasada. Él no conoce, pues, más que una eternidad sin resurrección"[63].

---

[63] Prigent, *L'Apocalypse de Saint Jean*, 444.

Realmente coincido con Castellani cuando dice sobre todos estos misterios: "Esto pasará; cómo y por qué, no lo sé. Dios puede hacer más de lo que yo puedo explicar"[64].

---

[64] Igualmente aclaro que Castellani entiende las imágenes de este capítulo en la línea de un milenarismo mitigado. Esto hace entender que él considere imposible de explicar el modo en que tendrá lugar; ya hemos dicho que incluso el milenarismo mitigado se topa con escollos exegéticamente infranqueables.

Visión del Juicio final

Después de la derrota y condena definitiva de Satanás Juan pasa a describir el Juicio final (ya varias veces anunciado y descrito con las imágenes de la siega y la vendimia: Ap 14,14-20) con muchos elementos metafóricos y varias afirmaciones dogmáticas de primera magnitud. Ahora el vidente hará hincapié en su carácter escatológico y definitivo.

> *[11] Luego vi un gran trono blanco,*
> *y al que estaba sentado sobre él.*

Se habla del trono divino, descrito como grande y níveo, pero no menciona a Dios; solo dice que vio al que se sentaba, sin que nadie pueda dudar a quién se refiere. Es una manera de subrayar la trascendencia divina. La imagen había aparecido ya otras veces, sobre todo en las visiones preliminares; pero aquí la envuelve algo *tremendo* que es la dignidad judicial que reviste Dios en estos momentos.

> *El cielo y la tierra*
> *huyeron de su presencia sin dejar rastro.*

Durante el sexto sello (6,14) el cielo se había "enrollado"; aquí huye, y con él la tierra. Puede ser también parte de la descripción metafórica de la trascendencia divina y de la pavura que impone el momento. También podría referirse a signos meteorológicos que han de acaecer al fin del mundo; Jesús habló de ellos, pero al ser propios del lenguaje apocalíptico para describir las realidades últimas, se hace difícil distinguir qué ocurrirá tal cual y qué es parte del cuadro descriptivo. Lamentablemente la atención que presta la mayoría de los cristianos al fin del mundo –aquellos pocos que todavía piensan en él– se centra exclusivamente en las convulsiones cósmicas y telúricas y deja de lado lo que más respeto debería imponer: el Juez del trono inmaculado, es decir, insobornable:

> "En este mundo estragado
> con frecuencia la mano delincuente,
> rociando oro, desvía la justicia,
> y con dádivas corrompe la integridad de las leyes.
> No así en el cielo, donde no se engaña:
> allí las humanas obras comparecen tal cual son,
> y forzados nos vemos a manifestar nuestras faltas todas,
> sin excusas ni tapujos..."

... dice el atormentado moralista Hamlet, quizá haciéndose eco de la imagen dantestca de Minos (*Inferno*, canto V) ante quien toda alma "malnata" (mal nacida, condenada) ni bien se presenta ante su trono, "tutta si confessa". Ya no puede esconder más sus fechorías. Es la hora de la verdad desnuda.

Sobre esta "huida" o "desaparición" de la tierra y del cielo comentaba san Ireneo: "No se exterminará la sustancia ni el ser de la creación –ya que es fiel y verdadero el que la sustenta– sino que «pasará la apariencia de este mundo» (1Co 7,31), es decir, del mundo en el cual acaeció la transgresión, en el cual el hombre se hizo viejo. Con tal fin esta apariencia fue creada temporal"[65].

> *12 Y vi a los muertos,*
> *grandes y pequeños,*
> *de pie delante del trono;*
> *fueron abiertos unos libros,*
> *y luego se abrió otro libro,*
> *que es el de la vida;*

---

[65] Ireneo de Lyon, *Adversus haereses*, V, 36, 1.

A este juicio comparecerán todos los muertos, para lo cual se supone aquí la resurrección universal. Por eso dice a continuación que la Muerte devolverá a los que ella retiene, y lo mismo hará el Hades. El Hades no es el infierno, sino el *Sheol* judío, y el *Orco* de los antiguos; es el lugar donde los muertos esperaban provisoriamente su destino definitivo.

Los libros que Juan ve son elementos metafóricos. Designan la memoria y la ciencia divinas de todos los hechos humanos. Dios sabe todo. Y en el juicio todos sabrán todo de todos.

y los muertos fueron juzgados
según lo escrito en los libros,
conforme a sus obras.

La alusión a estos *documentos* escritos quiere indicar que los hombres serán juzgados *según verdad*, con *justicia y exactitud*; y también que nada va a quedarse en el tintero. Jesús dijo que en el Juicio se "daría cuenta [hasta] de toda palabra ociosa que hablen los hombres" (Mt 12,36). En esos libros están escritas. Probablemente preferiríamos que mucho de lo que nos concierne, no figure en sus páginas. Precisamente para eso se nos dice: para que desde ahora no lo escribamos haciendo lo que tenemos que hacer y dejando de hacer lo que no queremos que algún día sea leído delante de la asamblea universal. El escribano que graba a fuego cuanto se contiene en esos libros, es cada uno de nosotros. Escribimos de modo irremediable al dar ser y vida a cada acto que realizamos en esta vida.

En cambio, el *libro de la vida* es la ciencia divina en que están escritos los nombres de los destinados a la salvación. Allí sí querríamos ver asentados nuestros nombres y con letras de molde y oro.

Y Juan añade "conforme a sus obras" – κατὰ τὰ ἔργα αὐτῶν, *katá tà érga autón*–, expresión que vuelve a repetir tal cual en el versículo siguiente. No solamente según su fe, sino según las obras. La fe debe manifestarse en las obras; y la fe será juzgada por las obras que la expresen. Ya hemos insistido muchas veces en esta expresión. El giro τὰ ἔργα (*tà érga*) –las obras– aparece en el *Apocalipsis* 17 veces en 16 versículos distintos. Son las obras las que condenan a los hombres y las que determinan el juicio que se hace sobre ellos. En el *Apocalipsis* algunos son alabados por Dios por sus obras (2,19); Dios se presenta sondeando las obras humanas y paga según la naturaleza de estas (2,23), y también como quien exige que las obras de los hombres sean "llenas a los ojos de Dios" (3,2), el que castiga porque los hombres no se arrepienten de sus obras (9,20; 16,11), el que juzga según las obras (20,12 y 13), el que premia las obras o, si se prefiere, a los hombres por sus obras (14,13), y el que aflige conforme a las obras (18,6).

Es imposible defender desde el *Apocalipsis* una fe independiente de las obras, o la accidentalidad de las obras respecto de la fe. Las obras son la fe actuada. La falta de obras manifiesta la falta de fe o su muerte; las obras malas indican la pudrición de la fe.

> ¹³ *Y el mar devolvió los muertos que guardaba,*
> *la Muerte y el Hades*
> *devolvieron los muertos que guardaban,*
> *y cada uno fue juzgado según sus obras.*
> ¹⁴ *La Muerte y el Hades*
> *fueron arrojados al lago de fuego*
> *–este lago de fuego es la muerte segunda–*
> ¹⁵ *y el que no se halló inscrito*
> *en el libro de la vida*
> *fue arrojado al lago de fuego.*

Afirmando que tanto el mar como la Muerte y el Hades devuelven los muertos que retenían, se está diciendo que nadie es dejado de lado en este juicio. Es absolutamente universal. Pero además de universal es individual: "cada uno". No se dice que el Juicio divino acaezca por razas, sociedades, grupos, ni aún familias. Cada persona deberá dar cuenta de sí misma, y se pesarán "sus obras". No habrá posibilidad de anonimato ni de pasar desapercibido (¡ay, más bien, de los que cubrieron su cretinez y cobardía detrás del anonimato para poder ensuciar al prójimo sin dar la cara!; ¡qué cara pondrán el día que los desnuden ante el universo mundo!). Pero también los actos de quienes obraron el bien sin ser notados –buscando este único anonimato santo, el de la mano que bendice sin querer paga– recogerán entonces el reconocimiento del valor de sus obras, las que, desde el silencio de la humildad, mantuvieron encendida la lámpara de la esperanza en este mundo (¡sin que nadie lo percibiera!).

Todo lo provisorio pasa. La Muerte pasa, pues ya no hay más muertos; el Hades pasa, pues no retiene a nadie más. Pero queda ἡ λίμνην τοῦ πυρός (*he límnen tou pyrós*), el estanque de fuego, que Juan nombra tres veces en dos versículos (y en total seis veces en todo el *Apocalipsis* –dos veces en 14,15; y una en 19,20; 20,10; 20,14 y 21,8–, único libro que contiene esta expresión), como para que los que niegan la existencia del infierno sientan un poquito de su calor; o al menos para que les dé vergüenza decir que ellos no encuentran nada al respecto en la Escritura. Y otro tanto a los que dicen que está vacío; por eso no solo dice que allí se arrojaron la Muerte y el Hades –lo que evidentemente es una condenación metafórica de dos personificaciones–, sino también "los que no estaban escritos en el libro de la vida", que se refiere a personas y no a metáforas, como antes ya había visto arrojar allí al Dragón, al Anticristo y al Falso Profeta. Si nadie estuviese excluido del libro de la vida, sinceramente la frase de san Juan sería una tomadura de pelo. Ojalá nadie se condenase; y ojalá yo pudiese impedir que alguien se condene. Pero esto es lo que dice el libro y lo que vio Juan.

Y lo llama "muerte segunda", que indica, indudablemente, el sentido definitivo y eterno.

IV. La Jerusalén Futura

Los predicadores no deberían tener mayores dificultades para hablar del infierno e inquietar –en la medida conveniente– a sus oyentes. Si casi ninguno lo hace, es porque no quiere, o porque no cree en él. El infierno está lleno de cosas concretas de las que tenemos, desgraciadamente, notables adelantos en este mundo. Y la imaginación humana, para el género del terror, parece mandada a hacer. En cambio, cuando deben predicar del cielo, les salen cosas abstractas, artificiosas e impalpables, y, por lo general, aburren sin conmover. Salvo algunos genios, como Dante o Don Bosco. Es que los paraísos a los cuales vuelan los deseos de la mayoría de los hombres son tan materiales, y su capacidad para trascender el plano de la fantasía tan enclenque, que todo lo que exige una penetración intelectual y no imaginaria se les escapa. Por eso se predica tan poco del cielo; les va mejor en esto a los musulmanes cuyo cielo es casi enteramente terreno y la felicidad que prometen, sensible.

Sin embargo, en la Revelación tenemos la más extraordinaria descripción del cielo y del futuro sobrenatural del hombre, aunque cargada de imágenes, por cierto, pero de imágenes que, casi por sí mismas, invitan a ser trascendidas hacia su verdad última y espiritual, es decir, hacia la realidad que ellas significan. Y eso está en este capítulo. Quizá por temor a ser malentendidos y que nos tomen de materialistas y de semimulsulmanes, o de infantiles fantaseadores que fundan su esperanza ultraterrena en una especie de "arquitectura celestial", este texto jamás se escucha en las homilías sobre el cielo, lo que indica poco y nada, porque, como ya dije, lo que difícilmente se escucha desde un púlpito es un sermón del cielo.

Pues bien, este es el sermón del cielo que le hizo el Ángel de las revelaciones a Juan. Y ciertamente que usó los más modernos medios audiovisuales como para que a Juan le entrasen nuevamente deseos de hacer tres carpas allí mismo.

Visión de la Jerusalén celestial

[Capítulo 21]

La Novia que baja a las Bodas

*¹ Luego vi un cielo nuevo
y una tierra nueva
—porque el primer cielo y la primera tierra
desaparecieron, y el mar no existe ya—.
² Y vi la ciudad santa, la nueva Jerusalén,
que bajaba del cielo,
de junto a Dios,
engalanada como una novia
ataviada para su esposo.*

Este universo mundo en el que vivimos no está destinado a durar eternamente. Va a desaparecer. Y lo que vendrá después para los que resuciten para el gozo –de los otros se habló en el capítulo anterior– no será hecho por mano de hombre. "Baja del cielo" equivale a afirmar que es gratuito. "De junto a Dios", significa que participa de su divinidad. "Como novia adornada para el esposo", es decir, con todo el esmero y el arte que Dios sabe poner a sus obras; y, por tanto, esa realidad, la Iglesia celeste y triunfante, será la *cifra* de toda belleza, de todo amor y de todo gozo. El amor y el deseo ardientes son los vínculos entre esta realidad misteriosa y Dios; porque son amor y deseo ardientes lo que experimentan mutuamente la esposa y el esposo en sus bodas.

El *Apocalipsis*, como ha hecho notar muy bien Bauckham, es un libro que habla de ciudades[66]. Comienza nombrando ciudades (las

---

[66] Cf. Bauckham, *The Theology of the Book of the Revelation*, 126-146. Todo cuanto digo en los siguientes párrafos sobre la comparación entre Jerusalén y Babilonia lo tomo de este excelente trabajo, casi literalmente a veces.

siete a cuyas iglesias dirige las cartas que acompañan el resto del libro) y termina describiendo ciudades. Singularmente dos grandes ciudades son descritas tanto en su realidad terrena como en su simbolismo e incluso personificadas como mujeres: Roma y Jerusalén. La primera comparece en el *Apocalipsis*, no como la diosa Roma, adorada en los pueblos del Asia menor, sino como "La Gran Ramera" (17,1), o como "Babilonia la grande", histórica rival del pueblo hebreo, pero, a diferencia de la que surgió a orillas del Éufrates, esta se describe edificada sobre siete colinas (17,9) y es llamada "madre de prostitutas", es decir, de las metrópolis que envolvió en su influjo político, económico, militar y religioso, a las que arrastra en su caída (Ap 16,19).

Jerusalén, en cambio, no designa únicamente la terrena. En el *Apocalipsis* hay dos Jerusalenes. Está la que encontramos en este capítulo descendiendo del cielo en la nueva creación, designada, como Babilonia, como mujer y ciudad; pero, en oposición a aquella, es novia y esposa del Cordero (19,7; 21,2.9), "ciudad santa" y "nueva" (21,2), "ciudad de mi Dios" (3,12).

Jerusalén y Babilonia son un contrastante par de mujeres-ciudades que dominan los últimos capítulos del *Apocalipsis*. Además se menciona una Jerusalén terrena en Ap 11,2, que no coincide con la Jerusalén histórica, arrasada por las tropas romanas en el año 70, sino que es la Iglesia temporal, perseguida y martirizada a manos de la Bestia. Ya vimos que la medición del templo y su santuario, en 11,1-2 es profecía de la protección de la Iglesia de parte de Dios. El mismo sentido tiene la visión de Ap 12: la Mujer que se refugia en el desierto. Esta Mujer es una imagen polifacética que representa al mismo tiempo, y bajo diversos aspectos, a la Iglesia, a la Virgen madre de Dios, al Israel de Dios y a la Ciudad de Dios.

Así la Nueva Jerusalén del futuro, la Novia del Cordero, tiene tanto una precursora presente como una opositora presente. La precursora es la ciudad santa, la madre Sión. La opuesta es Babilonia, la gran prostituta. Pero mientras Babilonia se presenta como "la gran ciudad que rige a los reyes de la tierra" (17,18), la ciudad santa terrena tiene una existencia oculta y sufre la contradicción del mundo. Por eso, la ciudad santa terrena solo es precursora de la Nueva Jerusalén en su santidad, pero no en su gloria (a la segunda todos los reyes de la tierra le rendirán honor: cf. 21,24). Y mientras la Nueva Jerusalén contrasta con Babilonia en su moralidad (santa-pecadora), se le parece en el esplendor y el dominio universal.

Pertenecer a una ciudad era esencial para los lectores de san Juan. No se podía concebir la existencia sin una ligazón a una comunidad de la cual se recibía la cultura, la vida, la protección y hacia la cual se tenía una consciente responsabilidad. El ser romano o judío (pertenencia, pues, a Roma o a Jerusalén) tenía más importancia que en nuestro tiempo. San Pablo habla con orgullo de su pertenencia al pueblo elegido, y afirma con no menor honra su ciudadanía romana por nacimiento. Pero los cristianos del tiempo de Juan, unos provenientes de la gentilidad y otros del judaísmo, se encuentran, en este sentido, en una situación de gran dificultad. Por un lado el imperio al que pertenecen los persigue; por otro, quienes provienen del judaísmo, son vistos por los judíos no conversos como traidores y después del 70, además, carecen de la Jerusalén histórica como punto de referencia (la caída de Jerusalén debe haber sido vista por ellos como un signo histórico catastrófico y singular). San Juan les pide, pues, disociarse de la Roma que ha devenido Babilonia –corrompida y perseguidora– mientras que Dios, de hecho, los ha privado de Jerusalén como alternativa terrena. La Jerusalén celestial, como ciudad de Dios, les da ahora la posibilidad de comprenderse como ciudadanos de un pueblo espiritual y de una ciudad que desciende del cielo, futura pero que ejerce desde ya su atracción sobre sus ciudadanos. No pueden todavía entrar en ella, pero pueden reservar sus lugares, como se dice en Ap 3,12: "Al vencedor yo le haré columna en el templo de mi Dios, y no saldrá ya jamás fuera de él, y sobre él escribiré el nombre de Dios y el nombre de la ciudad de mi Dios, de la nueva Jerusalén, la que desciende del cielo de mi Dios, y mi nombre nuevo" (cf. 22,14.19). Pertenecen ya a la Novia del Cordero (19,7-8; 22,17) cuyas bodas consistirán en su llegada a la tierra (21,2: "Y vi la ciudad santa, la nueva Jerusalén, que descendía del cielo, del lado de Dios, ataviada como una esposa que se engalana para su esposo").

Los lectores de Juan tienen, así, un centro espiritual hacia el que mirar en el futuro escatológico. Este se presenta como la alternativa de Babilonia. Por eso las visiones de la prostituida Babilonia y de la Nueva Jerusalén, esposa del Cordero, ocupan una parte importantísima en la última parte del *Apocalipsis*. Ambas tienen un papel en el antiguo ideal de la ciudad como lugar donde la comunidad humana vive segura y prósperamente en torno a la divinidad. Babilonia representa la perversión de este ideal, poniendo a la humanidad deificada en el corazón de la ciudad en lugar de Dios. Todas las ciudades del Antiguo Testamento que se caracterizaron por su orgullo, desafío a Dios, tiranía y opresión contribuyen a este cuadro: Babel, Sodoma, Egipto, Tiro, Babilonia, Edom. La Babilonia del *Apocalipsis* las resume y sobrepasa a todas. Pero los lectores de Juan saben bien que las descripciones del vidente se refieren a la Roma de su tiempo. Esta debe caer para dar paso a la Jerusalén celestial, que la habrá de reemplazar. La parodia satánica del ideal de Ciudad debe dar paso a la realidad divina. Pero Juan espera que no solo sus lectores sino, a través de ellos, las naciones gentiles puedan ser ganadas de los engañosos encantos de Babilonia a las genuinas atracciones de la Nueva Jerusalén.

Por esta razón las dos visiones de Babilonia y de la Nueva Jerusalén están repletas de paralelos y contrastes, resumidos por Bauckham en los siguientes:

1. De un lado, la casta novia y esposa del Cordero (21,2.9); del otro, la prostituta con la que fornican los reyes de la tierra (17,2).

2. Una funda su esplendor en la gloria de Dios (21,11-21), la otra lo consigue explotando su imperio (17,4; 18,12-13.16).

3. Mientras las naciones caminan a la luz de Jerusalén, que es la gloria de Dios (21,24), Babilonia las corrompe y engaña (17,2; 18,3.23; 19,2).

4. Los reyes de la tierra llevarán a Jerusalén su gloria (21,24), es decir, su adoración y sumisión. Babilonia conquista y domina los reyes de la tierra (17,18).

5. Los reyes de la tierra llevan voluntariamente su gloria a la Nueva Jerusalén (21,26), mientras que Babilonia expropia sus riquezas a las naciones sobre las que domina (18,12-17).

6. De la primera están excluidas toda inmundicia, abominación y falsedad (21,27), mientras que Babilonia está repleta de abominaciones, impurezas y engaños (17,4.5; 18,23).

7. En la primera encontramos el agua de la vida y el árbol de la vida para salud de todas las naciones (21,6; 22,1-2); la segunda hace beber su vino con que emborracha a las naciones (14,8; 17,2; 18,3).

8. En la primera hay vida y curación (22,1-2); en la segunda sangre y matanza (17,6; 18,24).

9. El pueblo de Dios es llamado a entrar en la Nueva Jerusalén (22,14), y ese mismo pueblo es llamado a salir de Babilonia (18,4).

La visión de Juan se centra ahora en la "nueva Jerusalén", la que contempla en el momento en que, ante sus ojos, desciende del cielo para sus bodas con el Cordero.

Algunos han visto en esta imagen, no una alusión a la visión beatífica, sino a la Jerusalén terrena transformada en el reino milenario[67]. Yo creo, humildemente, que aquí se habla del cielo, es decir, de la morada *definitiva*, sobre todo porque más adelante se dice con toda claridad que los ciudadanos de esta ciudad "*verán el Rostro de Dios*" (22,4), y esto no puede entenderse de ninguna otra realidad que de la visión beatífica.

> *³ Y oí una fuerte voz que decía*
> *desde el trono:*
> *«Esta es la morada de Dios con los hombres.*
> *Pondrá su morada entre ellos*
> *y ellos serán su pueblo y él,*
> *Dios-con-ellos, será su Dios.*

Juan nos presenta de entrada la clave interpretativa de su visión: todo esto es un símbolo, que incluso se queda corto. La realidad que él ve bajar del cielo, no tiene piedras, puertas, árboles y arroyitos cantarines. Estos representan a Dios y a las almas santas. Los santos habitarán la morada divina, es decir estarán en Dios, y Dios estará en ellos. Dios será "*Dios-con-ellos*": ὁ Θεὸς ἔσται μετ' αὐτῶν (*ho Theòs estai met'autón*).

---

[67] Así pensaba Castellani al escribir, en 1951, su obra *Cristo ¿vuelve o no vuelve?* En cambio, en 1963, en *El Apokalypsis de san Juan*, habla del cielo de los resucitados y de la representación "de la gloria del cielo como una Ciudad", y se limita a decir que "puede existir una Jerusalén triunfante real y física o puede no".

Es en esa Jerusalén celeste que Dios cumplirá la promesa que viene formulando desde los tiempos remotos, como leemos ya en el Levítico: "Yo pondré mi morada en medio de vosotros... Andaré entre vosotros: seré vuestro Dios y vosotros seréis mi pueblo" (Lv 26,11); y en los profetas, como, por ejemplo, en Ezequiel: "Estará en medio de ellos mi tabernáculo; Yo seré su Dios, y ellos serán mi pueblo" (Ez 37,27).

En esa Jerusalén habrá una comunión perfecta con Dios que Juan formula con palabras calcadas de Jeremías: "Seré su Dios, y ellos serán mi pueblo" (Jr 31,33). Es el cumplimiento del anhelo más profundo del corazón humano, como lo expresa la Esposa del *Cantar de los Cantares*: "¡Yo soy de mi Amado, y mi Amado es mío!" (Ct 6,3).

La voz oída por Juan usa la expresión "morada": "Esta es la *morada* de Dios con los hombres. Poner su σκῆνος (*skenos*), morada (tienda o choza de tela, tabernáculo, enramada), tenía para un judío un sentido más profundo que para un griego, pues la palabra hebrea para designar la tienda (*mishkan*, de la raíz *sh-k-n*) no solo suena semejante, por lo que la traducción griega de los LXX la elige para traducir la voz hebrea, sino que abre el camino para el término *shekînah*, de amplio uso en el judaísmo tardío para referirse a la "presencia" de Dios. Los judíos también usarán el término para referirse al templo de Dios. Pero, a diferencia de la *shekînah* antigua, esta morada es definitiva y permanente.

Notemos, con Bauckham, que al decir que es la "morada de Dios con los hombres" (*meta ton anthropon*), Juan usa la palabra que emplea para referirse a la humanidad en general (como en 8,11; 9,6.10.15, etc.); al añadir que "ellos serán su pueblo" (*laoi*; en el original en griego de varios manuscritos está en plural: sus pueblos) en lugar del término más usual "naciones" (*ethne*: 2,26; 11.18; 12,25; 14,8, etc.), se inclina por el término usado para indicar el

345

pueblo de la alianza (por ejemplo, Ez 37,27). De este modo Juan muestra que la Nueva Jerusalén cumple las promesas de Dios para con su pueblo (Ez 37,27-28), y también su promesa de que muchas naciones habitarán en Jerusalén (Zac 2,10-11; Is 19,25, etc.).

El fin de los dolores

> *⁴ Y enjugará toda lágrima de sus ojos,*
> *y no habrá ya muerte ni habrá llanto,*
> *ni gritos ni fatigas,*
> *porque todo lo que era antes ya pasó».*

Esta comunión con Dios producirá la felicidad plena, que es expresada, muy humanamente, como exclusión de todo sufrimiento: de las lágrimas, de la angustia, del clamor y del dolor. Todo lo malo habrá desaparecido. Nuevamente estamos ante el cumplimiento de las más consoladoras profecías: "Tendrán gozo y alegría, y la tristeza y el gemido huirán de ellos" (Is 35,10); "Yo me alegraré con Jerusalén y me gozaré con mi pueblo, y nunca más se oirán en ella voz de llanto, ni voz de clamor" (Is 65,19); "Destruirá a la muerte para siempre, y enjugará el Señor Dios las lágrimas de todos los rostros" (Is 25,8).

"Todo lo que era antes ya pasó", literalmente: lo primero *se fugó*.

Solo desde esa perspectiva los hombres entenderemos el misterio del sufrimiento, porque solo mirando el frente de un tapiz se comprende el sentido de la maraña de hilos que se entrecruzan en su revés. Pero solo en ese final histórico estarán los hombres frente al *anverso* de toda la realidad.

La renovación universal

> *⁵ Entonces dijo el que está sentado en el trono:*
> *«Mira que hago nuevas todas las cosas».*
> *Y añadió: «Escribe:*
> *Estas son palabras ciertas y verdaderas».*

Es Dios quien habla. Estaba profetizado en Isaías: "No os acordéis de las cosas anteriores ni prestéis atención a las cosas antiguas, pues he aquí que voy hacer una obra nueva, que ya está germinando" (Is 43,18-19). Este árbol de lentísimo crecimiento ya germinaba en tiempos de Isaías, pero solo tirará sus hojas y dará sus frutos en esta final y total renovación.

Es una renovación total la que hará Dios al final de los tiempos. En realidad solo Él puede renovar de raíz todas las cosas. Los aprendices de revolucionarios solamente barajan un poco las cartas y las vuelven a tirar sobre la mesa; y la mayoría de las veces, tras ríos de sangre, caen las mismas de la partida anterior. Sin mencionar los casos –los más– en que los presuntos revolucionarios no tienen intención de cambiar "las cosas" sino los dueños de ellas, es decir, sacar a quienes las poseen ahora, para poseerlas ellos. Y a eso le dicen "revolución". Dios, en cambio, realmente renueva, vuelve a crear o a recrear, es decir, a transformar lo que existe en un orden superior, como la gracia *renueva al hombre*, quien sin dejar de ser hombre, también se hace, por ella, divino por participación: "Si uno está en Cristo, es una nueva creación" (2Co 5,17).

Todo esto no es metáfora; es verdad y certeza.

Los premiados y los escarmentados

> [6] *Me dijo también: «Hecho está;*
> *yo soy el Alfa y la Omega,*
> *el Principio y el Fin;*

Vuelve a hablar Dios para dictar a Juan que dé por descontado que todo lo que ha visto tendrá lugar indefectiblemente. Juan ve acontecimientos futuros, pero son tan ciertos que Dios puede hablar de ellos como algo pasado: "¡Hecho está!" Y para garantizar el valor de sus palabras acompaña sus palabras con sus títulos personales, que ya hemos escuchado al comienzo del *Apocalipsis*: Alfa, y Omega, Principio y Fin (cf. 1,8; 3,14). Es decir, el Comienzo y el Término de todas las cosas, el Señor de la historia.

> *al que tenga sed, yo le daré*
> *del manantial del agua de la vida gratis.*
> *⁷ Esta será la herencia del vencedor:*
> *yo seré Dios para él,*
> *y él será hijo para mí.*
> *⁸ Pero los cobardes, los incrédulos,*
> *los abominables, los asesinos,*
> *los impuros, los hechiceros,*
> *los idólatras y todos los embusteros*
> *tendrán su parte*
> *en el lago que arde con fuego y azufre,*
> *que es la muerte segunda.*

Y siguen los premios y los castigos que recibirán los hombres según quieran participar de lo que Él ofrece o lo rechacen. Se menciona en último término "el manantial del agua de la vida", y añade: "gratuitamente". Es la vida divina que se participa a sus creaturas, que llamamos gracia en esta vida y gloria en la otra, la misma realidad que comienza en este mundo y está destinada a continuarse eternamente *en los vencedores*. El dueño del manantial es Dios, el único que puede abrevar en él. A pesar de la gratuidad de esta agua, Dios exige, empero, la lucha de parte del hombre, porque solo permite beberla a los vencedores. Topamos nuevamente la insistente alusión de este libro a la lucha y al esfuerzo del hombre. Si es necesario vencer, también hay que pelear, y si hay que pelear, entonces no basta con una fe puramente pasiva y menos aún estéril. Juan nunca oye de Dios llamadas al ocio o a la displicencia, sino otras voces que podemos traducir como: "rómpete el espinazo por resistir al pecado, de lo contrario lo que consideras fe no es, en verdad, más que espuma". No se trata de obras independientes de la fe o de la gracia, ni anteriores a la fe o a la gracia, como quería Pelagio (autosotería, salvación *desde* el hombre). Es la gracia la que suscita estas obras, pero no por eso son menos nuestras; son de la gracia y de nuestra libertad en una síntesis y amalgama que supera nuestra capacidad de intelección. Las obras de las que habla el *Apocalipsis* una y otra vez, nacen de la gracia, son inspiradas por la gracia, son posibles por la gracia y son meritorias por la gracia. Sin la gracia no haríamos nada bueno sobrenatural, ni rechazaríamos nada malo. Pero la necesidad de luchar y la posibilidad de vencer –o sea, también de malograrse–, el ofrecimiento del premio y de la culpa, implican que esta gracia *es resistible*, como sostuvo Esteban ante los judíos que lo condenaban: "vosotros siempre resistís al Espíritu Santo" (Hch 7,51). La resistencia a Dios no se da exclusivamente en el plano del acto intelectual de fe o de la moción volitiva que implica este acto –el confiarse a Dios–, sino también en el de comportarse *de modo consecuente con la fe*. "Muéstrame tu fe sin obras que yo *por mis obras te mostraré mi fe*" (St 2,18).

El premio fundamental del vencedor es la relación filial con Dios: "Yo seré Dios para él y él será hijo para mí".

Pero también se señala el castigo de los que resistan la invitación divina. Es un castigo duro; es la *muerte segunda* –nueva mención del lago ardiente, es decir, la eterna condenación. No se puede despreciar impunemente el Amor y la Misericordia divina. Se menciona aquí una pequeña lista con ocho categorías de pecadores. Pero, hay algo en todo el pasaje que me hace pensar que no se refiere a cualquiera que haya cometido los pecados mencionados, sino a aquellos pecadores que *han sido llamados* de modo especial a pertenecer a la Jerusalén de Dios; son los elegidos que se han echado atrás, como Judas, los que han vuelto a su antiguo vómito, como dice la fuerte expresión de san Pedro (2Pe 2,22); los que han claudicado de lo que han sido por gracia divina, o lo que podrían haber llegado a ser. Y en particular a los más encumbrados y los más responsables de la vida religiosa y espiritual de la Jerusalén divina durante su peregrinación todavía terrena, la Iglesia. Estos sí pueden contraponerse a los *vencedores* porque son los verdaderos *perdedores*: han perdido lo que Dios les ha dado u ofrecido; lo han dejado, habiendo tenido la posibilidad de ganar el premio. Y aunque no descarto en absoluto que el pasaje pueda leerse de cualquiera que haya caído en estos pecados, creyentes o paganos, lo interpreto a continuación en el sentido susodicho.

Primero se mencionan –significativamente– los *cobardes*, es decir, los que aman su tranquilidad y comodidad más que a Cristo. No es que no crean en Cristo, sino que no están decididos a jugarse por Él, y menos a dejar el pellejo si las papas levantan tanta temperatura que lleguen a quemar. La expresión δειλός (*deilós*) no significa, como se lee en algunas versiones, "miedosos" sino "huidizos". Dios no condena a nadie por tener miedo sino por huir, por defeccionar, por abandonar. También el que permanece en la refriega puede experimentar mucho miedo. El valor no excluye el temor, pero es capaz de dominar el instinto de fuga.

Siguen los *incrédulos*, los ἀπιστοι (*apístoi*), es decir, los *sinfé*. Si entiendo bien el pasaje, se refiere a los que han pertenecido al rebaño pero no han perseverado hasta el final. Han apostatado. También puede referirse a los que no han tenido suficiente fe en las promesas divinas. En este sentido son más bien los *desconfiados*, los que no han tenido convicción en las palabras divinas a pesar de que el mismo Dios las certifica y repite, como hemos leído más arriba: "Estas son palabras ciertas y verdaderas".

Luego menciona los *abominables*, los ἁμαρτωλοι (*hamartoloi*). En los Evangelios Sinópticos este término lo utilizan con cierta frecuencia los fariseos, para denotar a los publicanos (cobradores de impuestos) y a las mujeres de mala vida: "una mujer de la ciudad, que era pecadora (*hamartolós*)" (Lc 7,37); "un hombre pecador (*hamartoló*)" (Lc 19,7). Se refiere a los que han contaminado la religión de espíritu mundano, los que la han convertido en negocio y burdel, y los que han degradado su fe en la lujuria y en la pecunia. Son el triste pus del que no puede librarse la Iglesia llagada en su existencia terrena por sus propios hijos pecadores.

En el mismo contexto creo que los *asesinos* no son principalmente los homicidas comunes, sino los que han destruido a sus semejantes desde la religión, es decir, abusando de su poder religioso. El fariseísmo de los tiempos apostólicos fue homicida, como se ve en Anás, Caifás y el Sanedrín que condena a Cristo. Y continúa siendo sangriento en todos los tiempos, incluso en los nuestros, en que parasita en el mismo organismo de la Iglesia, pues es el gusano propio de toda religión, y no perdona ni a la verdadera. No mata de un tiro en la nuca, pero tiene otros métodos. Aplasta psicológicamente, persigue sin piedad, miente y quema la fama, ahoga el fervor apostólico, derruye las obras de Dios, mata las almas, las esperanzas, la vida de la gracia... Y sabe lo que hace.

Siguen los πόρνοι (*pórnoi*), o *lujuriosos*. La palabra viene del verbo πέρνημι (*pérnemi*), vender, y se usa generalmente en sentido de venderse a sí mismo; por eso πόρνος (*pórnos*) es el prostituto (varón), y por analogía se dice del fornicario, del libertino y de la fornicaria. Pero como el vicio de la lujuria estaba implicado en la alusión a los *hamartoloi*, estos *pórnoi* deben ser los que prostituyen la religión acomodándola a los gustos del que paga (con dinero, fama, aceptación), a lo cual se llama –y lo hacían principalmente los profetas del Antiguo Tesamento– *prostituir la religión*. Es lo que hacen los teólogos progresistas de nuestro tiempo: "¿Qué quiere escuchar el mundo moderno a cambio de aplaudirme, aceptarme, acariciarme y publicitarme? ¿Quiere escuchar que Jesús fue solamente un *gurú*? ¡Le damos un *gurucristo*! ¿Quiere que le diga que cuando hay amor no puede haber pecado? ¡Le damos licencia para fornicar; pues para eso sabemos acomodar maravillosamente cualquier texto de la Biblia! ¿Quiere que le diga que el matrimonio cuando no va, no va, y que se puede probar a *rehacer la vida* con otra persona? ¡Le damos la justificación que su conciencia necesita para seguir impunemente los caprichos de su corazón!" Esto se llama meretricio. Hay facultades teológicas que se han convertido en burdeles intelectuales donde se paga un sueldo a los que están dispuestos a decir lo que el mundo pagador quiere que se diga.

Los *hechiceros* y los *idólatras* son los que contaminan lo más recóndito de la misma fe y el culto a Dios. Son los que han pervertido el rito divino, los que lo infectan de superstición, de paganismo, de herejía; los que destierran el sentido sagrado y hacen de la liturgia un carnaval o un festejo pueril. Han matado el misterio y la sacralidad.

Por último menciona a los *mentirosos*, entre los que debemos entender a todos los hipócritas, los que se manejan con medias verdades, todos los modos de doble vida, toda falsedad e incoherencia, los que creen que hay una diplomacia de la verdad, y que diplomacia significa el arte de escamotear la verdad para sacar provecho. Estos han cansado a Dios.

Ninguno de estos tendrá parte en la Jerusalén divina.

La Novia mesiánica

⁹ Entonces vino uno de los siete ángeles
que tenían las siete copas
llenas de las siete últimas plagas,
y me habló diciendo:
«Ven, que te voy a enseñar a la Novia,
a la Esposa del Cordero».
¹⁰ Me trasladó en espíritu
a un monte grande y alto
y me mostró la ciudad santa de Jerusalén,

> *que bajaba del cielo, de junto a Dios,*
> *¹¹ y tenía la gloria de Dios.*
> *Su resplandor era*
> *como el de una piedra muy preciosa,*
> *como jaspe cristalino.*

Uno de los ángeles que ya habían entrado en acción en el transcurso del *Apocalipsis* se encarga ahora de mostrarle directamente la Jerusalén mesiánica. El ángel la llama "la Novia", y "la Esposa del Cordero", es decir, de Cristo; o, como traducen otros, quizá con más rigor, "la Mujer", y "la Desposada". Todo el *Apocalipsis* es un libro sobre la Iglesia: sobre su misterio, sus fundamentales vicisitudes históricas y su desenlace escatológico. Escribe Vanni: "La Iglesia representa para todo el *Apocalipsis* un tema fundamental. El autor tiene una experiencia tan viva de ella que da francamente la impresión de que la Iglesia, especialmente en su dimensión litúrgica, constituye algo así como el ambiente ideal en que se mueve. A lo largo del libro, comunica esta experiencia suya y nos da algunas formulaciones terminológicas y da imágenes que le son características. Nos habla de una totalidad de iglesias, nos habla de iglesias locales; se interesa por la vida interna de la Iglesia; intenta señalar y definir las leyes de su comportamiento frente a las fuerzas enemigas. La Iglesia está en devenir, con todo aquel conjunto de dificultades y de tensiones que esto supone. Pero la Iglesia tiene también una meta clara y definida: el aspecto personal que vincula a la Iglesia con Cristo y la hace «esposa» suya, y el aspecto externo y social que hacen de la Iglesia una «ciudad», encontrarán su síntesis final y suprema en la Jerusalén celestial, la ciudad-esposa"[68].

Aquí se insiste en su ser femenino, de complemento del Varón-Cristo, como la presenta también san Pablo en la carta a los Efesios.

---

[68] Vanni, U., *Apocalipsis*, 18.

Y no se dice "de Jesús", sino "del Cordero", porque es el Jesús Sacrificado el que se desposa con Ella en la Cruz.

Para tener esa visión Juan dice ser llevado a un monte grande y alto, como antes de él había sido llevado Ezequiel para tener su visión de la Jerusalén que ha de surgir (40,2). Significa la elevación de la contemplación que esta visión exige.

Esta Jerusalén es, ante todo, divina, en el sentido de ser una participación de la divinidad. No es una participación de la divinidad en una realidad de sillares y ladrillos, puesto que, a pesar de las descripciones simbólicas que veremos a continuación, la Jerusalén celestial es una sociedad de personas: la sociedad de los santos. Por eso dice que "es santa, baja de los cielos, y posee la gloria de Dios". El resplandor o gloria es el signo de la presencia divina, y su origen celestial destaca que no es construcción humana o fruto del hombre. Al comienzo de la historia los hombres desconfiaron de las intenciones de Dios sobre el hombre, recelaron de su promesa de inmortalidad y felicidad perfecta, y por eso decidieron fabricarse su propia conquista de la divinidad, trazando una ciudad cuyas torres llegaran al cielo; este es el origen de la ciudad *Sindiós*, de *Babel*, "Confusión". Babel no fue el intento arquitectónico del primer rascacielos; el pecado no fue la pretensión de poner ladrillos y vigas hasta tocar las nubes... No hacía falta que Dios interviniera para confundir esa obra; se les hubiera venido abajo ella sola. Babel fue un intento espiritual, del que sabemos poco y nada, salvo lo que su símbolo indica. Una conquista del cielo por el saber, por la fuerza humana, y quizá por la virtud humana; pero algo que va del hombre a Dios sin contar con Este. Construir una civilización feliz *sindiosada*, sin necesidad de Dios. Esto es lo que puede instigar el demonio, y fue, de hecho, lo que sugirió a Eva. A tales intentonas Dios las desploma, incluso antes de que el hombre comience a construir, porque las derrumba al hacer el corazón humano *necesitado de Dios* e *incapaz de prescindir de Él* para ser feliz.

La Jerusalén, que es la auténtica felicidad humana que Dios ha preparado desde toda la eternidad, baja del cielo; es un don divino; supera toda fabricación humana porque es esencialmente de otro orden, *supra-natural*, pero capaz de asumir, sanar y elevar el orden humano, haciéndolo divino por participación.

Puertas y murallas

> [12] *Tenía una muralla ancha y elevada*
> *con doce puertas; y sobre las puertas,*
> *doce ángeles y nombres grabados,*
> *que son los de las doce tribus*
> *de los hijos de Israel;*
> [13] *al oriente tres puertas;*
> *al norte tres puertas;*
> *al mediodía tres puertas;*
> *al occidente tres puertas.*
> [14] *La muralla de la ciudad*
> *se asienta sobre doce piedras,*
> *que llevan los nombres*
> *de los doce apóstoles del Cordero.*

El vidente comienza su detallada descripción de la ciudad. Son elementos simbólicos, algunos fácilmente identificables. Comienza por la muralla y las puertas. Sin muralla, en la antigüedad, no había ciudad; cuanto más, caserío. La muralla significa seguridad y refugio. Al ser ancha y elevada representa la seguridad inviolable de la ciudad de Dios. Las puertas son las vías de acceso. Aquí se las designa con el nombre de πυλῶνοι (*pylonoi*). Para la puerta corriente en griego se usa πύλη (*pýle*), en cambio πυλών (*pylón*) indica, más bien, la puerta torreada de una gran ciudad. La ciudad de Dios tiene doce, que es el número bíblico de la universalidad, y apuntan hacia los cuatro puntos cardinales, tres por lado, mirando a todas las gentes a las que se ha invitado a formar parte de ella. La ciudad de Dios es católica, universal, abierta a los cuatro vientos como los cuatro brazos de la cruz.

Sobre cada puerta campea un ángel guardián y el nombre de uno de los patriarcas de Israel, mostrando la continuidad, en la ciudad de Dios, entre el Israel elegido y la Iglesia de Cristo, entre el Antiguo y el Nuevo Testamento, entre el Dios que se revela a Abraham y a Moisés y el Dios Padre revelado por Jesús. La ciudad de Dios es el cumplimiento de las profecías antiguas, la ciudad mística vista por Ezequiel.

Y tiene doce fundamentos, quizá en la base de las mismas puertas, que llevan cada uno el nombre de uno de los Apóstoles del Cordero. La ciudad de Dios es apostólica. Está, como describe san Pablo "edificad[a] sobre el cimiento de los apóstoles y profetas, siendo la piedra angular Cristo mismo" (Ef 2,20).

Medidas imposibles

> *15 El que hablaba conmigo*
> *tenía una caña de medir, de oro,*
> *para medir la ciudad,*
> *sus puertas y su muralla.*
> *16 La ciudad es un cuadrado:*
> *su longitud es igual a su anchura.*
> *Midió la ciudad con la caña,*
> *y tenía doce mil estadios.*
> *Su longitud, anchura y altura*
> *son iguales.*
> *17 Midió luego su muralla,*
> *y tenía ciento cuarenta y cuatro codos*
> *-con medida humana, que era la del ángel-.*

Como el ángel del capítulo 40 de la profecía de Ezequiel, también el guía de Juan toma medidas de la ciudad. Las que leemos en el texto son imposibles para una ciudad amurallada. No solo es cuadrada –como eran Babilonia y Nínive según cuentan respectivamente Heródoto y Diodoro Sículo– sino un cubo perfecto. Entre los griegos el cuadrado era símbolo de perfección, y el cubo la suma perfección. Por eso Platón en su *Protágoras* (339 B), y Aristóteles tanto en la *Ética a Nicómaco* (1.10.11), como en la *Retórica* (3,11), decían que el hombre de bien era "cuadrado". También entre los judíos encontramos ideas semejantes, por eso el altar de los holocaustos, el del incienso y el pectoral del sumo sacerdote tenían la forma de un cubo (Ex 27,1; 30,2; 28,16), y en el templo de Salomón, el *Santo de los Santos* era un cubo perfecto (1Re 6,20). Los lados de la ciudad tenían, dice Juan, *doce mil estadios*, es decir, unos dos mil doscientos kilómetros (cada estadio equivalía a ciento ochenta metros). Algunos comentaristas toman la medida como referida a cada lado (la distancia que hay en línea recta entre Madrid y Atenas, o entre Jujuy y Comodoro Rivadavia –Chubut–), que equivaldría a pensar en una ciudad más o menos con la superficie de media Europa. Otros, como Bartina, entienden la referencia mensural del perímetro –suma de sus lados–, lo que importaría, en tal caso, unos 575 kms. por cada lado, que es la distancia que tenemos en Argentina, entre Buenos Aires y Santa Rosa (La Pampa), o en Europa entre Roma y Marsella. En cualquiera de los dos casos, en una ciudad así cabemos todos, sin duda. La cuestión es ganarse la entrada.

El muro se presenta mucho más modesto, con sus 144 codos de altura, es decir, entre 65 y 75 metros, según se tome de referencia el codo normal o el regio; igualmente se trata de una cifra significativamente inferior a la muralla de Babilonia que alcanzaba una altura de 90 metros. Más bien se parece a los Pórticos de Salomón del templo herodiano, que tenían 54 metros de alto. En comparación con el tamaño de la ciudad los muros son insignificantes, queriendo significarse que su función no es defender sino demarcar el área de la ciudad.

Son interesantes las discusiones sobre estos detalles en los diversos comentarios que he podido espigar. Hay quien sostiene que la altura de la ciudad se refiere en realidad al monte en que está situada, lo que igualmente no explica nada, porque si la montaña más alta de la tierra tiene ocho kilómetros de elevación, pensar en un monte de 500 kilómetros –o de 2200– no sé cuánta más luz arrojaría. Otros dicen que no se trata de una superficie cúbica sino piramidal, etc. Yo pienso que Juan ve la perfección de la ciudad y la expresa metafóricamente. Nada más. Es inútil tratar de trazar en la fantasía un diseño arquitectónico, porque no es eso lo que tenía en mente el vidente.

El material de construcción

> [18] *El material de esta muralla*
> *es jaspe y la ciudad es de oro puro*
> *semejante al vidrio puro.*
> [19] *Los pilares de la muralla de la ciudad*
> *están adornados*
> *de toda clase de piedras preciosas:*
> *el primer pilar es de jaspe,*
> *el segundo de zafiro,*
> *el tercero de calcedonia,*
> *el cuarto de esmeralda,*
> [20] *el quinto de sardónica,*
> *el sexto de cornalina,*
> *el séptimo de crisólito,*
> *el octavo de berilo,*
> *el noveno de topacio,*
> *el décimo de crisoprasa,*
> *el undécimo de jacinto,*
> *el duodécimo de amatista.*

*²¹ Y las doce puertas son doce perlas,
cada una de las puertas
hecha de una sola perla;
y la plaza de la ciudad es de oro puro,
trasparente como el cristal.*

El material con el que Juan ve construida la ciudad reúne las maravillas del mundo mineral que los antiguos conocían muy bien. Se han hecho notables intentos de identificar cada una de las piedras preciosas mencionadas cotejándolas con los nombres actualmente vigentes, pero los autores no llegan a un acuerdo para todos los casos. Parecen tener las principales tonalidades del espectro del color: distintos tonos de verde (jaspe, calcedonia, esmeralda, crisólito), azul (zafiro), blancos veteados de rojo (sardónica), rojo fuerte (sarda o cornalina), violeta o rojo vinoso, rosa (amatista), etc. Es toda una descripción primorosa que trata de resaltar la belleza insólita, del mismo modo que sus medidas destacaban la perfección.

Una ciudad Santuario

*²² Pero no vi Santuario alguno en ella;
porque el Señor, el Dios Todopoderoso,
y el Cordero,
es su Santuario.*

Esta es la contraposición más notoria con la Jerusalén terrena, que estaba totalmente centrada sobre el Templo-Santuario. Todos los lamentos de los judíos expatriados iban hacia el Templo. Para el judío una ciudad sin santuario era una ciudad lejos de Dios, por lo que hasta la ciudad mesiánica contemplada en visión por Ezequiel tenía un Santuario. Pero esta que ve Juan está toda imbuida de Dios, y cada ciudadano de esta nueva ciudad ve a Dios cara a cara, por lo que no necesita un *lugar* específico para adorarlo. Nuevamente Juan subraya la plena identificación entre el Dios Pantocrátor y el Cordero. Jesucristo es Dios igual al Padre.

> ²³ *La ciudad no necesita de sol*
> *ni de luna que la alumbren,*
> *porque la ilumina la gloria de Dios,*
> *y su lámpara es el Cordero.*
> ²⁴ *Las naciones caminarán a su luz,*
> *y los reyes de la tierra*
> *irán a llevarle su esplendor.*
> ²⁵ *Sus puertas no se cerrarán con el día*
> *–porque allí no habrá noche–*
> ²⁶ *y traerán a ella el esplendor*
> *y los tesoros de las naciones.*

Algo semejante ocurre con la iluminación. No necesita sol ni luna. Es la misma gloria divina la que alumbra a sus habitantes, quienes caminan bajo esa luz. La gloria de Dios (ἡ δόξα τοῦ Θεοῦ, *he doxa tou Theoū*) es el resplandor de su esencia. Se alude en esta metáfora a la visión beatífica.

La frase que ha dado escozor a muchos intérpretes (una más, pues el *Apocalipsis* saca ronchas por todas partes) es la de "las gentes y reyes que caminan a su luz y que marchan a llevarle lo más glorioso que poseen". Esto ha hecho preguntar a algunos, como Bartina, "¿Estamos en el tiempo o en la eternidad?" Todo hasta aquí nos ha permitido interpretar la Jerusalén como la Iglesia del cielo, pero, esto, ¿cómo cuaja? Algunos han propuesto que se alude a la vocación de los gentiles; a que lo mejor de las naciones entrará en ella; o el sentido de la universalidad; o que todo lo que en este mundo es imperecedero –belleza, bien, amor, sabiduría...– estará allí, transformado. Indudablemente esto último es verdad, al margen de que sea lo que aquí quiere expresarse; todo lo que los hombres han buscado en este mundo, si es bueno, estará en el otro, pero no materializado sino infinitamente superior, pues la visión de Dios y el deleite que de ella se sigue, incluso para el cuerpo resucitado, es la consumación de todas las aspiraciones humanas, y mucho más.

En realidad, con esta alusión a las naciones y reyes de la tierra se subraya una vez más lo afirmado versículos más arriba, en Ap 21,3: todos los hombres pasan a ser pueblo de la alianza. El que se diga que las naciones y los reyes entran en la ciudad por sus puertas para dejar sus dones (21,24-26), no significa que no pertenezcan ni moren en ella, pues lo mismo se dice más adelante de los mártires cristianos (22,14: "entrarán por las puertas en la Ciudad"). La imagen, como señala Bauckham, expresa la deliberada mezcla de particularismo y universalismo adoptada por san Juan en el *Apocalipsis*, tratando de mantener juntas las promesas del Antiguo Testamento sobre el pueblo de la alianza y la esperanza universal –también presente en el Antiguo Testamento– de que todas las naciones llegarán a ser pueblo de Dios. La historia del pueblo de la alianza llegará a su cumplimiento escatológico con la total inclusión de todas las naciones en sus propios privilegios y promesas de la alianza con Dios. Y este universalismo de la visión de la Nueva Jerusalén corrobora la interpretación de algunos autores, como el ya mencionado Bauckham, que nos parece muy plausible, de que el *Apocalipsis* proclama que el testimonio de la Iglesia tiene como fin la conversión de las naciones (lo que hemos visto al explicar 11,13; 14,14-16; 15,4). No significa que el *Apocalipsis* prediga la salvación de cada ser humano. Dos pasajes previenen contra esta conclusión (21,8 y 21,27; cf. 22,15) afirmando que los pecadores impenitentes no tienen lugar en la Nueva Jerusalén. Los dos pasajes lo afirman de manera diferente pero complementaria. El texto de 21,8 ("los cobardes, los incrédulos, los abominables, los asesinos, los impuros, los hechiceros, los idólatras y todos los embusteros tendrán su parte en el lago que arde con fuego y azufre") es la contraparte de la promesa a los vencedores dada en 21,7 ("esta será la herencia del vencedor: yo seré Dios para él, y él será hijo para mí"). Es una advertencia a los cristianos de que si en lugar de ser fieles testigos, más bien participan en los pecados de Babilonia, no heredarán la santa ciudad, la

Nueva Jerusalén, sino que sufrirán el juicio de la mala Babilonia (cf. 18,4). La misma combinación de promesas y advertencias vuelve a aparecer en 22,14-15. En 21,8 la imagen usada para el destino de los pecadores es la del juicio divino (cf. 2,11; 14,10; 18,8...). En 21,27 la imagen es la de la exclusión de la santa presencia de Dios en su ciudad santa (cf. Is 52,1).

> *²⁷ Nada profano entrará en ella,*
> *ni los que cometen abominación y mentira,*
> *sino solamente los inscritos*
> *en el libro de la vida del Cordero.*

De los que forman parte de esta ciudad ya se habló más arriba; vuelve a insistir el vidente en la pureza de sus ciudadanos y de los que están excluidos de esa ciudad santa.

[Capítulo 22]

> *¹ Luego me mostró*
> *el río de agua de vida,*
> *brillante como el cristal,*
> *que brotaba del trono de Dios y del Cordero.*
> *² En medio de la plaza,*
> *a una y otra margen del río,*
> *hay un árbol de vida,*
> *que da fruto doce veces,*
> *una vez cada mes;*
> *y sus hojas sirven de medicina para los gentiles.*

En el exuberante simbolismo con el que se describe lo indescriptible, el Ángel muestra a Juan elementos tomados del paraíso en el que Dios colocó a Adán antes del pecado. Los ríos que allí manaban, se convierten aquí en un río de agua de vida que brota del mismo trono de Dios y del Cordero. Es la participación ininterrumpida de la gracia y de sus dones; la razón vital de la felicidad eterna. El árbol (ξύλον, *xýlon*) de la vida que está en el centro de la plaza, es el equivalente de aquel árbol de vida cuyos frutos no probaron nuestros primeros padres, por estirar sus manos hacia el prohibido, que aquí no está ya presente, porque esto no es un paraíso *de prueba* sino el definitivo. Por eso es eternamente joven y provechoso, dando sus frutos ininterrumpidamente. Es un árbol frondoso, porque está en singular pero la imagen lo describe como de las dos márgenes del río; y está en singular porque muy probablemente se refiere también al Árbol de la Cruz, pues es la misma palabra que usan los Apóstoles para designar la cruz, como, por ejemplo, san Pedro: "lo colgaron de un *madero* (ξύλον, *xýlon*)" (Hch 5,30; 10,39); y san Pablo: "Cristo nos rescató de la maldición de la ley, haciéndose él mismo maldición por nosotros, pues dice la Escritura: Maldito todo el que está colgado de un madero (ἐπὶ ξύλου, *epì xýlou*)" (Gál 3,13). Este es el verdadero árbol de la vida que devuelve la salud y es medicina para todos los que están todavía alejados de Dios, los gentiles. La referencia a los paganos es una nueva insinuación a la dimensión universal que Juan da al Pueblo de Dios reunido en la Jerusalén de Dios (en torno al árbol de la Cruz).

> *³ Y no habrá ya maldición alguna;*
> *el trono de Dios y del Cordero*
> *estará en la ciudad*
> *y los siervos de Dios le darán culto.*

Sigue afirmándose el carácter beatífico de esta ciudad. Ahora añade Juan que todos los que allí habiten darán culto (λατρεύσουσιν, *latreýsousin*) a Dios. La felicidad es definitiva; se vuelve a subrayar esta idea que había aparecido antes, ahora haciendo referencia a que ninguna maldición, o cosa maldita o blasfema, puede afectarla. Esta exclusión también puede aludir a la imposibilidad de que pueda ya perderse tanta felicidad. La peor maldición es la de ser excluido de Dios; no la han de temer los santos del cielo, pues la gloria de Dios es inamisible; perfectamente confirmada en sus corazones.

Con esta escena en torno al trono de Dios y del Cordero Juan nos devuelve al símbolo central de todo el libro: el trono divino, que apareció por vez primera en los capítulos 4-5. Pero debemos notar un contraste. En los capítulos 4-5, en el cielo, las creaturas vivientes forman un círculo interior de sacerdotes en la inmediata presencia de Dios y los veinticuatro ancianos forman, a su vez, un círculo de tronos interior que participan del gobierno de Dios. Ellos median la adoración del resto de la creación. Ahora, en cambio, se nos dice que todo el que entra en la Nueva Jerusalén tiene acceso inmediato al trono de Dios sobre la tierra: son sacerdotes que lo adoran y reyes que reinan con Él.

> [4] *Verán su rostro*
> *y llevarán su nombre en la frente.*
> [5] *Noche ya no habrá;*
> *no tienen necesidad de luz de lámpara*
> *ni de luz del sol,*
> *porque el Señor Dios los alumbrará*
> *y reinarán por los siglos de los siglos.*

Mientras en el templo de la Jerusalén terrena el sumo sacerdote solo llevaba el nombre de Dios escrito en la frente y entraba en el santo de los santos nada más que una vez cada año, en la Nueva Jerusalén todos gozarán su inmediatez sin interrupción. Inmediatez que se expresa del modo más notable, como visión beatífica: "verán su rostro" (22,4). Visión intuitiva, cara a cara; sin mediación de creatura alguna. Se trata del rostro divino del que el Antiguo Testamento, refiriéndose a esta vida mortal, decía, una y otra vez, que nadie puede ver y seguir viviendo (Ex 33,20-23; Jue 6,22-23); dejando, así, para después de la muerte el colmar la aspiración más profunda del corazón humano, que es, precisamente, ver lo que no se puede ver mientras se vive (Sal 17,15; 1Co 13,12). Porque el "rostro" expresa lo que es la persona. Ver el rostro de Dios es conocer a Dios en su ser personal. Y tal es la esencia de la vida eterna.

En esta imagen del gobierno escatológico de Dios, hace notar Bauckham, lo más notable es la desaparición de todo lo que implique distancia entre "El que se sienta en el trono" y el mundo por Él gobernado. Su reino es la antítesis del establecido por la Bestia. No se cumple en la sujeción a Dios de parte de "siervos" (22,3) sino que estos reinan junto a Él (22,5). No significa que reinen sobre otros sino que el gobierno de Dios sobre ellos consiste en hacerlos participar de su gobierno. Esta imagen expresa la escatológica reconciliación entre el gobierno de Dios y la libertad humana, y realiza la paradoja de que servir a Dios equivale a la perfecta libertad (cf. 1Pe 2,16). En el reino escatológico la voluntad de Dios se convierte en el espontáneo deseo de nuestros corazones. En la perfección del reino de Dios, la teonomía y la humana autonomía coincidirán plenamente.

V. Epílogo

El libro termina con un epílogo en el que Juan escucha algunas recomendaciones particulares.

> *⁶ Luego me dijo:*
> *«Estas palabras son ciertas y verdaderas;*
> *el Señor Dios,*
> *que inspira a los profetas,*
> *ha enviado a su ángel*
> *para manifestar a sus siervos*
> *lo que ha de suceder pronto.*

Dios se da el título de "el Dios que inspira a los profetas", que no había sido usado hasta el momento. Y corrobora la veracidad de todo cuanto ha sido mostrado por el Ángel. La profecía del *Apocalipsis* se presenta como referida a acontecimientos "cercanos"; se habla de lo que va a suceder "pronto". Pero el "pronto de Dios" dista mucho del de los hombres. "Mil años son, para Dios, como un día".

> *⁷ Mira, vengo pronto.*
> *Dichoso el que guarde*
> *las palabras proféticas de este libro».*

En este epílogo hablan sucesivamente tres personajes, Jesucristo, cuyas son las palabras de este versículo, el Ángel que ha mostrado a Juan la Jerusalén celestial, y el mismo Juan. Aquí es el turno de Jesucristo, quien corrobora la prontitud de su retorno y declara dichoso al que guarda, es decir, quien se atiene a las palabras proféticas del libro. Esto, como dice Prigent, confirma que el *Apocalipsis* está, por completo, consagrado al anuncio de la venida de Cristo.

Las actitudes de los cristianos de hoy respecto del retorno de Jesucristo son muy ambiguas. Algunos no creen que vaya a volver. Estos no son cristianos, aunque se etiqueten tales. Niegan una verdad del Credo, y una de las principales: *et iterum venturus est cum gloria, iudicare vivos et mortuos.*

La mayoría no piensa en el tema; repite el *Credo* pero no lo entiende. De estos, a su vez, muchos ni siquiera entienden esta verdad, o no perciben su importancia. Para ellos, que Jesús venga o no venga, les da igual: *ni fu ni fa.* Quizá no tienen problema con que venga, mientras sea después de que ellos hayan terminado cómodamente su peregrinación terrena. No tienen problema con su venida, pero no quieren ser *interrumpidos* por ella. En el fondo estos tampoco *creen con una fe práctica* en su retorno, porque lo que aceptan especulativamente no incide en nada en sus vidas. Las parábolas de la vigilancia que año tras año la Iglesia les recuerda durante los últimos domingos del ciclo litúrgico, las escuchan como se oye llover o bien las relacionan con el Adviento y la Navidad, y esto, a lo sumo, suscita la imagen del pan dulce y del pinito con bolitas de colores. No las relacionan con el fin del mundo. Cuanto más, se acuerdan de que se pueden morir en cualquier momento; y este es el único fin del mundo que les preocupa. Son cristianos-paganos. Tienen la fe de Cristo aguada, y la esperanza pagana; al menos respecto de los acontecimientos finales que han sido revelados, sin embargo, para *este mundo* y *este espacio temporal.*

Y hay algunos, muy pocos, que creen firmemente en su Parusía. De estos, a su vez, algunos están chiflados y se pasan de rosca. Más que creer en la Parusía, la enfocan patológicamente; tales son los apocalípticos que ven en todo acontecimiento catastrófico y en las perversiones humanas indicios indiscutibles de que el juicio de Dios ya ha comenzado. No faltan quienes se animan a predecir fechas y hasta describir el modo en que las cosas tendrán lugar. Esto no es espíritu profético sobrenatural sino futurología. No fue revelado este librito para que esa sea la actitud del cristiano; pero estos más que culpa padecen delirio y enfermedad. Quedan los sanos; los que esperan y rezan para que Jesús vuelva pronto, para que se cumplan sus promesas y para que Dios nos tope preparados. Estos no se angustian por su fin pero andan con las barbas en remojo, porque confían en la misericordia del *Venturus* sin olvidar que viene como Juez y que de la boca le sale una espada, y rezan y hacen penitencia por sus semejantes, porque no quieren que ninguno termine en el infierno; no están sedientos de venganza ni desean ver arder a sus perseguidores en el lago de fuego del que se habló tantas veces en los últimos capítulos; ellos quisieran, como Don Orione, tapar con sus corazones la boca del infierno, para que nadie caiga en él.

> *⁸ Yo, Juan, fui el que vi y oí esto.*
> *Y cuando lo oí y vi,*
> *caí a los pies del ángel*
> *que me había mostrado todo esto*
> *para adorarle.*
> *⁹ Pero él me dijo:*
> *«No, cuidado;*
> *yo soy un siervo como tú*
> *y tus hermanos los profetas*
> *y los que guardan las palabras de este libro.*
> *A Dios tienes que adorar».*

Ahora habla Juan, quien relata su impresión tras ver todo lo que le fue revelado. No queda claro si se refiere a toda la revelación del libro o solo a las últimas visiones. El vidente, en su confusión, amaga postrarse ante el Ángel que lo ha guiado sobre el final, y este lo ataja dejando clara la distinción entre el Creador y sus creaturas: la adoración solo se debe a Dios; los ángeles, incluso los tremendos espíritus que Juan ha observado en su Revelación, son creaturas como el mismo vidente; y son siervos de Dios, al igual que Juan y que los demás profetas. Ya hemos visto que esta es una de las principales verdades del *Apocalipsis*, y su contraria –la adoración de la creatura (la Bestia)– el nudo de la religión invertida que combate a Dios.

Pero a continuación sigue hablando Cristo:

> *¹⁰ Y me dijo:*
> *«No selles las palabras proféticas*
> *de este libro,*
> *porque el Tiempo está cerca.*

Estas profecías no deben ser cerradas; han de ser explicadas porque su cumplimiento está pronto. Esto significa que desde el momento de la revelación de este librito se ha entrado en el tiempo del cumplimiento; por eso los cristianos necesitan conocer el contenido del libro. Es el libro para los últimos tiempos; pero los últimos tiempos abarcan desde la era apostólica hasta el retorno de Cristo. Es la última edad de la humanidad. Y las palabras del Señor indican que este librito hay que abrirlo, no sellarlo. Y si hay que abrirlo, es que puede ser abierto. Por tanto, no puede consistir, como algunos piensan, en un cúmulo de adivinanzas imposibles de solucionar y tan oscuras que no puedan comprender de ellas nada los destinatarios reales, que son todos los cristianos de a pie de estos últimos tiempos, y no solo los hiperespecialistas y estudiosos del griego neotestamentario y los peritos en numerología y demás ciencias que se dan cita, indudablemente, en este complicado escrito. Hay en él verdades de las que todos pueden servirse y Dios quiere que todos las conozcan y acomoden a ellas sus vidas. Y esto es posible si quienes tienen que abrirles el entendimiento lo hacen según su deber.

> *¹¹ Que el injusto siga cometiendo injusticias*
> *y el manchado siga manchándose;*
> *que el justo siga practicando la justicia*
> *y el santo siga santificándose.*
> *¹² Mira, vengo pronto*
> *y traigo mi recompensa conmigo*
> *para pagar a cada uno según su trabajo.*

Estas son afirmaciones irónicas del mismo Dios. El injusto y el pecador en el fondo no creen que Cristo vaya a venir de nuevo. Quien sabe que va a morir en cualquier momento, y más bien pronto que tarde, no peca. El que hace injusticia y vive de la injusticia –la mayoría de los hombres públicos y de negocios y de política de nuestro tiempo– no tiene ninguna intención de pensar en sus postrimerías y en que deberá rendir cuenta de sus obras a Dios, algunos de ellos antes de que hoy se ponga el sol. Los manchados son los que viven revolcándose en el fango de sus pasiones: lujuria, borracheras, comilonas, acumulación de poder o de dinero. Tampoco estos tienen lugar en su cabeza para pensar que se van a morir. Si pensasen en su muerte y en su juicio, no pecarían, dice el Antiguo Testamento. Y si no piensan en su muerte, que es algo evidente y que puede ocurrir en cualquier momento, *menos van a pensar y a creer que Jesucristo está a las puertas del universo todo*. Por eso, dice irónicamente Jesús: que sigan creyendo que hay rollo para rato y que las cosas de este mundo son para siempre. Esto no cambiará las cosas: vengo pronto igual. Lástima por ellos, pues hasta el último de estos insensatos fue amado por Dios y recibió la oferta de la salvación en la Sangre de quien por él murió en la Cruz.

Lo que dice del justo va como consuelo: que el justo siga haciendo la justicia y el santo santificándose; eso es lo que hay que hacer, no otra cosa. No es necesario que todos los creyentes se encierren juntos en una isla y se beban un veneno, como algunos sectarios hacen de vez en cuando pensando que ese el modo de unirse al Jesús volvedor. Tampoco se debe salir con carteles a las calles diciendo que se viene el fin del mundo, ni hay que construirse un búnker para que la bomba atómica no nos dé de lleno en la cabeza, si eso formara parte de los acontecimientos previos a su venida. Lo único que hay que hacer para estar preparados es hacer más bien, ser más justos, rezar más y santificarse más. Y esto no obstaculiza el seguir yendo cada mañana a la oficina, o seguir repartiendo leche a domicilio, o fabricar el pan para vender, o comprarse en cuotas un auto nuevo. Dios vendrá, y no sabemos cuándo, pero sabemos que al llegar nos quiere ver santos, justos y normales.

> ¹³ *Yo soy el Alfa y la Omega,*
> *el Primero y el Último,*
> *el Principio y el Fin.*

Se vuelve a los títulos con los que había comenzado el libro. Aquí están en boca de Jesucristo; antes habían sido puestos en boca de Dios Pantocrátor, el Padre. Jesucristo es Dios, como lo es el Padre. Los títulos los hemos explicado al inicio del comentario.

> ¹⁴ *Dichosos los que laven sus vestiduras,*
> *así podrán disponer*
> *del árbol de la vida*
> *y entrarán por las puertas en la ciudad.*
> ¹⁵ *¡Fuera los perros,*
> *los hechiceros, los impuros,*
> *los asesinos, los idólatras,*
> *y todo el que ame y practique la mentira!»*

El árbol de la vida, del que se come en el Paraíso que es la Ciudad Santa Celestial, tiene exigencias muy claras para quienes pretendan manducar con él. Hay que tener disposiciones para este banquete. Las vestiduras deben estar limpias. Es la gracia del alma y de la conciencia intachable. Jesús declara dichoso "al que se lave"; no exige, gracias a Dios, ser inmaculado, o no haberse ensuciado nunca. De ser así, ninguno de nosotros podría esperar entrar. Si hay que lavarse para comer, es que existe la posibilidad de bañarse. No se alude a ningún sacramento en particular, ni al bautismo ni a la confesión. Tampoco se dice explícitamente que las palabras deban leerse en el sentido del baño martirial. No dice, como en algún otro lugar, que deba uno bañarse con sangre, o que las vestiduras estén empapadas en una hemorragia testimonial. Dios lava a cada uno por los caminos que Él sabe. Pero si uno no está limpio, no entra.

Lo deja bien claro a continuación declarando fuera de su Ciudad a varias clases de pecadores, que aquí solo se mencionan a modo de ejemplo: por los *perros* algunos entienden a los paganos (así, Bartina), o a los cristianos falsos (por ejemplo, Straubinger), pero otros dicen que se alude a los varones prostituidos (a ellos se refiere, con ese término, el texto de Dt 23,18), o simplemente los inmorales; de los *hechiceros, impuros, asesinos, idólatras* y *amadores de la mentira y la falsedad*, ya había hablado al comenzar la visión de la Jerusalén celestial y allí hemos explicado su significado.

> [16] *Yo, Jesús,*
> *he enviado a mi ángel*
> *para daros testimonio*
> *de lo referente a las iglesias.*
> *Yo soy el retoño*
> *y el descendiente de David,*
> *el Lucero radiante del alba.*

La Revelación del *Apocalipsis* es revelación de Jesucristo. Los ángeles han sido sus mensajeros, sus siervos. Pero es Jesús el revelador del libro, y el misterio histórico y escatológico de la Iglesia – las iglesias, en el sentido de que es lo que ocurrirá diversamente en las distintas partes del mundo católico– el tema del libro.

Ahora se llama a sí mismo "Retoño de David", aludiendo a su humanidad y al cumplimiento en Él de todas las notas y privilegios mesiánicos; es también "estirpe de David", señalando su reyecía incluso en sentido terrenal, objeto de todas las promesas divinas hechas por Dios a David, su padre. Y otra vez más se afirma como "Lucero radiante del alba", título que le da también san Pedro (2Pe 1,19). El mundo está amaneciendo y Cristo es la estrella matutina que anuncia ese nuevo día; el Día, con mayúsculas, que es el Día del Juicio Divino.

Así afirma que todo el Antiguo Testamento confluye en Él.

> *17 El Espíritu y la Novia dicen:*
> *«¡Ven!»*
> *Y el que oiga, diga:*
> *«¡Ven!»*

La Iglesia, la Novia de Cristo Rey, y el Espíritu Santo que la inspira, le piden que venga, que acelere su venida, que no se tarde. "¡Ven!" Y todos los que oyen y meditan esta profecía son invitados a pronunciar la misma oración: "¡Ven!" Ha sido, esta, una de las oraciones más antiguas de la Iglesia. Hoy nadie, o casi nadie, pide a Jesús que vuelva, y menos que se apure en volver. En realidad lo dicen todos los que rezan el Padrenuestro sin entender que claman por la venida de Cristo ("¡Que venga tu Reino!"). Si lo supieran, a muchos les temblarían los labios, o bajarían la voz para que Dios no oiga demasiado fuerte.

No solo se cree poco en esta verdad, sino que no se la espera, y menos todavía se la desea. Nosotros debemos ponernos en las ancas de la esperanza eclesial de todos los siglos y pedir, con insistencia, y hacer votos, y ofrecer penitencias, para que Jesucristo se apresure, antes que perdamos la fe o ahoguen nuestra esperanza y caridad.

> *Y el que tenga sed, que se acerque,*
> *y el que quiera, reciba gratis agua de vida.*

Es de estas verdades que tiene sed nuestra alma. Y Dios nos ofrece beberlas gratuitamente. No debemos despreciar las aguas de vida, que vienen de Dios, para excavarnos, a cambio, aljibes agrietados que no pueden retener las aguas, como dice, horrorizado de su pueblo, Jeremías (Jr 2,13). ¡Tantos mueren de sed espiritual y en la

Palabra de Dios están las aguas que manan limpias sin que casi nadie las beba!

> ^{18} *Yo advierto a todo el que escuche*
> *las palabras proféticas de este libro:*
> *«Si alguno añade algo sobre esto,*
> *Dios echará sobre él*
> *las plagas que se describen en este libro.*
> ^{19} *Y si alguno quita algo*
> *a las palabras de este libro profético,*
> *Dios le quitará su parte*
> *en el árbol de la vida*
> *y en la ciudad santa,*
> *que se describen en este libro».*

Pero las palabras de Cristo deben ser guardadas con fidelidad. ¡Ay de los tergiversadores! ¡Ay de los que, como dice San Pablo, trafican y comercian con la Palabra divina! Jeremías lloraba desconsolado al escuchar el tremendo lamento divino sobre los profetas que profetizaban mentiras, que hacían decir a Dios lo que Dios nunca había dicho. Este libro se cierra, por eso, con una maldición a los que cambian el sentido de las palabras de Dios, al que pone en boca de Dios cosas que Él no ha predicho a los hombres, y al que quita del libro lo que molesta a su sensibilidad, lo que choca a su vida, lo que produce escozor a su conciencia. La verdad se ama toda, tal cual es, con su dulzura y amargor, o se la prostituye para que suene en nuestros oídos de acuerdo a lo que queremos oír. Este fue el gran pecado de los antiguos judíos, que no escucharon a los verdaderos profetas –los mataron– y se hicieron profetizar por los que predecían lo que a ellos les convenía.

> ^{20} *Dice el que da testimonio de todo esto:*
> *«Sí, vengo pronto.»*
> ¡Amén! ¡Ven, Señor Jesús!

*²¹ Que la gracia del Señor Jesús
sea con todos.
¡Amén!*

Y nuevamente se repite la promesa de su pronta venida y la oración de la Novia-Esposa.

La expresión "¡Ven, Señor Jesús!", ερχου κύριε ιησού (*erjou Kýrie Iesou*), debía de ser una plegaria corriente entre los primeros cristianos. De hecho, San Pablo la transmite en 1Co 16,22 en el original arameo, *Marana-tha*. La encontramos también en los primeros escritos de los Padres, como en la *Didaché* (10,6). Es la oración más llena de fe, amor, deseo, ansiedad y esperanza de toda la Sagrada Escritura. Manifiesta la fe de la Iglesia en la segunda venida de Jesucristo (como dice Fil 4,5: "el Señor está a las puertas"); fe viva, es decir, transida de deseo escatológico.

Además, si se comprobara la tesis defendida por algunos (por ejemplo Vanni y en cierto modo Scott Hahn) según la cual el *Apocalipsis* era leído en los primeros tiempos en un contexto casi exclusivamente litúrgico, como preparación de la Eucaristía que venía inmediatamente después de su lectura, esta oración reforzaría en los fieles la idea fundamental de que la presencia de Jesús en el pan y el vino transustanciados es la respuesta a esa oración; es el Señor *viniendo* continuamente en la historia, hasta su última y definitiva venida. Por algo a la doble consagración eucarística, del pan y del vino, sigue esta oración: "anunciamos tu muerte, proclamamos tu resurrección, hasta que vuelvas" (que en algunas traducciones directamente vierten: *ven, Señor Jesús*). *Mortem tuam annutiamus, et tuam Resurrexionem confitemur, donec venias*".

Esta fórmula que prácticamente cierra el *Apocalipsis* y lo resume, expresa la confianza del cristiano en que las angustias y persecuciones pasarán cuando Jesús venga a visitar a los suyos. Entonces enjugará todas las lágrimas de los afligidos cristianos.

Vengo pronto.

Y eso es lo que pedimos: que venga pronto, muy pronto. Hoy.

TIEMPO

Él sabe que su tiempo está contado,
y que los férreos aros de los grillos
que en los negros y lúgubres castillos
subterráneos le ataban, se han soltado.
Él sabe que sus horas raudas vuelan,
como escurre la arena de las manos,
como muere la nieve en los veranos,
como sus muertos odios se congelan.
Lo sabe, porque en vértigo le late
el corazón, y lo que ha de hacer, pronto
debe hacerlo, antes que el tramonto
secular, con sus vínculos le ate.
Él sabe, y es por eso que devora
con sus negras alas de murciélago
el Rebaño níveo que, en el piélago
de escoria deste mundo, Otro añora.
Con su rabo le sigue hasta el desierto,
donde oculta la Mujer su parto
de la Bestia, en el último cuarto
de hora, de este mundo casi muerto.
Las fauces babosas de la Fiera
vacías se revuelven impotentes:

no ha podido prenderle entre sus dientes,
sus colmillos sangrientos de Quimera.
El Monstruo a su Enemigo ha perseguido
y han llegado al legendario Armagedón,
donde se enfrentan, pendón contra pendón;
la Fiera con su odio empedernido.
Las ardientes cavernas avernales
y los verdiazules entes submarinos,
se asoman al lugar donde el Destino
decidirá el Final de los mortales.
Con un Sol de sangre amortajado
cae la tarde y la Bestia desespera;
se desgarra su lúgubre bandera
y, con la tarde, su tiempo ha terminado.

MF (1993)

Bibliografía usada

Solo indico aquí los libros que han aportado algo sustancioso a mi estudio sobre el Apocalipsis. He leído otros más, de los que no pude sacar casi ningún provecho, sea porque repetían lo mismo que las mejores obras anteriores a ellos, o porque sencillamente carecían de nivel teológico. Por tal razón he considerado innecesario y hasta contraproducente mencionarlos en esta breve lista porque sería darles propaganda inmerecida.

Bartina, Sebastián, SJ, *Apocalipsis de San Juan*, en: Profesores de la Compañía de Jesús, *La Sagrada Escritura*, BAC, Madrid (1962), tomo III, 559-842.

Bauckham, Richard, *The Theology of the Book of Revelation*, Cambridge University Press, Cambridge (2003) [1ª ed. 1993].

Castellani, Leonardo, *El Apokalypsis de San Juan*, Dictio, Buenos Aires (1977).

Castellani, Leonardo, *Cristo ¿vuelve o no vuelve?*, Vórtice, Buenos Aires (2004).

Castellani, Leonardo, *Los papeles de Benjamín Benavides*, Dictio, Buenos Aires (1978).

Cerfaux, L. – Cambier, J, *El Apocalipsis de San Juan leído a los cristianos*, Madrid (1972).

D'Aragon, Jean-Louis, *Apocalipsis*, en: *Comentario Bíblico "San Jerónimo"*, Tomo IV, Nuevo Testamento II, Madrid (1972), 531-592.

Colin, Herner, *The Letters to the Seven Churches of Asia in their local setting*, Sheffield (1986).

Holzhauser, Bartolomé, *Interpretación del Apocalipsis*, La Serena (1860). Desde Apocalipsis 15,5 (donde fue interrumpida por Holzhauser) está continuada por Wuilleret.

Kistemaker, Simon, *New Testament Commentary: Revelation*, Gand Rapids, Michigan (2001).

Pérez Millos, Samuel, *Comentario exegético al texto griego del Nuevo Testamento. Apocalipsis*, Clie, Barcelona (2009).

Pozo, Cándido, *María en la obra de la salvación*, BAC, Madrid (1974).

Prigent, Pierre, *L'Apocalypse de Saint Jean*, Labor et Fides, Genève (2000).

Salguero, José, *Apocalipsis*, en: Profesores de Salamanca, *Biblia Comentada*, tomo VII. *Epístolas Católicas y Apocalipsis*, Madrid (1965).

Ramsay, W.M., *The Letters to the Seven Churches*, Baker Books (1985).

Ruotolo, Dolindo, *L'Apocalisse*, Napoli (2013; 1ª ed. 1974), Apostolato Stampa.

Wikenhauser, A., *El Apocalipsis de Juan*, Herder, Barcelona (1969).

Vanni, Ugo, *Apocalipsis,* Estella (Navarra) (1998).

Índice

Un libro oscuro 7
I. Prólogo. 11
II. Las cartas a las iglesias de Asia 17
    Introducción en forma de saludo epistolar 21
        Visión preparatoria 31
        La Iglesia de Éfeso 41
        La Iglesia de Esmirna 49
        La Iglesia de Pérgamo 54
        La Iglesia de Tiatira 60
        La Iglesia de Sardes 70
        La Iglesia de Filadelfia 76
        La Iglesia de Laodicea 84
III. Las visiones proféticas sobre el futuro 99
    1. Preliminares del "Gran Día" de Dios 99
        Visión del Libro y el Cordero 99
        Visión de los siete sellos 115
        Visión de la signación de los Elegidos 129
        Visión de las siete trompetas 143
        Visión del libro devorado 163
        Visión de la medición del Templo 171
        y de los dos testigos 171
        Visión de la séptima trompeta 183
        Visión de la Mujer y el Dragón 191

Visión de las dos Fieras 211
Visión del Cordero y su séquito de Vírgenes 227
Visión anticipada del Juicio divino 233
Visión del segador 239
Visión de las siete copas 245
2. Castigo de Babilonia 265
Visión de la Gran Prostituta 265
Visión de la Ruina y del Juicio de Babilonia 283
3. Exterminio de las Bestias (Naciones Paganas) 301
Visión del combate escatológico 303
Visión del Juicio de Satán y del Reino Milenario. 311
Visión del Juicio final 331
IV. La Jerusalén Futura 337
Visión de la Jerusalén celestial 339
V. Epílogo 367
Bibliografía usada 381

Se terminó de imprimir en los talleres de
La Imprenta Ya SRL
3 de diciembre
Conmemoración de San Francisco Javier

EDICIONES DEL VERBO ENCARNADO
www.edicionesive.com
info@edicionesive.com

www.ingramcontent.com/pod-product-compliance
Lightning Source LLC
Chambersburg PA
CBHW030403230426
43664CB00007BB/722